BAEDEKER

RHODOS

www.baedeker.com

Verlag Karl Baedeker

Top-Reiseziele

Rhodos ist ein Urlaubsziel nicht nur für Sonnenanbeter und Familien, die sich an den zahlreichen schönen Stränden an 260 Sonnentagen im Jahr erholen wollen. Weitere Attraktionen sind stimmungsvolle Altstädte, jahrtausendealte Ausgrabungsstätten und versteckte Bergdörfer. Wir haben für Sie zusammengestellt, was Sie sich anschauen sollten.

❶ ✶✶ Sými
Ein Ausflugsziel: Die Nachbarinsel von Rhodos gilt als eine der malerischsten Inseln der Ägäis.
Seite 207

❷ ✶✶ Rhodos-Stadt
Mit seiner ungewöhnlichen mittelalterlichen Altstadt ist die Hauptstadt das Highlight der Insel.
Seite 171

❸ ✶✶ Kámiros
Die aussichtsreiche Ausgrabungsstätte ist die bedeutendste der Insel. Seite 145

❹ ✶✶ Líndos
Traumhaft gelegen und unter Denkmalschutz stehend, gehört Líndos zu den schönsten Städten ganz Griechenlands.
Seite 157

❺ ✶ Filérimos
Beliebtes Naherholungsziel und Ruinenfeld der antiken Stadt Iálissos
Seite 143

❻ ✶✶ Anthony-Quinn-Bucht
Bezaubernde Bucht mit kleinem Kiesstrand Seite 142

❼ ✶ Petaloúdes
Das schattige Schmetterlingstal durchziehen Wanderwege.
Seite 118

❽ ✶ Ladikó-Bucht
Hübsche Bucht mit gepflegtem Sandstrand
Seite 142

Top-Reiseziele • INHALT

❾ ✳ Ágios Nikólaos Foutoúkli
Eine der schönsten Kirchen der Insel **Seite 155**

❿ ✳ Alimiá
Eine Badeinsel wie aus dem Bilderbuch **Seite 152**

⓫ ✳ Profítis Ilías
Eine der Inselwanderungen führt auf diesen Berg inmitten einer außergewöhnlichen Landschaft. Seite 149

⓬ ✳ Eptá Pigés
Das idyllische Tal der »Sieben Quellen« empfiehlt sich für einen Ausflug. **Seite 153**

⓭ ✳ Tsambíka-Kloster
Das Kloster ist ein bekannter Wallfahrtsort. **Seite 156**

⓮ ✳ Tsambíka-Strand
Ein herrlicher feinsandiger Strand **Seite 156**

⓯ ✳ Monólithos
Hoch aufragender Fels mit den Überresten der gleichnamigen Johannitterburg **Seite 127**

⓱ ✳ Móni Thári
Sehenswertes Kloster mit interessanter Kirche **Seite 166**

⓱ ✳ Asklipío
Mit bedeutenden Fresken ausgemalte Kirche **Seite 170**

Lust auf …

… schöne Altstadthotels, Olivenöl und Wein, stille Dörfer, tolle Aussichten oder wunderbare Fresken? Einige Anregungen für Rhodos ganz nach Ihren persönlichen Interessen.

SCHÖNE ALTSTADTHOTELS IN RHODOS-STADT

- **Cava d'Oro** ▶
  700 Jahre altes Haus direkt an der Stadtmauer
  Seiten 93, 178
- **Níkos-Tákis**
  Designer-Hotel zweier bekannter Athener Modeschöpfer
  Seite 177
- **Andreas und Mínos**
  Von hier überblickt man die gesamte Altstadt.
  Seite 178

REGIONALE PRODUKTE

- ◀ **Ouzo**
  Die Destillerie Sifónios in der Altstadt von Rhodos hält allerlei Variationen bereit.
  Seite 117
- **Wein, Olivenöl und Honig**
  In der Kellerei Triandafillou im Angebot
  Seite 124
- **Souma**
  Im Dorf Siánna gibt es den besten Tresterschnaps der Insel.
  Seite 128

Lust auf... • INHALT

GRANDIOSE FERNSICHTEN
- **Monólithos**
  Von der Höhe der Johanniterburg liegt der Inselsüden zu Füßen.
  Seite 127
- **Filérimos**
  Vom »Freund der Einsamkeit« überblicken Sie den ganzen Nordwesten der Insel. Seite 143
- **Kloster Tsambíka**
  ... liegt spektakulär auf dem gleichnamigen Berg im Nordosten der Insel. Seite 156
- **Uhrturm in Rhodos-Stadt** ▶
  Ausblick auf die Altstadt von Rhodos Seite 184

STILLE DÖRFER
- **Mesanagrós**
  Hier scheint die Zeit stehengeblieben zu sein. Seite 127
- **Lachaniá**
  Künstlerdorf mit lauschiger Platía
  Seite 128
- **Laérma**
  Herrlich gelegen zwischen Olivenhainen und Getreidefeldern
  Seite 166

ORTHODOXE KIRCHENKUNST
- **Panagía-Kirche in Líndos** ▶
  Wandmalereien in nachbyzantinischem Stil und vergoldete Ikonostase
  Seite 163
- **Klosterkirche von Tharí**
  Ihre ältesten Fresken stammen aus dem 14. Jahrhundert.
  Seite 166
- **Kirche von Asklípio**
  Vollständig mit Fresken ausgemalt
  Seite 170

INHALT • **Inhaltsangabe**

HINTERGRUND

10 Fakten
11 Natur und Umwelt
16 🛈 *Auf einen Blick*
18 Politik · Bevölkerung · Wirtschaft
20 🛈 *Willkommen im Alltag!*
22 🛈 *Special: Kaffeeklatsch unter Männern*

27 Geschichte
34 🛈 *Infografik: »Den Schwachen hilf!«*

42 Kunst und Kultur
43 Kunstgeschichte
46 🛈 *Special: Verewigt in Marmor*
52 Musik und Tanz

55 Berühmte Persönlichkeiten
56 🛈 *Infografik: Poseidonios*

Abends am Mandráki-Hafen

ERLEBEN & GENIESSEN

62 Essen und Trinken
63 Nicht nur Gyros
68 🛈 *Typische Gerichte*
70 Die besten Restaurants
72 🛈 *Special: Rhodischer Rebensaft*

74 Feiertage · Feste · Events
75 Gelebte Religion
78 🛈 *Special: Ostern: wichtigstes religiöses Fest*

82 Kinder
83 Baden und mehr

86 Shopping
87 Von Keramik bis zu Pelzen

90 Übernachten
91 Hotels für jeden Geschmack
93 🛈 *Special: Besonderes Flair*

94 Urlaub aktiv
95 Wassersport dominiert
98 🛈 *Special: Ein Dorado für Surfer*

TOUREN

104 Tourenübersicht
106 Unterwegs auf Rhodos
107 Tour 1: Ganz Rhodos in einem Tag
109 Tour 2: Auf geruhsame Art
111 Tour 3: Auf den Spuren der Johanniter
113 Tour 4: Kondition erforderlich
113 Tour 5: Abends in der Ritterstadt

Bezaubernd: Líndos am Abend

REISEZIELE VON A BIS Z

- 122 Afántou
- 125 Apolakkiá
- 132 Archángelos
- 136 Chálki
- 140 Faliráki
- 143 Filérimos
- 145 Kámiros
- 152 Kolýmbia
- *154* ❗ *Special: Heilige Bilder*
- 157 Líndos
- *168* ❗ *Infografik: Die Rechtgläubigen*
- 171 Rhodos-Stadt
- *200* ❗ *3D: Koloss von Rhodos*
- *204* ❗ *Infografik: Giganten*
- 207 Sými

PRAKTISCHE INFORMATIONEN

- 214 Anreise und Reisevorbereitung
- 216 Auskunft
- 217 Behinderung
- 217 Elektrizität
- 218 Etikette
- 219 Geld
- 220 Gesundheit
- 220 Literaturempfehlungen
- 221 Medien
- 221 Museen
- 222 Notrufe
- 222 Post · Telekommunikation
- 223 Preise und Vergünstigungen
- 224 Reisezeit
- 225 Sprache
- 234 Verkehr
- 237 Zeit

- 238 Register
- 241 atmosfair — nachdenken · klimabewusst reisen **atmosfair**
- 242 Bildnachweis
- 243 Verzeichnis der Karten und Grafiken
- 244 Impressum
- 245 Die Erfindung des Reiseführers
- 248 ❗ Kurioses Rhodos

PREISKATEGORIEN
Restaurants
(Preis für ein Hauptgericht)
€€€€ = über 16 €
€€€ = 13 – 16 €
€€ = 9 – 12 €
€ = bis 8 €
Hotels (Preis für ein DZ)
€€€€ = über 130 €
€€€ = 81 – 130 €
€€ = 51 – 80 €
€ = bis 50 €

Hinweis
Gebührenpflichtige Servicenummern sind mit einem Stern gekennzeichnet: *0800....

HINTERGRUND

Wissenswertes über Land und Leute, Wirtschaft und Gesellschaft, Kultur, Geschichte und Alltagsleben

Fakten

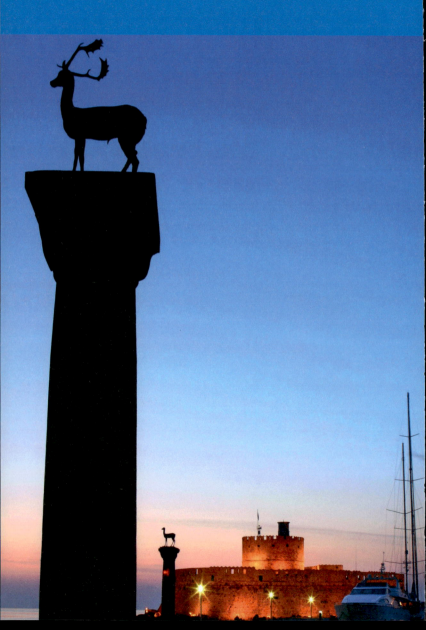

Natur und Umwelt

Rhodos liegt in einem geologisch sensiblen Gebiet, wo die Afrikanische Platte auf die Ägäische Platte trifft. Die Folge sind immer wieder Erdbeben.

RHODOS – DER MITTELPUNKT DER ERDE?

Bekanntlich hat man sich schon in der Antike – spätestens seit Pythagoras im 6. Jh. v. Chr. – Gedanken um die wahre Gestalt der Erde gemacht. Für den Gelehrten bildete eine kugelförmige Erde das Zentrum des Kosmos, um das die Gestirne kreisten. **Eratosthenes von Kyrene** stellte im 3. Jh. v. Chr. eine Erdumfangsberechnung an, die vom heutigem Wert nur um 320 km differiert! Für ihn war Rhodos der Mittelpunkt der Erde. Auf seiner Karte liegt die Insel genau zwischen den »Säulen des Herakles« (Straße von Gibraltar) und den Quellen des Ganges sowie zwischen dem sagenhaften Thule im Norden und den Quellen des Nils im Süden (▶Baedeker Wissen S. 56).

Antike Theorien

ENTSTEHUNG DER INSEL

Rhodos gehört zur Inselgruppe des aus zwölf Eilanden bestehenden **Dodekanes**, des östlichen Teils eines Inselbogens, der sich von Südgriechenland bis Kleinasien erstreckt. Dieser »hockt« auf dem Schelfsockel der Ägäischen Platte. Vor 25 bis 20 Mio. Jahren war der Dodekanes Teil einer festen Landbrücke, die das heutige Griechenland mit der heutigen Türkei verband. Im Miozän (vor 20 bis 6 Mio. Jahren) wurde diese Landbrücke teilweise überflutet und im frühen Pliozän (vor 5 Mio. Jahren) wieder herausgehoben. Am Ende der Tertiärzeit (vor 1,5 Mio. Jahren) senkte sich das Gebiet der östlichen Ägäis ab, was eine umfangreiche Sedimentation in den entstandenen Becken zur Folge hatte. Doch wenig später ließen Hebungsvorgänge die Dodekanes-Inseln wieder auftauchen bzw. noch weiter in die Höhe ragen. Nunmehr sind die Ablagerungen der Tertiärzeit und des Erdmittelalters mehrere Hundert Meter hoch aufgetürmt. Man braucht sich also nicht zu wundern, wenn man an den bis zu 1215 m hohen Inselbergen Fossilien von Meerestieren entdeckt.

Erdgeschichte

Der Dodekanes und mit ihm die Insel Rhodos liegen im »Kampfraum« zweier **Kontinentalplatten**, wo man auch heute noch das

Erdbeben

Hirsch und Hirschkuh bewachen den Hafen in Rhodos-Stadt.

Rhodos auf einen Blick

BAEDEKER WISSEN

▶ Griechische Schreibweise:

Ρόδος

Rhodos ist Teil der Inselbrücke, die vom Peloponnes über Kreta und Kárpathos nach Kleinasien hinüberführt. Die Insel befindet sich nur 18 km südlich der türkischen Küste.

Fläche: **1398 km²**
Länge: 78 km
Breite: 35 km
Küstenlinie: 220 km

Einwohner: **115 000 Einwohner,** davon nahezu die Hälfte (57 000) in **Rhodos-Stadt**
Im Vergleich:
Griechenland: 11,2 Mio.
Deutschland: 81,8 Mio.
Berlin: 3,4 Mio.
Fürth: 115 000

Bevölkerungsdichte: **82 Einwohner/km²**

▶ **Staat**

Griechenland besteht aus zehn Regierungsbezirken. **Rhodos** gehört zum Regierungsbezirk Südliche Ägäis und ist Sitz des **Nomarchen** (einer Art Regierungspräsident) des **Bezirkes**.

Gemeindebezirke:
A: Rhodos (Stadt)
B: Iálssos
C: Petaloúdes
D: Kallithéa
E: Afándou
F: Kámiros
G: Archángelos
H: Atavíros
J: Líndos
K: Süd-Rhodos

▶ Klima

Rhodos gehört zur mediterranen Klimazone mit einer ausgeprägten sommerlichen Trockenzeit und einem verhältnismäßig mildem Winter.

▶ Religion

Fast die gesamte Bevölkerung gehört der griechisch-orthodoxen Kirche an. Neben Muslimen gibt es auch wenige Juden und Katholiken.

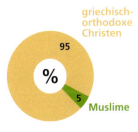

griechisch-orthodoxe Christen — 95 %
Muslime — 5

▶ Das Wetter

Durchschnittstemperaturen

Niederschlag

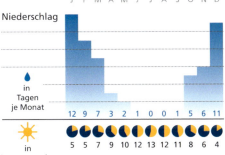

in Tagen je Monat: 12 9 7 3 2 1 0 0 1 5 6 11

in Sonnenstunden je Tag: 5 5 7 9 10 12 13 12 11 8 6 4

J F M A M J J A S O N D

▶ Die vier größten Inseln Griechenlands im Vergleich

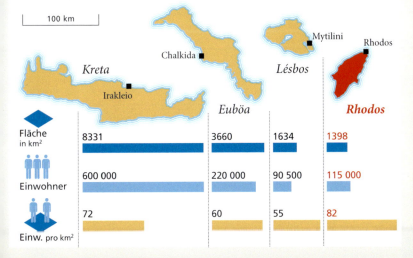

100 km

Kreta — Irakleio
Chalkida — Euböa
Mytilini — Lésbos
Rhodos — *Rhodos*

	Kreta	Euböa	Lésbos	Rhodos
Fläche in km²	8331	3660	1634	1398
Einwohner	600 000	220 000	90 500	115 000
Einw. pro km²	72	60	55	82

Werden einer Landschaft – gelegentlich sehr fühlbar – miterleben kann. Hier schiebt sich die von Süd nach Nord driftende Afrikanische Platte unter die Ägäische Platte. Dadurch kommt es zu Hebungs- und Senkungsvorgängen in der Erdkruste. Auch die Mineralwasservorkommen auf Rhodos lassen sich so erklären. In dieser geologisch spannungsreichen Zone werden bis heute gelegentlich recht starke **Erdbeben** ausgelöst, so im Jahr 2004, als die Erdstöße eine Stärke von 5,2 auf der Richterskala erreichten. Welche Spannung in der Erdkruste herrscht, verdeutlicht die Tatsache, dass der Höhenunterschied zwischen der höchsten Erhebung der Insel und der tiefsten Stelle – nur wenige Kilometer östlich vor der Insel im Meer gemessen – mehr als 5600 m beträgt.

Landschaftsbild

Rhodos bietet sich als hügelige und stark von Tälern durchschnittene Insel dar, die sich von 200 bis 1200 m aus dem Meer erhebt. Die Insel besitzt einige höhere **Berge**, deren markanteste der 1215 m hohe Atáviros und der knapp 800 m hohe Profítis Ilías sind. Das Rückgrat der Insel Rhodos bildet ein Gebirgszug, der im Süden mit dem 563 m hohen Koukouliari beginnt und im Norden mit dem Psínthos (480 m) ausklingt. Die Besteigung des höchsten Berges der Insel, des kahlen **Atáviros** (1215 m), gehört zu den klassischen Wandertouren auf Rhodos. Weiter nördlich erhebt sich der 798 m hohe **Profítis Ilías**.

An den Küsten, vor allem an der Ostküste, dehnen sich weite und fruchtbare **Ebenen** aus, die bereits seit dem Altertum landwirtschaftlich genutzt werden. Getreidefelder, Obst- und Gemüseplantagen, besonders mit Zitrusfrüchten, sowie Weingärten, Oliven- und Pinienhaine prägen das Landschaftsbild.

Auffallend auf Rhodos ist die vergleichsweise **wenig gegliederte Küstenlinie**. Zwar gibt es einzelne Abschnitte buchtenreicher Felsküste, doch überwiegen lange und nur von kleinen Landvorsprüngen unterbrochene Küstenabschnitte mit **schönen Sandstränden**. Diese Strände sind erst in geologisch sehr junger Zeit entstanden bzw. sind noch in der Phase der Entstehung, einerseits durch die Wassererosion in den niederschlagsreichen Wintermonaten, andrerseits durch marine Anlagerung.

Rhodos ist stark von Tälern geprägt. Die meisten **Bach- und Flussläufe** führen besonders in den regenreichen Wintermonaten sehr viel Wasser, wodurch die Erosion der bereits seit dem Altertum großräumig entwaldeten Berghänge weiter voranschreitet. Verschiedenenorts sind kleine Stauseen für Bewässerungszwecke angelegt.

Vorgelagerte Inselchen

Der Hauptinsel Rhodos sind im Westen mehrere kleine Inselchen vorgelagert: Makri, Strongili, Tragoussa und Alimiá. Ein regelmäßiger Bootsverkehr besteht allerdings nur zwischen Rhodos-Stadt und der Insel Chálki.

UMWELTPROBLEME

Das natürliche Gleichgewicht auf Rhodos ist seit dem Altertum durch Menschenhand nachhaltig beeinträchtigt worden. Um Holz für den Haus- und Schiffbau bzw. für die Energiegewinnung zu erhalten und um Kulturland zu schaffen, holzte man die Pinienwälder und Zypressenbestände in beträchtlichem Maß ab. Auch die Sekundärvegetation (Frigana, Macchie) wurde stark zurückgedrängt. Dadurch war der **Erosion** Tür und Tor geöffnet. Nun versucht man, durch **Wiederaufforstung** eine Bodenverbesserung herbeizuführen. Inzwischen ist wieder ein Drittel der Inselfläche mit Wald bedeckt. In den letzten Jahrzehnten kam es vor allem im Süden zu teils katastrophalen **Waldbränden**, deren Folgen für den Besucher immer wieder augenfällig sind. Zum einen entstanden die Brände aus Unachtsamkeit, zum anderen wurden sie absichtlich – vielleicht aufgrund von Bodenspekulation – gelegt. Strenge Sicherheitsbestimmungen wurden erlassen, die helfen sollen, solche Katastrophen zu verhindern.

Wälder

PFLANZENWELT

Die einstmals weithin von Eichen-, Platanen-, Zedern-, Kiefern- und Pinienwäldern sowie von Zypressenhainen bedeckte Insel Rhodos ist heute nur noch zu einem Drittel bewaldet. Doch begünstigt durch die milden Winter mit viel Regen, sind auf Rhodos **29 Pflanzenarten endemisch**, d. h. sie gedeihen nur hier.

Situation

Als Frigana bezeichnete **Felsheiden und Macchiengestrüpp** prägen die verkarsteten Berglagen der Insel. Dabei handelt es sich um bis zu 2 m hohe Gebüschformationen, in denen Kermeseichen, Zwergeichen, Aleppokiefern, Granatäpfel, Myrte, Mastix- sowie diverse andere Hartlaubzwergsträucher, Erdbeerbäume und Wolfsmilchgewächse vergesellschaftet sind. Auch Feigenkakteen und Agaven wachsen auf der Insel. Dazu kommen – sozusagen als besondere »Duftnoten« – Diktamon (Oregano), Majoran, Lavendel, Rosmarin, Thymian und Salbei. Außerdem gehören verschiedene Orchideensorten und Irisarten in diesen Reigen.

Frigana

Variantenreich: Zistrose

Häufig sieht man auf der Insel **Zistrosen** in verschiedenen Arten. Sie sind nicht mit den Rosen verwandt, sondern gehören zu einer eigenen Familie, den Zistrosengewächsen (Cistaceae). Im Frühling und auch noch später blühen auf Rhodos nicht nur Zistrosen, sondern auch zahlreiche andere Blütenpflanzen und Büsche. Stellvertretend für die vielen Arten seien Bougainvillea, Hibiskus, Oleander, Jasmin, Pfingstrose, Schachblume, Ragwurz, Mohn, Ginster und Heidekraut genannt.

Wirtschaftspflanzen

Der genügsame **Ölbaum** ist seit Langem eine wichtige Wirtschaftspflanze auf der Insel Rhodos. Neben der Olive spielt die **Weinrebe** eine große Rolle; es werden Wein- und Tafeltrauben, Rosinen und Sultaninen gewonnen. Ferner baut man **Zitrusfrüchte** an – besonders Orangen, Mandarinen und Zitronen –, Aprikosen, Pfirsiche, Äpfel, Birnen, Melonen sowie Esskastanien, Feigen, Mandeln und Pistazien. Die klimatischen Bedingungen sind so günstig, dass man zweimal im Jahr Auberginen, Tomaten, Gurken und Kartoffeln ernten kann.

TIERWELT

Wild

Vergleichsweise arm an Arten ist die Tierwelt der Insel Rhodos. Die meisten heimischen Wildtiere sind **in ihrem Bestand bedroht**. Dies gilt vor allem für Wildschweine, Hirsche, Rehe, Kaninchen, Fasane und Rebhühner, die sehr stark bejagt werden. Gelegentlich sieht man Hasen, Füchse, Dachse, Marder und Wiesel.

Vögel

Stark zurückgedrängt sind auch die Vögel. In den Bergen kann man noch einige **Wanderfalken** und **Habichte** beobachten. Vereinzelt schweben auch **Lämmergeier** durch die Lüfte. Im Winter suchen **Seeschwalben** und schwarz-weiße **Austernfischer** an den Küsten der Insel nach Nahrung. Zu den schönsten Vögeln auf Rhodos zählt der bunte **Bienenfresser**, der hier reichlich Nahrung findet. Auch **Blauracken** fühlen sich besonders an den felsigen Küstenabschnitten wohl. Häufiger sieht man Ammern, Dohlen und Elstern.

Reptilien

Rhodos war seit alters her als Insel der **Schlangen** verrufen. Sprachwissenschaftler glauben, dass sich der Inselname vom phönikischen Ausdruck »erod« (Schlange) herleiten lässt. Heute kommen Schlangen allerdings nur noch selten vor. Auf der Insel gibt es etliche Reptilien, vor allem **Geckos** und diverse **Eidechsen**, darunter den gefährlich dreinschauenden »Rhodischen Drachen«, der fast einen halben Meter lang werden kann, aber völlig harmlos ist. Stark in ihrem Bestand bedroht sind die **Sumpfschildkröten**, die durch den Tourismus aus ihren letzten Refugien vertrieben werden.

Natur und Umwelt • HINTERGRUND

Einen guten Aussichtspunkt hat sich die Ziege ausgesucht.

Insekten

Allgegenwärtig ist die **Honigbiene**, die bei entsprechender Wetterlage und unter besonderen Umständen recht angriffslustig werden kann. Typisch für den Mittelmeerraum – und somit auch auf Rhodos heimisch – ist die **Zikade**, deren Zirpen bei massenhaftem Auftreten geradezu ohrenbetäubend sein kann.
Eine Besonderheit von Rhodos sind die **Schmetterlinge Russische Bären** (Callimorpha quadipunctaria) mit ihren gepunkteten Flügeln, die noch im vielbesuchten Tal der Schmetterlinge (Petaloúdes) anzutreffen sind.

Nutztiere

Auf Rhodos gehören zu den Nutztieren **Ziegen** und **Schafe**. Im weniger stark besiedelten Süden der Insel weiden einige **Rinderherden**. Allgegenwärtig sind **Esel** und **Maultier**, die auch heute noch als Arbeitstiere dienen.

Meerestiere

In den Gewässern um Rhodos leben mehrere Arten von **Triglidenfischen**. Besonders begehrt ist das weiße und sehr schmackhafte Fleisch des Trigla lineata. Weitere in größerer Zahl vorkommende Meeresbewohner sind der **Tunfisch**, die **Meeräsche**, die **Makrele**, der **Stint**, diverse **Brassen** (u. a. Barsch und Zahnbrasse), die rötliche **Meerbarbe**, **Hechtdorsch** und **Sardelle**.

Die einstmals sehr bunte Unterwasserwelt ist durch Gewässerverschmutzung und Übernutzung recht eintönig geworden. Insbesondere menschliche Einflüsse haben zu einem massiven Rückgang der **Schwamm- und Korallenpopulation** in den tieferen Schichten der Gewässer um Rhodos geführt. Von örtlichen Tauchern, die immer noch nach wertvollen Schwämmen sowie roten und schwarzen Korallen suchen, wird noch immer Raubbau betrieben. 1986 wurden die Schwämme zudem von einer rätselhaften Pilzkrankheit befallen, die die Tiere in weiten Gebieten vernichtete. Heute müssen die Schwammtaucher oft bis zur nordafrikanischen Küste fahren, um Ertrag zu machen. Die meisten Schwämme, die auf Rhodos und Sími zu kaufen sind, sind allerdings synthetisch hergestellt oder aus der Karibik importiert.

Politik · Bevölkerung · Wirtschaft

Vor allem der Tourismus hat Rhodos in den letzten Jahren geprägt und ist heute der beherrschende Wirtschaftszweig, der die meisten Beschäftigten aufweist. Er hat der Insel großen Wohlstand gebracht, in der Folge aber auch die sozialen Strukturen mitverändert.

Verwaltungsgliederung

Seit 1974 ist Griechenland eine **parlamentarische Demokratie** mit einem Einkammersystem mit 300 Abgeordneten. Verwaltungsmäßig gehört Rhodos zum Nomos (Regierungsbezirk) Dodekanes, einer aus 19 Eilanden bestehenden Inselgruppe, die sich vom Peloponnes bis zur Türkei zieht. Das Staatsgebiet von Griechenland besteht insgesamt aus zehn Regierungsbezirken. **Rhodos ist Sitz des Nomarchen** (einer Art Regierungspräsident) des Bezirks Dodekanes. Die Insel bildet zusammen mit Kos eine Eparchie (Kreis). Nach der Verwaltungsreform von 2010 wurde sie zur Gemeinde (Dímos), deren Verwaltungssitz Rhodos-Stadt ist und die in 10 Gemeindebezirke unterteilt ist.

Bevölkerungsentwicklung

Im letzten Jahrzehnt ist mit Ausnahme von Rhodos-Stadt die Bevölkerungszahl der Insel gesunken. Sie liegt heute bei etwa 115 000, wovon knapp die Hälfte in Rhodos-Stadt lebt, rund 10 000 in dem nächstgrößeren Ort Iálissos und der Rest in den 42 Dörfern. Immer mehr Rhodier ziehen vom Land in die Stadt, weil sie die Arbeit in der Gastronomie und in den Geschäften bevorzugen, und die größeren Vergnügungsmöglichkeiten dort ziehen vor allem junge Leute an. Dadurch entsteht ein Gefälle zwischen dem städtischen Norden und dem ländlichen Süden. Fast alle Inselbewohner sind Griechen.

Stellung der Frau in der Gesellschaft

Mühsam und langwierig ist der Weg der griechischen Frauen zur Emanzipation: Sie besitzen zwar seit 1952 das **Wahlrecht**, doch erst 1975 wurde die **Gleichberechtigung** von Mann und Frau in der Verfassung verankert. In den 1980er-Jahren änderte das Parlament das Ehe-, Familien- und Scheidungsrecht in wesentlichen Punkten – ein weiterer wichtiger Schritt in Richtung Gleichberechtigung. So wurde die traditionelle Arbeitsteilung – der Mann als Familienoberhaupt und die Frau im Haushalt – abgeschafft. Die Frau soll gleichberechtigt über die Erziehung der Kinder mitbestimmen und gleichen Lohn für gleiche Arbeit erhalten. Im Scheidungsfall bekommt sie ein Drittel des während der Ehe erworbenen Zugewinns.

Dennoch haben sich die jahrhundertealten **patriarchalischen Strukturen**, besonders auf dem Land, erhalten. Daran hat auch der Tourismus auf Rhodos nicht allzuviel geändert. Die Frauen sind weiterhin für den Haushalt und die Kinder zuständig. Es wird immer noch erwartet, dass die Frau eine **Mitgift** in die Ehe einbringt, obwohl das Gesetz zur Aussteuerpflicht seit 1983 abgeschafft ist. Eine Frau ohne Aussteuer, die aus einem Haus, Schmuck oder Bargeld bestehen kann, hat auch heute noch schlechtere Aussichten auf eine Ehe.

Frauen treffen sich zu einem Schwatz vor dem Haus.

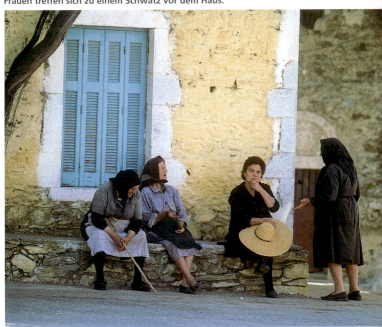

Willkommen im Alltag!

Rhodos einmal tatsächlich abseits der Touristenpfade erleben und ganz normale Leute treffen – dazu einige Tipps:

BEI IKONENMALERN

Vassilios Sirimis aus Apóllonas ist hauptberuflich Ikonenmaler. Sein kleines Atelier liegt im ehemaligen jüdischen Viertel der Altstadt. Meist sitzt er vormittags an seiner Staffelei und malt orthodoxe Heiligenbilder im traditionellen Stil. Er freut sich über Besucher. Dann demonstriert der Maler sein kunstvolles Handwerk und beantwortet auch gern Fragen auf Griechisch oder Englisch. Wer möchte, kann seine eigene Lieblingsikone im Atelier in Auftrag geben.
Atelier Sirimis, Kistiniou 42, Rhodos-Altstadt, Tel. 2410 7 41 27, www.sirimis.gr

MIT AUSWANDERERN REDEN

Auf Rhodos sind einige Hundert Deutsche seit vielen Jahren zu Hause. In der Ökumenischen Begegnungsstätte der Evangelischen Kirche Deutschlands haben sie einen Anlaufpunkt und in einem pensionierten Pfarrer einen Ansprechpartner. Auch Urlauber sind bei den sonntäglichen Gottesdiensten und anderen Gemeindeveranstaltungen willkommen. Da ergeben sich so manche Gespräche.
Ökumenisches Begegnungszentrum Papalouka 27, Rhodos-Neustadt, Tel. 22410 7 58 85
www.ev-kirche-rhodos.com

VON MÖNCHEN LERNEN

Die zumeist jüngeren Mönche im Kloster Tharí (▶ S. 168) bei Laérma sind recht gebildet, fromm und weltoffen zugleich. Sie nehmen auch orthodoxe Ausländer bei sich auf, sodass eine internationale Mönchsgemeinschaft entstand. Fast immer sitzt zumindest einer von ihnen gleich am Eingang des Konvents und ist zu (zumeist englischen) Gesprächen bereit. So kann man einiges über die Orthodoxie aus erster Hand erfahren.

GRIECHISCHES DORFLEBEN

Das Dorf Messanagrós im Süden der Insel liegt abseits aller gängigen touristischen Pfade. Mitten im Dorf vermietet Michalis gegenüber der byzantinischen Kirche ein einziges, ganz traditionell eingerichtetes Apartment. Wer dort wohnt, nimmt am geruhsamen Dorfleben teil, wird von den Bewohnern schnell als einer der ihren akzeptiert und in Privathäuser eingeladen.
Im Kafenío O Mike nach dem Apartment (❻) fragen

GRIECHISCH SPRECHEN

Einmal im Jahr bietet das Bremer Aristoteles-Institut bei Afándou einen zwölftägigen Griechisch-Kurs für Anfänger und Fortgeschrittene an. Vormittags wird die Sprache gelernt, und abends werden griechische Lieder gesungen. Ausflüge gehören ebenfalls zum Programm.
Aristoteles-Institut, Argonnenstr. 3, Bremen, Tel. 042115190, www.aristoteles.de

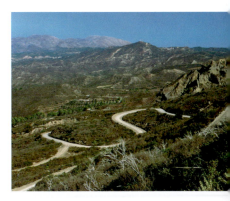

Kafenío

Kaffeeklatsch unter Männern

Das Kafenío, das traditionelle griechische Café, ist der Ort, wo sich die Männer treffen, stundenlang lesen, reden und Karten oder Tavli spielen – und das meist bei einem Tässchen griechischen Kaffees oder einem Ouzo.

Die Domäne des griechischen Mannes ist das Kafenío, eine Mischung aus **Kaffeehaus und Stammkneipe**, das es so gut wie in jedem Dorf gibt. Vor allem bei älteren Männern auf dem Land, aber auch in der Stadt hat sich die Gewohnheit erhalten, vor- oder nachmittags auf einen Schwatz im Kafenío vorbeizuschauen.

Man trifft sich hier und palavert über Politik und das Neueste aus dem Ort; besonders vor Wahlen wird es auch mal laut. Außerdem spielt man Karten oder Tavli, eine Art Backgammon, oder liest Zeitung. Oder die Männer lassen mit stoischer Ruhe das vom Islam übernommene Komboloi, eine Kette aus Perlen, Olivenholz, Bernstein, Silber oder Edelsteinen, spielerisch durch die Finger gleiten.

Kein Getränkezwang

Das wichtigste Getränk im Kafenío ist der griechische Kaffee, der **Kafés ellinikós**, den man ohne Zucker (sketos), leicht gezuckert (métrios) oder süß (glikós) bestellen kann. An dem Kaffee wird immer nur genippt, und zwar über einen langen Zeitraum, sodass er dabei kalt wird. Wem nicht nach Kaffee ist, der kann sich auch einen Ouzo oder Gliko tou Koutaliou bestellen, eine sirupartige Masse mit eingelegten Früchten. Einen Getränkezwang gibt es im Kafenío allerdings nicht, und es wird niemand schief angesehen, wenn er stundenlang bei einem Kaffee oder vor der Zeitung sitzt oder ins Tavli-Spiel vertieft ist. Auch Geschäfte werden im Kafenío abgeschossen, wobei immer noch ein Handschlag bindend ist. Man geht in das Lokal, dessen Wirt die gleiche politische Einstellung wie man selbst hat. Die Kafenía sind oft nüchtern und einfach ausgestattet.

Die Jüngeren ziehen deshalb die schickeren Bars als Treffpunkte vor. Im Kafenío zeigt sich das griechische **Patriarchat** besonders deutlich. Der Besuch des Männerlokals ist Frauen zwar nicht verboten, aber für sie sind andere Treffpunkte vorgesehen. Ältere Paare und Familien gehen in die Zacharoplastía, die Konditoreien. Die Jugend versammelt sich wiederum in modernen Café-Bars, die man hier meistens »kafetéries« nennt.

GRIECHISCH-ORTHODOXE KIRCHE

Nahezu die ganze Bevölkerung von Rhodos gehört der griechisch-orthodoxen Kirche an. Der restliche kleine Teil sind Juden sowie Moslems, die einen eigenen Mufti als geistliches Oberhaupt haben. Die Kirche spielt in Griechenland immer noch **eine bedeutende Rolle**. Fast alle Bewohner sind getauft, kirchlich getraut und gehen zumindest an den hohen Feiertagen in den Gottesdienst. Die enge Beziehung der Griechen zur Kirche erklärt sich aus der jahrhundertelangen muslimischen Fremdherrschaft – Rhodos war fast 400 Jahre von den Türken besetzt.
In dieser Zeit waren die Bevölkerung und die Priester aufeinander angewiesen und schlossen sich unter dem Druck der andersgläubigen Besatzungsmacht eng zusammen. Dadurch entstand eine eigene kirchlich-volkstümliche bäuerliche Kultur, die besonders bei Kirchenfesten deutlich wird.

Bedeutung der Kirche

An der Spitze der griechischen Staatskirche steht der Metropolit Athens, der zusammen mit zwölf weiteren Metropoliten die Kirche leitet. Rhodos ist **Sitz eines Metropoliten**, der auch die Inseln Chálki, Sími, Tílos und Níssiros verwaltet. Er untersteht wie die übrigen drei Metropoliten des Dodekanes aber nicht dem Metropoliten Athens, sondern dem Ökumenischen Patriarchen von Istanbul (Türkei). Die griechischen **Priester**, die mit ihrer langen Haar- und Barttracht das Straßenbild mitprägen, dürfen heiraten, allerdings nur vor der Priesterweihe (▶Baedeker Wissen S. 168). Stirbt die Ehefrau eines geweihten Priesters (pappás), darf dieser nochmals eine Ehe eingehen. Verheiratete Geistliche können allerdings weder in ein Kloster eintreten noch höhere Kirchenämter einnehmen, sodass die Metropoliten meist aus dem Mönchsstand kommen.

Metropoliten und Priester

Da in der orthodoxen Kirche nicht der Gregorianische, sondern der **Julianische Kalender** gilt, liegen die kirchlichen Feiertage meistens später als in der katholischen und der evangelischen Kirche. Bei kirchlichen Festen, den Höhepunkten des Jahres, singen und tanzen die Gläubigen. Die alten Tänze (Chorous) werden auf den Dorfplätzen ausgeführt. Besonders gepflegt werden die Bräuche bei großen Familienfesten wie Taufen, Hochzeiten und Beerdigungen, bei den zwölf großen Jahresfesten sowie bei den Jahresfeiern für den Heiligen, dem die jeweilige Dorfkirche geweiht ist.
Ostern (▶Baedeker Wissen S. 78) ist für die Griechen das wichtigste religiöse und familiäre Fest, zu dem die Familienangehörigen vom Festland und aus dem Ausland heimkehren. Strenggläubige Christen fasten vor Ostern 49 Tage. Die Fastenzeit beginnt am Rosenmontag, den viele mit einem Picknick feiern. Alle Dörfer sind dann voller Leben: Man isst, trinkt und tanzt.

Kirchliche Feiertage und Feste

WIRTSCHAFT

Tourismus

Rhodos gehört mit rund 1,4 Mio. Besuchern pro Jahr zu den wichtigsten Urlaubsgebieten Griechenlands. Die meisten Gäste kommen aus Deutschland. Der Tourismus, der seit den 1970er-Jahren beständig, zeitweise explosionsartig boomte, ist die **Haupteinnahmequelle der Insel** und hat vor allem dem Norden bedeutenden Wohlstand gebracht. Aber auch hier macht sich die Finanzkrise seit 2009 bemerkbar, die zu sinkenden Gästezahlen führte. Die Menschen, die im Tourismus beschäftigt sind, arbeiten während der Saison, die etwa ein halbes Jahr dauert, praktisch durchgehend. In dieser Zeit wird das Geld für das ganze Jahr verdient.

Landwirtschaft

Ein wichtiger Wirtschaftszweig der Insel ist immer noch die Landwirtschaft, die durch die klimatischen Verhältnisse ausgezeichnete Bedingungen hat. Teilweise sind zwei Ernten pro Jahr möglich. Vor allem Feldfrüchte wie Tomaten, Auberginen, Melonen und Kartoffeln werden – auch in Gewächshäusern – angebaut. Sie finden in Hotels und Restaurants Absatz oder gelangen in den Export. Zudem werden **Zitrusfrüchte, Oliven bzw. Olivenöl und Wein** ausgeführt. Der Export von roten und weißen Weinen und insbesondere von Sekt aus der C.A.I.R.-Genossenschaft ist dabei der wichtigste Ertragsfaktor. Der Sekt wird aus der Athirí-Traube im klassischen Schaumweinverfahren durch eine zweite Gärung gewonnen (▶Baedeker Wissen S. 70).

Immer mehr Rhodier ziehen allerdings aufgrund der steigenden Touristenzahlen vom Land in die Stadt, weil ihnen die Verdienstmöglichkeiten hier attraktiver erscheinen als in der Landwirtschaft. Die Landwirtschaftsbetriebe sind oft sehr klein und entsprechend schlecht ausgerüstet mit alten Maschinen. Deshalb ist der Ertrag der Arbeit im Verhältnis zu der Anzahl von Menschen, die von der Landwirtschaft leben müssen, eigentlich zu gering.

Fischerei

Auch in der Fischerei verdienen Rhodier ihren Lebensunterhalt. Jedoch hat **Überfischung** im Lauf der Jahrzehnte den Fischbestand in der Ägäis drastisch reduziert. Die Fänge der rhodischen Fischer decken daher im Sommer nicht mehr den Bedarf, der sich durch den Tourismus sehr gesteigert hat. Deshalb muss Rhodos von den kleineren Nachbarinseln, z. B. Sými und Chálki, Fische importieren, die dort in Zuchtanlagen aufgezogen werden. Durch die Nachfrage nach Fisch und landwirtschaftlichen Produkten in den Touristenzentren steigen die Preise, was Stadt- und Landbewohner trifft.

Handwerk

Handwerksbetriebe erleben durch den Tourismus einen enormen Aufschwung. Hier sind vor allem **Kürschnereien, Schneidereien, Töpfereien** und **Teppichwebereien** zu nennen. Der Verkauf von

Politik · Bevölkerung · Wirtschaft • HINTERGRUND

Die Fischerei deckt nicht mehr den Bedarf.

Pelzen ist auf Rhodos – trotz der heißen Temperaturen – jahrzehntelang ein hervorragendes Geschäft gewesen, weil die Waren nicht besteuert und günstig hergestellt werden. Allerdings haben weltweite Boykott-Aufrufe und Aufklärungskampagnen über tierquälerische Pelztierhaltung den Handel mit den Pelzen stark zurückgehen lassen. In den großen Touristenzentren gibt es zahlreiche **Keramikwerkstätten** und **Goldschmieden**, die vorwiegend im Sommer ihre Erzeugnisse an Urlauber verkaufen.

Geschichte

Geschichte • HINTERGRUND

Unter Fremdherrschaften

Erste Zeugnisse der Besiedlung von Rhodos reichen fast 7000 Jahre zurück. In der Folge wird die Insel aufgrund ihrer strategischen Lage in der Ägäis immer wieder Ziel fremder Eroberer: Perser, Griechen, Römer, Byzantiner, Johanniter, Türken und Italiener streiten sich um die Vorherrschaft und drücken der kleinen Insel ihren Stempel auf. Erst 1947 fällt Rhodos an Griechenland.

VOR- UND FRÜHZEIT

5.–2. Jt. v. Chr.	Erste Besiedlung der Insel
1000–750 v. Chr.	Entstehung der Stadtstaaten Iálissos, Kámiros und Líndos in dorischer Zeit
750–500 v. Chr.	Wirtschaftlicher und kultureller Aufschwung

Gefäßscherben sind die ältesten Zeugnisse der Besiedlung von Rhodos, die in das 5. Jt. v. Chr. datiert werden. Die Siedlungsplätze in der späten Jungsteinzeit sind einfach und kaum befestigt in Meeresnähe oder gar in Höhlen. Wahrscheinlich haben ostmittelmeerische Stämme wie Karer und Phöniker auf dem Weg in die Ägäis entlang der Küsten Handelsposten angelegt.

Erste Besiedlung

In der Mitte des 2. Jts v. Chr. kommen Mykener, die Homer Achäer nennt, wahrscheinlich von Kreta auf die Insel und besiedeln die Städte Líndos, Iálissos und Kámiros. Bescheidener Burgenbau und vermehrte Handelstätigkeit lassen auf eine **kurze Blütezeit** von Rhodos schließen, allerdings werden die mykenischen Siedlungen nach 1200 v. Chr. aufgegeben.

Mykenische Siedlungen

Vielleicht schon vor der um die Jahrtausendwende einsetzenden dorischen Wanderung kommen Dorer unter ihrem sagenhaften Führer Tlepolemos über Kreta nach Rhodos. In dorischer Zeit (1000–750 v. Chr.) entstehen **drei Stadtstaaten**: Iálissos mit dem Gebiet an der Nordspitze der Insel, Kámiros mit einem Küstenstreifen im Südwesten und Líndos mit dem größten Teil im Südosten. Die Bewohner leben offensichtlich in Frieden miteinander, denn nichts erinnert an kriegerische Handlungen. Die drei Stadtstaaten schließen mit Kos, Halikarnássos (heute Bodrum) und Knídos eine **Hexapolis** (»Sechs-

Dorische Besiedlung

Der Großmeister der Johanniter, Pierre d' Aubusson, ließ ab 1476 die Festungswerke von Rhodos-Stadt erneuern.

städtebund«). Regieren anfänglich Könige die Stadtstaaten, so werden sie später von adligen Oligarchien abgelöst, um dann zumindest in Líndos der Tyrannis zu weichen. **Kleoboulos** (▶Berühmte Persönlichkeiten S. 56), der 40 Jahre lang allein über Líndos herrscht, wird sogar zu den Sieben Weisen des Altertums gezählt. Im Gegensatz zu Iálissos und Kámiros, die landwirtschaftlich geprägt sind, entwickelt sich Líndos zu einem bedeutenden Seehafen und Handelszentrum. Vor allem von Líndos gehen auch die rhodischen **Kolonisationen** aus, die von Sizilien bis ans Schwarze Meer reichen.

Aufschwung in archaischer Zeit Rhodos erlebt in archaischer Zeit (750 – 500 v. Chr.) als Zwischenstation im Fernhandel zwischen östlichem und westlichem Mittelmeerraum einen wirtschaftlichen und kulturellen Aufschwung, der auch zu einem florierenden Keramikgewerbe und zur Prägung eigener Münzen führt.

KLASSISCHE ÄRA (5. Jh. – 333 v. Chr.

Mitte 5 Jh. v. Chr.	Líndos, Iálissos und Kámiros werden Mitglieder des 1. Attisch-Delischen Seebundes.
377 – 358 v. Chr.	Rhodos gehört zum 2. Attischen Seebund.
408 v. Chr.	Die rhodischen Städte vereinen sich zu einem Gesamtstaat und gründen Rhodos-Stadt.

Vormacht Athens Als sich die **persische Großmacht** um 490 v. Chr. in die Ägäis ausweitet, unterwirft sich ihr Rhodos gezwungenermaßen, erleidet dadurch wirtschaftliche Einbußen und wird zu Hilfsleistungen herangezogen, zum Beispiel durch Bereitstellung von 40 Schiffen für die Perser in der **Schlacht von Salamis** (480 v. Chr.). Nach dem Seesieg Athens muss sich Rhodos allerdings dieser Macht unterordnen. So werden die drei rhodischen Städte Líndos, Iálissos und Kámiros Mitte des 5. Jh.s Mitglieder des 1. Attisch-Delischen Seebundes und müssen immer höhere Tribute an Athen zahlen. Von dieser Zeit an übernimmt **Iálissos** für etwa ein halbes Jahrhundert die politische Führung auf der Insel. Infolge der Spannungen zwischen Athen und Sparta wird Kámiros von den Spartanern angegriffen. Die Rhodier fallen daraufhin 411 v. Chr. von Athen ab, werden aber drei Jahre später von der athenischen Flotte plündernd heimgesucht.

Stadtgründung von Rhodos 408 v. Chr. erfolgten zur besseren Verteidigung und der politischen Willensbildung der berühmte **Synoikismos**, der Zusammenschluss der rhodischen Städte zu einem Gesamtstaat, und die Gründung der Stadt Rhodos auf dem Gebiet von Iálissos, nicht zuletzt auch aus wirtschaftlichen Gründen. Zur Belebung des Handels sucht man den Platz für die neue Stadt an der Nordspitze der Insel aus, wo der

Rhodos nimmt 480 v. Chr. auf der Seite der Perser an der Schlacht von Salamis teil, in der die Griechen über die persische Flotte siegen.

Hauptschifffahrtsweg ins östliche Mittelmeer vorbeiführt. Durch die Neugründung verliert vor allem Iálissos seine Bedeutung, während Líndos und Kámiros als Kultzentren weiter wichtig bleiben.

Das vierte vorchristliche Jahrhundert ist zunächst von Unruhen geprägt. Rhodos gerät abwechselnd in den Machtbereich von **Sparta**, das die Aristokratie unterstützt, und in den des demokratischen **Athen**, bis es 377 v. Chr. dem 2. Attischen Seebund beitritt. Bei einem **Volksaufstand** unter Führung des Demagogen Dorimachos gegen die Adligen werden die herrschenden Diagoriden vernichtet. Unter dem Druck des persischen Satrapen Mausollos muss Rhodos 358 v. Chr. den Attischen Seebund wieder verlassen; drei Jahre später besetzt er die Insel. Nach dem Tod des Mausollos bringen die **Karer** die Insel für einige Zeit in ihren Besitz. Der **Handelstätigkeit** der Rhodier tut das jedoch keinen Abbruch. Die rhodischen Münzen mit dem strahlenbekränzten Helioskopf auf der Vorder- und der Rosen- bzw. Hibiskusblüte auf der Rückseite bleiben als Zahlungsmittel im Dodekanes-Wirtschaftsraum begehrt.

Unruhen
(4. Jh. v. Chr.)

HELLENISTISCHE PERIODE (333–292 v. Chr.)

333 v. Chr.	Rhodos unterwirft sich Alexander dem Großen.
292 v. Chr	Errichtung des Kolosses von Rhodos

Wirtschaftliche und kulturelle Blütezeit

In Abwägung der politischen Optionen schlagen sich die Rhodier 333 v. Chr. auf die Seite **Alexanders des Großen** und tolerieren die Besetzung durch makedonische Truppen. Nach dem Tod Alexanders führen die **Diadochenkriege** (305 v. Chr.) auch zur Belagerung von Rhodos, das sich weigert, den übertriebenen Forderungen des Diadochen **Demetrios Poliorketes** (»Städtebezwinger«; ▶Abb. S. 201) Folge zu leisten. Mit nur knapp 7000 Verteidigern zwingen die Rhodier den übermächtigen Demetrios zum Abzug. Als Siegesdenkmal errichten sie unter Leitung des Erzgießers Chares von Líndos in zwölfjähriger Bauzeit bis 292 v. Chr. ein 32 m hohes Standbild des Sonnengottes Helios, das als »**Koloss von Rhodos**« zu den Sieben Weltwundern des Altertums zählt (▶Baedeker Wissen S. 201). In dieser Zeit erlebt Rhodos mit seinen 60 000 bis 80 000 Bewohnern als Warenumschlagplatz für das gesamte östliche Mittelmeer einen **großen wirtschaftlichen Aufschwung**, der sich auch in der Belebung von Kunst und Wissenschaft niederschlägt. Der **Epiker Apollonios**

Kámiros war einst eine bedeutende hellenistische Stadt.

Geschichte • HINTERGRUND

Rhodios (▶Berühmte Persönlichkeiten S. 55) verfasst seine berühmte »Argonautika«. Der Rhetor Aischines kommt von Athen nach Rhodos und begründet die später berühmte **Rhetorenschule**, die bis ins 1. Jh. v. Chr. ihre Anziehung behält, u. a. auch für Cato, Cicero und Caesar. Rhodos unterhält eine **Handels- und Kriegsflotte** und bekämpft die Seeräuberei. Das rhodische Seerecht wird weithin übernommen. Handelsinteressen bestimmen auch die vermittelnde Politik der Rhodier in den Auseinandersetzungen der Makedonier, Ptolemäer, Seleukiden und Römer.

RÖMISCHE EPOCHE (2. Jh. v. Chr. – 3. Jh. n. Chr.)

2./1. Jh. v. Chr.	Rhodos kooperiert mit den Römern.
42 v. Chr.	Eroberung und Plünderung der Insel durch Cassius
297 n. Chr.	Rhodos wird Teil der römischen Pronvinz Insularum.

Zunächst leisten die Rhodier Rom mehrfach Hilfe bei kriegerischen Auseinandersetzungen, so gegen Philipp V. von Makedonien, worauf sie Besitzungen in Kleinasien erhalten. Da sie sich jedoch dem Makedonierkönig Perseus gegenüber wohlwollend verhalten, nehmen die Römer den Rhodiern nach dem Sieg über Perseus 168 v. Chr. ihr kleinasiatisches Gebiet wieder ab und erklären die Insel Délos zum Freihafen. Dadurch gehen Rhodos beträchtliche Zolleinnahmen verloren, und der **wirtschaftliche Niedergang** beginnt. In dieser Zeit ist Rhodos trotz politischer und wirtschaftlicher Einbußen ein **bedeutendes kulturelles und geistiges Zentrum**. Zahlreiche namhafte Maler und Bildhauer arbeiten auf der Insel und gestalten so berühmte Werke wie die **Nike von Samothrake** oder die **Laokoongruppe** (▶Baedeker Wissen S. 46). Der Astronom Hipparch von Nikaia forscht in seinem Observatorium auf der Akropolis von Rhodos-Stadt, der Philosoph **Poseidonios** (▶Berühmte Persönlichkeiten S. 56) unterhält eine eigene Schule.

Querelen mit den Römern

Rhodos wird schließlich im römischen Bürgerkrieg von Cassius 42 v. Chr. erobert, der die Insel ihres Vermögens, ihrer Flotte und ihrer Kunstschätze beraubt sowie die bedeutendsten Bürger umbringen lässt. Die Eingliederung in das Römische Reich erfolgt nach und nach. Unter Augustus wird Rhodos 31 v. Chr. direkt dem römischen Herrscher und nicht einem Statthalter unterstellt, kann fortan seinen Wohlstand mehren und wird auch häufig als Exilort genutzt. Nach einem starken Erdbeben 155 n. Chr. mit verheerenden Auswirkungen wird die Stadt Rhodos zwar schnell wieder aufgebaut, aber der alte Glanz ist verloren. Unter Kaiser Diokletian **verliert Rhodos seine Selbstständigkeit** und wird 297 Teil der römischen Provincia Insularum.

Eingliederung ins Römerreich

Christentum In der Geschichte des Christentums spielt Rhodos früh eine bedeutende Rolle. Die Apostelgeschichte (21,1) berichtet, dass **Paulus** auf seiner dritten Missionsreise von Milet kommend auf der Insel landete. Frühchristliche Funde belegen, dass seit dem 2. Jh. n. Chr. eine kleine christliche Gemeinde bestand.

BYZANTINISCHE ZEIT (330 – 1309)

395	Rhodos wird dem Oströmischen Reich zugeschlagen.
7. – 9. Jh.	Verschiedene Eroberer plündern wiederholt die Insel.
13. Jh.	Byzantinische Statthalter herrschen über Rhodos.

Teilung des Römischen Reiches Bei der Teilung des Römischen Reiches 395 kommt Rhodos zum Oströmischen Reich, spielt aber im politisch-wirtschaftlichen Gefüge des Byzantinischen Reiches eine geringe Rolle. Verschiedentlich wird Rhodos von Naturkatastrophen heimgesucht, so ziehen schwere **Erdbeben** 345 und 515 die Insel in Mitleidenschaft. Hilfe verspricht sich die Bevölkerung von der Religion – im 5. und 6. Jh. entstehen bedeutende Basiliken an mehreren Orten der Insel. Unter Kaiser Justinian (527 – 565) wird das schon lange bestehende **rhodische Seerecht** in das Gesetzeswerk der Digesten übernommen.

Eroberungen und Plünderungen Mit dem 7. Jh. beginnt für Rhodos eine nur **spärlich dokumentierte Geschichtsepoche**, die bis zum Beginn des 14. Jh.s währt. Nur wenige bruchstückhafte Nachrichten byzantinischer Chronisten belegen, dass Rhodos immer wieder von fremden Eroberern besetzt und geplündert wird: 620 von den Persern, 653 und 717 von den Sarazenen. Im Jahr 807 verwüstet Kalif Harun al-Raschid die Insel, nachdem es ihm nicht gelungen ist, Rhodos-Stadt einzunehmen.

Auswirkungen der Kreuzzüge Als Abwehrmaßnahme gegen das Vordringen der islamisch-arabischen Herrschaft erlaubt der byzantinische Kaiser venezianischen Kaufleuten, auf Rhodos 1082 eine Handelsniederlassung einzurichten. Im Rahmen des **Ersten Kreuzzugs** (1096 – 1099) gewährt Rhodos den Kreuzfahrern Unterstützung. Viele Kreuzritter und Pilger machen auf dem Zug ins Heilige Land hier Zwischenstation, 1191 kommt der englische König Richard Löwenherz auf die Insel.

Byzantinische Statthalter im 13. Jh. Im Jahr 1204 beginnt ein lang andauernder Konflikt zwischen dem byzantinischen Kaiser und den Kreuzfahrern, als statt des Heiligen Landes kurzerhand Konstantinopel durch die Kreuzritter erobert und geplündert wird. Als Beute spricht man den beteiligten Venezianern Rhodos zu, doch kommt ihnen der byzantinische Statthalter für den Dodekanes, **Leo Gavalas**, zuvor. Er besetzt die Insel und errichtet eine Alleinherrschaft. Nach seinem Tod 1240 übernimmt sein

Bruder Johann die inzwischen vom byzantinischen Kaiser gebilligte Herrschaft über die Insel. Von 1261 bis 1275 übergibt Kaiser Michael VIII. Paleologos die Regierung von Rhodos an seinen Bruder. Danach wird die Insel mit Billigung der byzantinischen Verwaltung zum **Spielball genuesischer Korsaren**, bis einer von ihnen kurzerhand die Insel mit Gewinn an den Johanniterorden abtritt.

HERRSCHAFT DER JOHANNITER (1309 – 1522)

1306 – 1309	Der Johanniterorden erobert Rhodos.
1480	Großmeister Pierre d'Aubusson wehrt die Belagerung der Türken ab.
1522	Die Johanniter werden von den Türken vernichtend geschlagen und müssen die Insel verlassen.

Die aus dem Heiligen Land vertriebenen Johanniter erobern seit 1306 mit päpstlicher Zustimmung und genuesischer Piratenhilfe in einem dreijährigen Krieg gegen erbitterten Widerstand die Insel. Nach ihrem neuen Domizil nennen sie sich fortan Rhodiserritter (▶Baedeker Wissen S. 34). Das erste Jahrzehnt der Herrschaft der Johanniter ist von vielen Unruhen geprägt. Zunächst sind die Rhodier nicht erfreut über die neuen Herren, allerdings schätzen sie ihre Kampfbereitschaft bei der Abwehr von Piraten- und Türkenangriffen. Der Orden wandelt sich schnell von einem Ritterheer in eine **Seestreitmacht**, die muslimische Kriegs- und Handelsschiffe kapert. Dadurch verschafft er sich Geld, womit er unter anderem auch die Festungsanlagen in Rhodos-Stadt erbaut.

Schwierige erste Jahre

Die Insel, die seit dem 7. Jh. bedeutungslos am148 östlichen Rand Europas gelegen hat, gewinnt in den Jahren der Ritterherrschaft zunehmend an Bedeutung als **militärischer Vorposten des Abendlandes** und als wichtige **Station für den Handel** zwischen Europa und dem Orient. Handelswaren wie Parfüm, Safran, Kaviar, Pfeffer, Woll- und Seidenstoffe, Öl, Wein sowie Zucker werden auf Rhodos umgeschlagen. Schlagkräftige Ordensgaleeren sichern dabei die Seehandelswege und die Hoheitsgewässer der Insel. Die Rhodier haben in bescheidenerem Maß teil am Wirtschaftsleben, allerdings leben viele Bauern in den damaligen 45 Siedlungen des Hinterlandes hauptsächlich von Ackerbau und Viehzucht, etliche von ihnen haben den Status von Leibeigenen. Historiker schätzen die Zahl der griechischen Inselbewohner auf rund 10 000, die Zahl der Ritter, meist französischer Herkunft, auf maximal 500 mit zusätzlich etwa 1000 Söldnern, die in Gefahrenzeiten verstärkt werden können.

Gegen den **Großmeister Foulques de Villaret**, der den Orden nach Rhodos geführt hat, bricht wegen seines ausschweifenden Lebensstils

Ordenskrise (1317 – 1319)

Johanniterorden

»Den Schwachen hilf!«

… heißt es im Ordensgebet der Johanniter. Gegründet in Jerusalem als Mönchsgemeinschaft zur Pflege von Kranken, übernahm der Orden zunehmend den bewaffneten Schutz christlicher Pilger und wandelte sich zum militärischen Ritterorden. Heute sind die protestantischen Johanniter wieder eine karitative Organisation mit vielen Aufgaben – wie die katholischen Malteser, mit denen sie dieselbe Wurzel teilen.

▶ **Von Jerusalem nach Europa**
Stationen der Johanniter

1318
Ballei Brandenburg entsteht
2001
heutiger Ordenssitz Berlin

1530
Übersiedlung nach Malta

▶ **Die Geschichte der Johanniter**

1048 Gründung des Ordens vom Spital des heiligen Johannes in Jerusalem

Ballei Brandenburg entsteht ab **1318** bei Eberswalde

1291 Vertreibung aus Palästina, Niederlassung auf Zypern

Ballei Brandenburg wird um **1540** protestantisch

Reformation

1309 Eroberung von Rhodos.

1530 Übersiedlung nach Malta und Umbenennung in Malteser

1522 Rhodos kapituliert vor den Osmanen

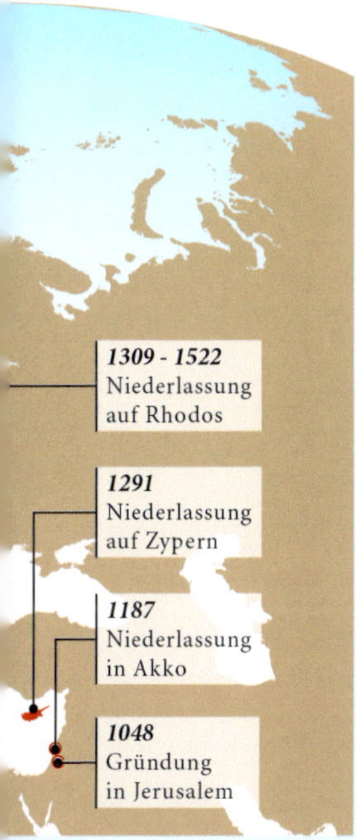

▶ Ohne Ehrenamt geht nichts
Mitarbeiter der Johanniter-Unfall-Hilfe e. V. (2010)

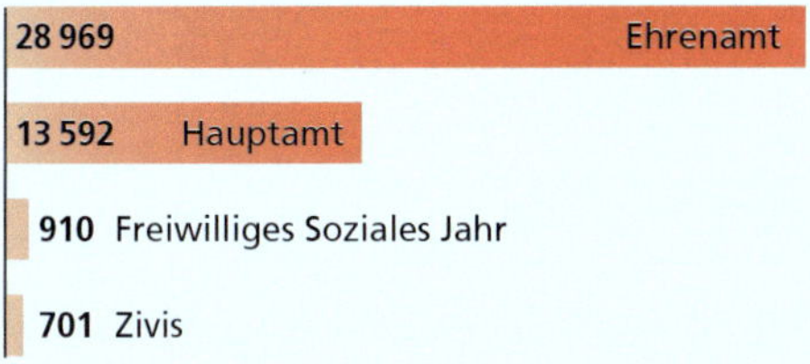

28 969	Ehrenamt
13 592	Hauptamt
910	Freiwilliges Soziales Jahr
701	Zivis

▶ Notfalleinsätze der Johanniter
je 1000 Einwohner (2010)

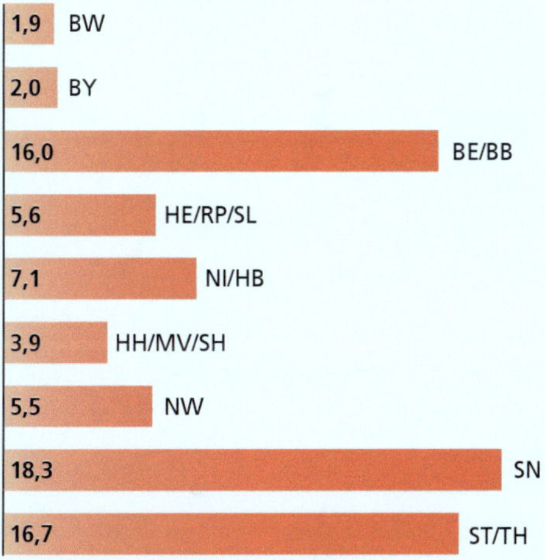

1,9	BW
2,0	BY
16,0	BE/BB
5,6	HE/RP/SL
7,1	NI/HB
3,9	HH/MV/SH
5,5	NW
18,3	SN
16,7	ST/TH

1309 - 1522
Niederlassung auf Rhodos

1291
Niederlassung auf Zypern

1187
Niederlassung in Akko

1048
Gründung in Jerusalem

Johanniter (evangelisch)

Viele Johanniter leisten Widerstand gegen das NS-Regime. Allein elf Ordensritter werden nach dem Attentat vom 20. Juli **1944** hingerichtet.

1951 Gründung der Johanniter-Hilfsgemeinschaften (JHG) in der Bundesrepublik Deutschland

Ab ca. **1852** versteht sich der Johanniterorden als nationale und internationale Hilfsorganisation

Nach **1945** verliert der Orden alle Besitzungen im Osten Deutschlands

1952 Gründung der Johanniter-Unfall-Hilfe (JUH) in der Bundesrepublik Deutschland

Malteser (katholisch)

Großmeisterpalast in Rhodos-Stadt: Machtzentrum der Johanniter

und seines Despotismus eine Rebellion unter den Rittern aus. Diese ernennen Maurice de Pagnac zu seinem Nachfolger. De Villaret entgeht einer Gefangennahme, indem er sich in die Festung von Líndos flüchtet. Der Papstes setzt den Streitigkeiten ein Ende: Beide Großmeister werden ihres Amtes enthoben, und die Führung geht 1319 an **Hélion de Villeneuve** über, der die Disziplin wiederherstellt, den Orden reorganisiert und militärisch schlagkräftiger macht.

Militärische Erfolge
Unter wechselnden Großmeistern überfallen die Ordensritter in den folgenden 150 Jahren immer wieder muslimisches Gebiet und wehren sich auf ihrer strategisch günstig gelegenen Insel meist erfolgreich gegen türkische Gegenangriffe. Unter dem **Großmeister Ferdinand Héredia** (1376 – 1396) wird Rhodos nach den neuesten wehrtechnischen Möglichkeiten befestigt. So gelingt es, unter **Großmeister Jean de Lastic** (1437 – 1454), einen Angriff der Mamelucken auf Rhodos 1440 abzuwehren und der 40 Tage dauernden **Belagerung von Rhodos-Stadt durch die Ägypter** standzuhalten. Nach einem weiteren Angriff der Ägypter 1444 wird mit ihnen ein Friedensvertrag geschlossen. Durch diese militärischen Erfolge wächst das Ansehen der Johanniter, wodurch sie Zulauf und große finanzielle Hilfe erhalten. Nach der Eroberung Konstantinopels durch die Türken 1453 – dem Ende des Byzantinischen Reiches – kommt der Orden als letzter christlicher Außenposten immer mehr in Bedrängnis.

Geschichte • HINTERGRUND

Trotz der erdrückenden Übermacht siegen die Johanniter unter dem **Großmeister Pierre d' Aubusson** (1476 – 1503; ▶Berühmte Persönlichkeiten S. 55) über die türkische Flotte unter Sultan Mohammed II., die Rhodos drei Monate belagert hat. Der **Legende** nach sollen sich die Türken zurückgezogen haben, weil am Himmel ein goldenes Kreuz mit Maria und Johannes dem Täufer erschien. D' Aubusson wird vom Papst für seine Verdienste mit dem Kardinalstitel ausgezeichnet. Der Großmeister lässt die durch die Schlacht und ein Erdbeben weitgehend zerstörten Festungsbauten von Rhodos-Stadt wiederaufbauen. Ab 1503 kommt es erneut zu türkischen Übergriffen auf Dörfer wie Archángelos, dessen Einwohner versklavt werden. Unter **Großmeister Emery d' Amboise** (1505 – 1512) werden etliche erfolgreiche Seezüge gegen türkische Flotten unternommen.

Sieg über die Türken (1480)

Suleiman der Prächtige nutzt die Schwäche der europäischen Großmächte, um die Ordensritter endgültig von Rhodos zu vertreiben. Die Türken belagern 1522 die Ordensfestung, und es entbrennt ein mörderischer Kampf mit gewaltigem Kanonenhagel und Sprengsätzen. Man schätzt, dass den mehr als 100 000 Türken nur 7500 Verteidiger gegenüberstanden. Die Ordensritter müssen nach sechs Monaten vor der gigantischen Übermacht kapitulieren. Der Sultan gewährt den verbliebenen Rittern einen ehrenhaften Abzug, die sich 1523 nach Kreta absetzen.

Vertreibung der Johanniter

OSMANISCHE HERRSCHAFT (1523 – 1912)

1523	Beginn der türkischen Herrschaft über Rhodos
1571	Ein Aufstand gegen die Türken wird vereitelt

Die 390 Jahre während türkische Herrschaft empfinden die Griechen allgemein als die schlimmste Zeit ihrer Geschichte, doch die Rhodier finden durchaus **Wege zur Verständigung**. In der Kapitulationsurkunde zwischen den Johannitern und den Türken wird den Rhodiern u. a. die freie Religionsausübung zugesichert und der Bau von Kirchen erlaubt. Eine Verschwörung der rhodischen Geistlichen gegen die Türken im Jahr 1571 wird grausam zunichte gemacht. Ansonsten leben in den ersten eineinhalb Jahrhunderten der türkischen Herrschaft Muslime, Christen und Juden friedlich zusammen.

Zusammenleben von Moslems, Christen und Juden

Nach wie vor ist Rhodos ein wichtiger **Handels- und Flottenstützpunkt** im Osmanischen Reich. Wahrscheinlich erst Ende des 17. Jh.s, als die Aufstände gegen die Türken im griechischen Gebiet zunehmen, wird angeordnet, dass Christen nicht in Rhodos-Stadt wohnen dürfen und sie nach Sonnenuntergang verlassen müssen. Ebenfalls erst in späterer Zeit werden einige wenige Kirchen in Moscheen umgewandelt. Zwischen Türken und Griechen findet keine Vermischung statt, doch Kleidung, Lebensweise und Volkskunst beeinflussen sich gegenseitig. Die Muslime leben hauptsächlich in Rhodos-Stadt, so dass die meisten Dörfer christlich bleiben. Die christlich-orthodoxe Bevölkerung hat zwar geringere Rechte als die Türken, verfügt jedoch über weitgehende Selbstverwaltung.

Im Verlauf des 19. Jh.s verschärft sich der Konflikt zwischen Griechen und Türken, unter anderem durch den Befreiungskampf auf dem griechischen Festland. Einer Statistik von 1890 zufolge leben zu dieser Zeit rund 6800 Muslime, 20 300 Griechisch-Orthodoxe und 1500 Juden auf der Insel. Unser Bild von der türkischen Herrschaft auf Rhodos ist stark von den Schilderungen der Reisenden des 19. Jh.s geprägt. Diese berichten, dass Rhodos-Stadt ohne Leben und die Wälder abgeholzt seien, zudem die Insel von den osmanischen Beamten ausgebeutet werde.

ITALIENISCHE EPOCHE (1912 – 1943)

1912	Die Italier erobern Rhodos
1923	Die Türkei verzichtet endgültig auf Rhodos.
1943	Kapitulation der Italiener

Zusammenleben von Rhodiern und Italienern

Im Verlauf des **italienisch-türkischen Krieges** (1911/1912) besetzen italienische Truppen Rhodos, wobei sie nur auf geringen Widerstand der kleinen, schlecht ausgerüsteten türkischen Besatzung von rund 1300 Mann treffen. Sie werden von den Bewohnern unterstützt, die sie zunächst als Befreier sehen. Die Insel ist für die Italiener ein wichtiger Stützpunkt für ihre Kolonialpläne in Nordafrika. Als das italienische Versprechen der Autonomie jedoch nicht eingelöst wird, kommt es zu **Unruhen** in der Bevölkerung. In den Friedensverträgen von Sèvres (1920) und Lausanne (1923) verzichtet die Türkei endgültig zugunsten Italiens auf Rhodos und den Dodekanes. Auf der Insel wird eine italienische Verwaltung aufgebaut. Italienische Handwerker, Kaufleute, Militärs und Landarbeiter wandern ein, die 1936 ein Viertel der Bevölkerung ausmachen, aber schwer assimilierbar sind. In der **faschistischen Zeit** bildet sich ein Spitzelsystem heraus. Allerdings trägt die italienische Verwaltung auch zum Ausbau des Straßennetzes, zur Wiederaufforstung vieler Gegenden und zur Restaurierung der Gebäude aus der Ritterzeit bei. Zudem fördert sie archäologische Ausgrabungen und Ausstellungen. Die verbesserten Reisemöglichkeiten schlagen sich in wachsenden Besucherzahlen auf der Insel nieder – 1934 kommen bereits 60 000 Gäste.

Zweiter Weltkrieg

Alliierte Verbände beschießen 1942 die italienischen Stützpunkte, ohne die Insel zu erobern. Seit 1940 flieht ein kleiner Teil der jüdischen Bewohner. Nach der Kapitulation der italienischen Truppen

Geschichte • HINTERGRUND

1943 besetzen deutsche Truppen die Insel und deportieren 1200 Juden in Konzentrationslager, wo die meisten umkommen. Die Briten landen am 1. Mai 1945, woraufhin die deutsche Besatzung kapituliert. Rhodos kommt unter **britische Militärverwaltung**.

NEUGRIECHISCHE ZEIT

1947	Rhodos wird Teil Griechenlands
1967–1974	Griechenland unter Militärdiktatur
1981	Das Land wird Mitglied der EG.
2008/2009	Gewalttätgie Jugendproteste
2010–2012	Der drohende Staatsbankrott kann durch Geld der EU verhindert werden. Bei den erneuten Parlamentswahlen 2012 wurde die ND die stärkste Fraktion. Bildung einer neuen Regierung aus der ND, der PASOK und den Demokratischen Linken

Im **Pariser Friedensvertrag** (1947) kommt Rhodos zu Griechenland. Paul I. (reg. 1947–1964) wird König. Die Bevölkerungszahl steigt aufgrund der Zuwanderung von Inselgriechen. Die Insel erlebt einen starken **Wirtschaftsaufschwung** und wird zu einem der wichtigsten Fremdenverkehrszentren Griechenlands.

Vereinigung mit Griechenland

Zwar stagniert das Königreich in der Nachkriegszeit, doch kommen trotz der Polarisierung in Staat und Gesellschaft von 1952 bis zur Krise 1967 verhältnismäßig **stabile Regierungen** zustande. 1952 tritt Griechenland der **NATO** bei, und 1961 unterzeichnet Ministerpräsident **Konstantin Karamanlis** (1955–1964) einen Assoziierungsvertrag mit der EWG. 1967 zerbricht **Georgios Papandreou** Regierungsbündnis an den Intrigen des Hofes, den Erpressungen der Armee und den Erwartungen der westlichen Verbündeten.

Griechische Entwicklung bis 1967

Mit dem **Armeeputsch** von 1967 errichten die Obristen **Papadopoulos** und Pattakos ein Gewaltregime, das im In- und Ausland wachsenden Protest hervorruft. Als ein Gegenputsch des Königs Konstantin II. im Dezember 1967 scheitert, regiert **Georgios Papadopoulos** als Diktator. Aufgrund ausländischer Proteste tritt Griechenland 1969 aus dem Europarat aus. Gegen die Bestimmungen der Verfassung veranlasst Papadopoulos 1973 die Abschaffung der Monarchie, lässt die **Republik** ausrufen und ernennt sich selbst zum Staatspräsidenten.

Diktatur der Obristen

Der anfängliche wirtschaftliche Aufschwung in dem durch Niedriglohn und Streikverbot geknebelten Land bricht in der Ölkrise und der weltweiten Rezession 1973 völlig zusammen. Schwere **Studentenunruhen** in Athen leiten den Niedergang der Diktatur ein, den auch ein noch rücksichtsloserer Militärcoup, bei dem im November Papadopoulos abgesetzt wird, nicht mehr verhindern kann. Der Versuch, Zypern vollständig in griechischen Besitz zu bringen, überfordert schließlich die Militärjunta und provoziert die Intervention der Türkei. In Anbetracht der drohenden Kriegsgefahr übergibt das Militär 1974 dem aus dem Pariser Exil zurückgerufenen Ministerpräsidenten **Karamanlis** die Regierungsgewalt.

Volksentscheid für die Republik

Mit Karamanlis »Regierung der nationalen Einheit« normalisieren sich die politischen Verhältnisse. Durch ein freies Plebiszit entscheiden sich die Griechen 1974 endgültig für die Republik. Im Juni 1975 tritt eine neue **demokratische Verfassung** mit Grundrechtssicherungen in Kraft. Im Jahr 1980 wird Griechenland wieder Vollmitglied der **NATO**, im Jahr darauf **Mitglied der EG**. Bei den Parlamentswahlen 1981 erringt die Panhellenistische Sozialistische Bewegung (**PASOK**) unter **Andreas Papandreou** den Sieg. Die neue Führung betreibt zunächst eine Politik der nationalen Unabhängigkeit und Hinwendung zu den blockfreien Staaten. Die Wirtschaft festigt sich allmählich mit Hilfe des florierenden Fremdenverkehrs und der Handelsflotte.

1986–2012

Im Jahr 1986 erschüttern **Finanz- und Bestechungsskandale** die Regierung Papandreou. Nach einer vierjährigen Phase von Übergangsregierungen verschiedener Koalitionen unter Regie der zweiten großen Volkspartei Neue Demokratie (ND) gelingt es der PASOK bei den Parlamentswahlen 1993, die Stimmenmehrheit wiederzugewinnen. Das Parlament wählt 1995 den parteilosen Konstantinos Stefanopoulos zum neuen Staatspräsidenten. 1996 tritt Ministerpräsident Papandreou zurück; sein Nachfolger wird **Konstantinos Simitis**. Sowohl 1996 als auch 2000 gewinnt die von ihm geführte PASOK knapp vor der ND. Doch bei den Parlamentswahlen 2004 löst die bisherige Oppositionspartei ND die PASOK ab. Neuer Ministerpräsident wird **Kostas Karamanlis**.
Bei den vorgezogenen Parlamentswahlen im September 2007 wird die konservative Regierung unter Karamanlis im Amt bestätigt. Gegen sie richten sich die **gewalttätigen Proteste** vor allem der Jugend, die nach der Erschießung eines 15-Jährigen durch die Polizei im Winter 2008/2009 das ganze Land erschüttern. Die Hintergründe für die Unruhen sind die jahrzehntelange Vernachlässigung des Bildungssystems, sozialpolitische Versäumnisse und die hohe Jugendarbeitslosigkeit. Bei den vorgezogenen Parlamentswahlen 2009 kann die PASOK große Stimmengewinne verbuchen und erhält die absolute Mehrheit. Ministerpräsident wird **Georgios Papandreou**.
Nur weitreichende Stützungsmaßnahmen der Europäischen Union und des Internationalen Weltwährungsfonds können Griechenland von 2010 bis 2012 vor dem **Staatsbankrott** bewahren. Als Gegen-

Geschichte • HINTERGRUND

Demonstration in Athen 2010 gegen die Sparmaßnahmen der Regierung wegen der Maßnahmen gegen den Staatsbankrott

leistung müssen drastische Steuererhöhungen und Sparmaßnahmen gegen heftigen Widerstand der Bevölkerung durchgesetzt werden. Es kommt zu Renten- und Gehaltskürzungen für öffentlich Bedienstete und Beamte, zur Herabsetzung gesetzlicher Mindestlöhne und zur Erhöhung des Renteneintrittsalters. Als Reaktion darauf gibt es häufige Demonstrationen in Athen.

Bei den erneuten, in Europa mit Spannung erwarteten **Parlamentswahlen 2012** gewann die konservative ND die meisten Stimmen, dicht gefolgt von der Linksallianz Syriza, während die sozialistische PASOK weit abgeschlagen auf dem dritten Platz landet. Die neue Regierung setzt sich aus der ND, der PASOK und den Demokratischen Linken (Dimar) zusammen.

Kunst und Kultur

Kunstgeschichte

Unter dem Einfluss wechselnder Eroberer entstand auf Rhodos eine reiche Kultur, die bis heute das Bild der Insel prägt: prächtige Tempelbauten aus dem 3. Jh. v. Chr., trutzige Festungsanlagen der Ordensritter, Moscheen aus der Zeit der türkischen Herrschaft oder die traditionellen Einraumhäuser der rhodischen Bevölkerung.

VOR- UND FRÜHGESCHICHTE

Die Besiedlung der Insel vom 5. bis zur Mitte des 2. Jt.s v. Chr. ist nur durch spärliche Funde, meistens Keramikscherben und jungsteinzeitliches Werkzeug, belegt. In den verstreut auf der Insel liegenden mykenischen Nekropolen, die in die Zeit zwischen 1450 und 1200 v. Chr. datiert werden, fanden sich Keramikwaren, Bronzearbeiten sowie Gold- und Silberschmuck. **Frühzeit**

Zwischen 900 und 700 v. Chr. gelangte der geometrische Stil in der **Vasendekoration** zu seiner vollen Entfaltung. Einflüsse aus Attika führten in den rhodischen Werkstätten schließlich zur Verfeinerung der Gefäßformen und Muster, was z. B. der Kantharos mit Vögeln und Vierblattblüten aus der Nekropole von Iálissos (Mitte 8. Jh. v. Chr.; Archäologisches Museum Rhodos-Stadt) belegt. **Geometrischer Stil**

In der Zeit von etwa 700 bis 550 v. Chr. blieb Rhodos ein wichtiges **Zentrum der Keramikherstellung** in ganz Ostgriechenland. Schalen, Kannen, Amphoren und Kratere wurden im orientalisierenden Stil mit Tierdarstellungen, Blüten- und Pflanzenmotiven geschmückt, die von den Handelskontakten mit dem Orient und Ägypten herrühren. Erstmals tauchen auch menschliche Figuren in der Vasenmalerei auf. Berühmt ist der so genannte Euforbos-Teller von Rhodos (um 630/610 v. Chr.; Britisches Museum London). Die orientalisierende Epoche klingt in der 2. Hälfte des 6. Jh.s aus. In der Folgezeit verloren die rhodischen Werkstätten ihre künstlerische Eigenständigkeit und ordneten sich dem Geschmack der attischen Vasenmalerei unter. Durch die Berührung mit dem Orient entwickelte sich auf Rhodos im 8./7. Jh. v. Chr. auch eine überregional bedeutende **Goldschmiedekunst**. Getriebene goldene Schmuckplättchen mit figürlichen Darstellungen, granulierte Rosetten mit applizierten Bienen oder Miniaturvögel aus Gold waren beliebte Exporterzeugnisse. **Orientalisierender Stil**

Beispielhafte byzantinische Fresken in der Panagía-Kirche in Líndos

GRIECHISCH-RÖMISCHE ANTIKE

Die Blütezeit der griechischen Kunst fällt in das 5. und 4. Jh. v. Chr., was als griechische Klassik bezeichnet wird. Großartige Tempelbauten, Theater und Meisterwerke plastischer Menschendarstellung aus Stein oder Bronze kennzeichnen diese Epoche, an der auch Rhodos in bescheidenem Maß teilhatte. Erst im 3. Jh. v. Chr. erreichte die Insel, inzwischen wirtschaftlich stark geworden, in der bildenden Kunst ihre große Blüte, die bis ins 1. Jh. v. Chr. andauerte.

Baukunst Eine große Herausforderung für Stadtplaner und Architekten war die Gründung der **Stadt Rhodos** 408 v. Chr., die sich schnell zum neuen Zentrum der Insel entwickelte. Das nach den **Stadtplanungsideen des Hippodamus von Milet** mit einem sich rechtwinklig kreuzenden Straßensystem angelegte antike Rhodos ist heute nur noch schwer auszumachen. Im Südwesten der heutigen Stadt haben sich noch wenige Reste der einst imposanten **Akropolis** erhalten mit dem Tempel der Athena Polias und des Zeus Polieus sowie dem Apollo-Pythios-Tempel. In Hanglage befanden sich ein kleines Theater und unterhalb ein Stadion.

Um einiges älter als Rhodos-Stadt ist die **antike Stadt Líndos**, wo sich schon früh mit dem **Athena-Lindia-Tempel** ein wichtiges Kultzentrum entwickelt hatte. Nachdem der alte Tempel einem Brand zum Opfer gefallen war, errichtete man 342 v. Chr. einen dorischen Tempel, der gegen 300 v. Chr. vergrößert wurde. Etwas später fügte man die Prozessionstreppe an und rundete das Bauensemble mit den Propyläen ab, deren Mittelteil eine breite Säulenfront ziert. Ende des 3. Jh.s v. Chr. erweiterte man die Akropolis noch um eine ausladende Stoa, eine 87 m breite Säulenhalle.

In **Kámiros**, einer der ältesten Städte der Insel, entstand nach einer Erdbebenkatastrophe 226 v. Chr. eine neue hellenistische Wohnstadt mit Agora (Marktplatz) und heiligem Bezirk. Kultmittelpunkt war das vermutlich Apollon Pythios geweihte Heiligtum. In den Wohnquartieren gab es schöne Atriumhäuser mit von Säulen und Pfeilern umstandenen Innenhöfen. Herausragende und zugleich charakteristische **Grabbauten** aus hellenistischer Zeit sind das Archókrates-Grab (um 225 v. Chr.) in Líndos und das so genannte Ptolemäergrab in Rhodos-Stadt.

Skulptur Einen hohen künstlerischen Standard erreichten die Bildhauerwerkstätten auf Rhodos in der Epoche des Hellenismus (Ende 4. bis Ende 1. Jh. v. Chr.), die sich im Reich Alexanders des Großen und seinen Nachfolgestaaten herausgebildet hatten. Götterstatuen, Figuren, mythologische Heroen, Grabstatuen und Reliefstelen wurden nicht nur in großer Zahl an den entsprechenden Plätzen der Insel aufgestellt, sondern auch exportiert. Dabei waren die rhodischen Meister gleichermaßen im Hohlgussverfahren der Bronze wie in der Bearbeitung des Marmors versiert. Berühmtheit erlangte der **Koloss von Rhodos** (▶Baedeker Wissen S. 201), ein bronzenes Monumentalstandbild. Aber auch andere Werke rhodischer Künstler sind heute noch Anziehungspunkte in den europäischen Museen, wie die **Laokoongruppe**, die **Nike von Samothrake** (▶Baedeker-Wissen S. 46), ein Weihegeschenk von Rhodiern und Römern anlässlich des Seesieges im Jahr 190 v. Chr. über Antiochos III., oder der **Farnesische Stier**, eine Brunnenskulpturengruppe, die zeigt, wie Dirke, die Königin von Theben, zur Strafe an einen wilden Stier gebunden wird. Auf Rhodos selbst sind einige qualitätsvolle Marmorskulpturen im Archäologischen Museum in Rhodos-Stadt zu sehen, darunter die **Grabstele der Krito und Timarista** (um 420/410 v. Chr.) mit dem ausdrucksstarken Relief von Mutter und Tochter, deren Köpfe sich einander zuneigen, während im Blicke im Trennungsschmerz des Todes auseinandergehen. Herausragend ist ferner der ausdrucksvolle Kopf des **Sonnengottes Helios** (1. Hälfte 2. Jh. v. Chr.), den einst ein vergoldeter metallener Strahlenkranz schmückte. Berühmt ist außerdem die anmutige, lebensnah gestaltete kleine Figur der kauernden **Aphrodite** (um 100 v. Chr.).

Helios, der Sonnengott

BYZANTINISCHE EPOCHE

Die Gründung Konstantinopels 330 n. Chr. und die Teilung in west- und oströmisches (byzantinisches) Reich (395 n. Chr.) brachten dem östlichen Mittelmeerraum eine neue Kunst- und Kulturblüte, die sich auch auf Rhodos auswirkte und hier bis weit in die Neuzeit wirkte.

Teilung des Römischen Reiches

Zu den ersten Leistungen christlicher Baukunst auf Rhodos zählen die in der Regel dreischiffigen **Säulenbasiliken** des 5. und 6. Jh.s, die mit farbigen Mosaiken ausgestattet waren. Eine Besonderheit bilden bei einigen Kirchen die großen, in den Boden der Seitenschiffe eingelassenen, oft kreuzförmigen Taufbecken. Zu den bedeutenden Überresten frühchristlicher Sakralbauten zählen die Mittelapsis der Kirche von **Afántou**, die Grundmauern der so genannten Basilika A und B (5. – 7. Jh.) in **Mesanagrós** sowie die Reste der in der Nähe dieses Ortes gelegenen Basilika **Agía Varvara** (5./6. Jh.) und schließlich die Kirche Agía Iríni (6. Jh.) bei **Arnítha**. Im 7. und 8. Jh. kam die Baukunst wegen wiederholter Zerstörungen durch fremde Eindringlinge fast zum Erliegen. In der nachfolgenden Zeit veränderte sich der Kirchenbautypus immer mehr vom Richtungs- zum Zentralbau, bis im 10. Jh. die **Kreuzkuppelkirche** voll ausgeprägt war. Für den-

Baukunst

Rhodische Bildhauer

Verewigt in Marmor

Die rhodischen Bildhauer haben mit ihren Marmorskulpturen wie der Nike von Samothrake und der Laokoongruppe zeitlose Verkörperungen von Emotionen geschaffen.

Zum Dank für ihre Seesiege 191/190 v. Chr. über Antiochos III. von Syrien stifteten rhodische Bürger das rund 2 ½ m hohe Standbild der geflügelten **Siegesgöttin, der Nike** (▶ Abb. S. 54) als Weihgabe für das samothrakische Kabiren-Heiligtum. Die Marmorstatue, die vielleicht von Pythokritos geschaffen wurde, erhob sich weithin sichtbar auf dem Vorderteil eines Schiffes. Entsprechend der Kunstauffassung des Hellenismus bestimmen Monumentalität und Bewegungsdramatik die Figurengestaltung.

Die siegbringende Göttin scheint gerade im rauschenden Flug vom Olymp auf das rhodische Schiff herabgekommen zu sein, die mächtigen Flügel sind noch ausgebreitet, in der erhobenen rechten Hand hielt sie einst die flatternde **Siegesbinde aus Bronze**, während sich ihr leicht gedrehter Körper gegen den kräftigen Seewind stemmt. Erst bei Grabungen 1863 kam die Nike auf der Insel Samothrake wieder zum Vorschein, gelangte nach Paris und kündet heute im Louvre wieder von der Meisterschaft rhodischer Bildhauerkunst in der Antike.

Heroisches Leiden

Nicht minder staunend steht der Besucher im Saal des Großmeisterpalastes in Rhodos-Stadt vor der weltberühmten **Laokoongruppe**. Allerdings handelt es sich dabei um eine Kopie des Originals aus den Vatikanischen Museen in Rom. Die italienischen Besatzer der Insel ließen in den 1920er-Jahren die Nachbildung anfertigen, um den drei rhodischen Bildhauern **Hagesandros, Athanadoros und Polydoros** Ehre zu erweisen, die das antike Original im 1. Jh. v. Chr. geschaffen hatten. Die ganz auf Vorderansicht komponierte Figurengruppe beeindruckt durch den Bewegungsreichtum und das übersteigerte Pathos. Laokoon hatte die Trojaner vor dem hölzernen Pferd, einem zurückgelassenen Weihegeschenk der abgezogenen Griechen an die Göttin Athena, gewarnt und voller Verachtung seinen Speer gegen das Ungetüm geschleudert. Daraufhin wurde er zur Darbringung eines Opfers für Poseidon verpflichtet, währenddessen zwei riesige Schlangen aus dem Meer kamen, die Laokoon und seine Söhne am Altar töten sollten. Mit dem Untergang des Römischen Reiches ging auch die Skulpturengruppe verloren, bis sie im Jahr 1506 in Rom wiederentdeckt wurde.

Außenbau verwendete man Bruch- und Ziegelsteine in oft kunstvoller Anordnung, und das Innere wurde reich freskiert. Besonders beliebt auf Rhodos ist der Kirchenbau mit hoher Tambourkuppel, wobei der Tambour eine für Rhodos typische Nischengliederung besitzt, wie sie beispielsweise die **Klosterkirche Thári** zeigt. In den ländlichen Gebieten der Insel herrscht als Kirchentypus die schlichte **Einraumkapelle** mit oft ausdrucksvollen Fresken vor. Im Innenraum war der leicht erhöht liegende Altarbereich (Bema) anfangs durch eine steinerne Schranke vom Gemeinderaum getrennt, aus der sich später die hohe Bilderwand der Ikonostase entwickelte.

Bereits die frühe byzantinische Malerei war stark eingebunden in die Kultpraxis und widmete sich von Anfang an der Menschendarstellung, wobei in Ausdruck, Haltung, Kleidung und Bewegung das Erbe der Spätantike unverkennbar ist. Der verheerende **Bilderstreit (Ikonoklasmus)** im 8./9. Jh. brach mit dieser Tradition. Die Ablehnung der bildlichen Darstellung Christi und der Heiligen ließ nur eine ornamentale Gestaltungsweise zu. Auf Rhodos haben sich lediglich in der kleinen Kirche **Ágios Geórgios Chostós in Líndos** anikonische (nichtfigürliche) Freskenreste in Form von Kreuzornamenten, geometrischen Mustern und Blütendekor aus dieser Zeit erhalten. Die Ikonenverehrer trugen schließlich Mitte des 9. Jh.s den Sieg davon. Die Darstellung der Heiligen ist in der Regel frontal, und bei Gruppendarstellungen herrscht häufig die Isokephalie vor, d. h. die Personen werden – mit den Köpfen auf gleicher Höhe – aneinandergereiht. Die Bedeutungsperspektive lässt zudem die Hauptfiguren gegenüber den Nebenfiguren besonders groß erscheinen.

Über Jahrhunderte unterlagen die Ausmalungen der Kirchen auf Rhodos einem **ikonografischen Programm**, das auch die Verteilung der Themen im Kirchenraum festlegte, wobei die universale göttliche Schöpfung im Kirchenbau zum Ausdruck gebracht werden sollte. Besonderer Wert wurde auf die Ausschmückung der Kuppel als symbolischen Ort des Himmels gelegt, daher erscheint dort hauptsächlich Christus Pantokrator als Himmelsfürst, umgeben von Engeln und Propheten. Hoher Rang kommt auch der Apsiswölbung zu, die symbolisch die Brücke bildet zwischen Erde und Himmel, sodass dort häufig die Fürbittegruppe (Deesis), die sich aus Christus, der Muttergottes und Johannes dem Täufer zusammensetzt, wiedergegeben wird. Das Gewölbe ist meist mit einer Himmelfahrts- und Pfingstdarstellung bemalt. An den Längswänden des Gemeinderaumes (Naos) erhalten Märtyrer und Heilige ihren Platz. Die Tonnengewölbe in symbolischer Mittlerstellung zwischen himmlischer und irdischer Zone sind mit neutestamentlichen Szenen des Festtagskalenders der orthodoxen Kirche geschmückt (z. B. Geburt Christi, Einzug in Jerusalem, Kreuzigung, Himmelfahrt). Die Westwand nimmt in der Regel die Darstellung des Jüngsten Gerichts ein.

Malerei

GOTIK DER ORDENSRITTERZEIT

Festungs-baukunst

Die Zeit der Herrschaft des Johanniterordens seit 1309 hat in der Stilepoche der Gotik nur im Profanbau, vor allem im Stadt- und Festungsbau, zu Neuerungen geführt, während der Sakralbau weitgehend unter byzantinischem Einfluss blieb. Die mächtigen **Befestigungen der Stadt Rhodos** zählten im Mittelalter zu den vorbildlichsten in Europa. Planung und Ausführung lagen in den Händen geschulter Baumeister, Ingenieure und Handwerker, die eigens aus Frankreich und Italien von den Ordensgroßmeistern herbeigeholt wurden.

Die massive Führung der Stadtmauern wurde geschickt dem Gelände angepasst, mit Wall und Graben sowie einer Vormauer nochmals geschützt und mit umlaufendem Wehrgang, zinnenartiger Brustwehr und vorspringenden Türmen bestückt. Mit dem Aufkommen von immer stärkeren Feuerwaffen verbreiterte man im 15. Jh. den Festungsring durch ein ausgeklügeltes Grabensystem, verstärkte ihn durch zusätzliche massive Rundtürme und Bastionen für Geschützstellungen und reduzierte die Zahl der Tore. Auch der Hafen für die Ordensflotte wurde in die Verteidigung miteinbezogen und durch gegenüberliegende Geschütztürme gesichert.

An strategisch wichtigen Stellen der Insel errichtete man ebenfalls Befestigungen. Oberhalb der Bucht von Charáki ragen noch die Überreste der einst imposanten **Festung Féraklos** in den Himmel, die 1470 errichtet wurde. Nicht minder eindrucksvoll sind die Ruinen des **Kastells Kritinía** (1472) und die atemberaubende adlernestartige Lage des **Kastells Monólithos**, das Großmeister Pierre d'Aubusson nach 1480 erneuern ließ.

Stadtbaukunst

Die Ordensritter lebten in einem durch Mauern abgetrennten Teil der Stadt, wo auf ansteigendem Gelände der Großmeisterpalast stand und entlang der Zufahrtsstraße die **Herbergen der Ritter** lagen. Die Bauten wurden entsprechend dem Geschmack der soldatischen Auftraggeber eher schlicht und zweckdienlich in Formen der Gotik des 14./15. Jh.s errichtet. Große Torbogen, schmale, spitzbogige Portale und Fensterprofile mit Flechtbanddekor sowie Wappenreliefs bilden den äußeren Schmuck. Hinter den strengen und teilweise wehrhaften Fassaden mit Zinnenbekrönung lagen oftmals schöne Innenhöfe und Gärten.

Der **Großmeisterpalast**, ein Festungs- und Repräsentationsgebäude zugleich, ist nach seiner Zerstörung durch eine Explosion 1856 als umstrittene Rekonstruktion erhalten. Eindrucksvoll ist nach wie vor das **Neue Ordenshospital** (heute Archäologisches Museum), 1489 fertiggestellt, mit Arkadenhof und großem Krankensaal im Obergeschoss in Form einer imposanten zweischiffigen Halle mit Flachdecke und einer Arkadenreihe als Raumteiler.

Der Großmeisterpalast, erbaut im 14. Jh., wurde nach mehrfachen Zerstörungen im 20. Jh. rekonstruiert.

OSMANISCHE KULTUR (1523 – 1912)

Trotz der langen, fast vierhundertjährigen Türkenherrschaft auf der Insel während des Osmanischen Reiches hat sich erstaunlich wenig von der türkischen Kultur erhalten. In der Stadt Rhodos geben nur noch wenige **Moscheen** einen Eindruck von der türkischen Baukunst. Im Osmanischen Reich wurde im Verlauf des 14. Jh.s die Kuppelmoschee entwickelt, die nach anfänglichem Vierkuppeltypus in der Zentralkuppelanlage ihre Vollendung fand. Im Innern ist der Betsaal nach Mekka ausgerichtet, wobei die Gebetswand (Kibla) besonders gekennzeichnet ist durch eine meist sehr aufwändig verzierte Gebetsnische (Mihrab) und den rechts von ihr aufgestellten Predigtstuhl (Mimbar). Das Minarett für den Gebetsrufer und der Brunnen für rituelle Reinigungen runden das äußere Erscheinungsbild ab.

Das älteste islamische Gotteshaus auf Rhodos ist die 1531 errichtete **Ibrahim-Pascha-Moschee**. Gegen Ende des 16. Jh.s entstand die **Redjeb-Pascha-Moschee** mit Vorplatz, auf dem ein achtseitiger Rei-

Wenige Zeugnisse

Die Fresken in der Kirche von Asklipío sind von großer Vielfalt.

nigungsbrunnen steht, dessen Arkaden eine baldachinartige Überdachung tragen. Eine Flachkuppel mit Tambour überspannt den Betsaal, der schöne Innendekorationen (persische Fayencen und Stuckornamente) aufweist. Die **Suleiman-Moschee** (1808) zieren eine überkuppelte Vorhalle und ein Portal mit Marmoreinfassung, während der Innenraum von einer Zentralkuppel überwölbt wird. Inmitten eines türkischen Friedhofs, der noch typische überkuppelte Grabbauten (Türben) besitzt, liegt die schlichte **Murad-Reis-Moschee**. Einige **Häuser** mit straßenseitigen vergitterten Erkern gehen ebenfalls auf die türkische Bau- und Wohntradition zurück.

KUNST DES 19. UND 20. JAHRHUNDERTS

Westeuropäische Einflüsse

Wichtige Impulse im Städte- und Wohnbau, in der Denkmalplastik und Malerei kamen von außen nach Rhodos infolge der langsamen wirtschaftlichen Durchdringung des Osmanischen Reiches durch die Westeuropäer. Die Besetzung der Insel durch die Italiener von 1912 bis 1943 leistete den monumentalen Tendenzen in der Kunst Vorschub, wie sie im faschistischen Italien der 1920er- und 1930er-Jahre üblich waren. Nur vereinzelt haben sich auf der Insel Bauten des

Kunstgeschichte • HINTERGRUND

Neoklassizismus erhalten. Meistens gehörten die Villen mit ihren Tempelgiebeln und Säulenvorhallen reichen Handelskaufleuten. Die Wiederverwendung früherer Baustile war im Zeitalter des **Historismus** bis zum Ersten Weltkrieg beliebt. In der Stadt Rhodos haben sich wenige Beispiele der Neorenaissance und des Neobarock mit teils überladenen, schweren Dekors erhalten.

Historisierend im weitesten Sinn bauten auch die Italiener. Ihnen sind die fragwürdige **Rekonstruktion des Großmeisterpalastes** in spätgotischen Formen und der Wiederaufbau der mittelalterlichen dreischiffigen Ordensritterkirche an nicht ursprünglicher Stelle zu verdanken. Diese mit neobyzantinischer Malerei verzierte Evangelismós-Kirche ist seit 1947 Sitz des Metropoliten von Rhodos. Dem Vorbild orientalischer Märkte verpflichtet ist die Anfang des 20. Jh.s gebaute Néa Agorá, eine Markthalle auf polygonalem Grundriss mit großem Hof und Arkadengängen. Das **Regierungsgebäude** zeigt Nachahmungen von maurischen, orientalischen und spätmittelalterlichen Stilelementen. Das **Nationaltheater** und das **Klassische Theater** prägt der Baustil des Faschismus italienischer Herkunft mit Reminiszenzen an Antike und Renaissance. In der Ortschaft **Eleoússa** haben sich noch fremdartige Kolonialstilbauten um eine italienische Piazza erhalten. Die **Kallithéa-Thermen** verbinden Art déco mit orientalischer Fantastik.

Gemälde und Grafiken griechischer Künstler vom Spätimpressionismus über den Expressionismus und Kubismus bis zu den verschiedenen Kunstströmungen nach dem Zweiten Weltkrieg sind in den Museen für moderne griechische Kunst in Rhodos-Stadt zu sehen. — *Malerei*

TRADITIONELLER WOHNBAU

Ein noch weitgehend geschlossenes Stadtbild mit typischer Inselbauweise (17.–19. Jh.) besitzt **Líndos**. Das traditionelle eingeschossige Wohnhaus mit Flachdach auf quadratischem Grundriss bestand nur aus einem großen Raum und lag an der Rückseite eines von hohen Mauern umschlossenen Hofes, in dem sich vor allem im Sommer das Leben abspielte. An den Längsseiten des Hofes befanden sich Stallungen, die Küche und ein heizbarer Raum für kalte Wintertage. Ursprünglich war das **Einraumhaus** mit bemalter Balkendecke innen durch eine Arkade in zwei Raumteile getrennt, im vorderen Bereich lagen die Feuerstelle mit Rauchabzug sowie der Aufenthaltsraum, im hinteren Teil befand sich an der Rückwand ein fast 1 m hohes und 2 m tiefes Podest aus Holz, auf dem die Schlafstellen lagen. Die Außenfront der Häuser wies meist Verzierungen an Fenstern und Türen auf, wie die aus der Spätgotik übernommenen Flechtbänder oder die zuweilen grotesken Vogelmotive. — *Einfache Bauweise*

Musik und Tanz

In Griechenland werden immer noch vor allem bei Festen traditionelle Musik und Tanz geflegt. Bekannt wurde die griechische Musik nicht zuletzt durch den berühmten Film »Alexis Sorbas« mit Anthony Quinn in der Hauptrolle.

MUSIK

Wichtige Instrumente auf Volksfesten sind **Geige** und **Iagouto**, ein großes Saiteninstrument mit dickem Bauch, das mit einem langen Plektron (Plättchen zum Schlagen der Saiten) gespielt wird. Bedeutende Soloinstrumente stellen die **Bousouki** und der kleinere **Baglamás** dar. Im Ausland ist die griechische Musik vor allem durch die Filmmusik von **Mikis Theodorakis** bekannt geworden, so durch den erfolgreichen Film »Alexis Sorbas« (1964). Sie fand auch Verbreitung durch den Film »Rembétiko« mit einer Musikrichtung, die man als »griechische Form des Blues« bezeichnen könnte. Die Texte handeln von Liebe, Armut und der Flucht in den Rausch. In den 1960er-Jahren wurde die Rembétiko-Musik durch den Komponisten Mános Chatzidákis neu belebt.

TANZ

Sirtáki
Viele halten den auf Rhodos verbreiteten Sirtáki für einen alten kretischen Tanz, aber er ist ein Produkt Hollywoods, denn er entstand 1964 im Zusammenhang mit dem Film **»Alexis Sorbas«**. Da für den amerikanischen Hauptdarsteller Anthony Quinn der Tanz Hassápiko (»Metzgertanz«) zu schwierig war, wurde für ihn zu der Musik von Mikis Theodorakis eine einfachere Version entworfen, eben der Sirtáki. Nicht zuletzt durch diesen Filmklassiker gewannen griechische Musik und Tanz große Popularität.

> **BAEDEKER TIPP**
>
> ### ! *Traditionelle Tänze*
>
> Wer sich für die traditionellen griechischen Volkstänze interessiert, geht ins Nelli Dimoglou Folk Dance Theatre (Andronikou 7) in Rhodos-Stadt. Die Tänze werden abends im Freien in Originaltrachten aufgeführt. Aufführungen: Juni – Okt. montags, mittwochs, freitags; Tel. 22410 2 01 57.

Traditionelle Tänze
Es gibt traditionelle Reigentänze, die nur Männer, und andere, die nur Frauen tanzen. Sogar in Diskotheken wird manchmal ein **Zeibekiko** aufgelegt, ein meist langsamer Solotanz ohne festgelegte

Musik und Tanz • HINTERGRUND

Die griechischen Volkstänze werden vor allem noch auf dem Land und meistens bei Festen aufgeführt.

Schrittfolge, der als »König« unter den griechischen Tänzen gilt. Aus den Gebirgsdörfern Thessaliens kommt der **Kriegstanz Tsámikos** mit seinen schweren stampfenden Schritten. Auf den Inseln tanzen Männer und Frauen zusammen den **Sirtós** (»Rundtanz«), bei dem die Schritte mit schleifenden Füßen ausgeführt werden. Auch der unbeschwerte **Bállos** wird von Männern und Frauen gemeinsam getanzt. Der **Kalamantíanos** geht auf die Antike zurück. Beim **Tráta**, einem traditionellen Tanz der Fischer, legen die Tänzer einander die Hände auf die Schultern und bilden eine Kette.

Berühmte Persönlichkeiten

APOLLONIOS RHODIOS (295 – CA. 215 V. CHR.)

Apollonios stammte aus Alexandria, wo er als Bibliothekar tätig war. Sein Hauptwerk ist die **»Argonautika«**, das einzige Großepos zwischen Homer und Nonnos. Es schildert die abenteuerliche Fahrt der Argonauten von Pagasai nach Kolchis. Das Werk, das auf der Kenntnis vor allem von Homers Schriften gründet, zeichnet sich durch Gespür für das Innenleben der Personen, kunstvolle Vergleiche und anschauliche Erzählweise aus. Die besondere Eigenleistung des Epikers Apollonios besteht in der Darstellung der Liebe Medeas. Die »Argonautika« übte starken Einfluss auf die nachfolgende Literatur aus, z. B. auf den römischen Dichter Vergil.

Dichter

PIERRE D' AUBUSSON (1423 – 1503)

Pierre d' Aubusson, in Monteil-au-Vicomte geboren, wurde 1476 zum Großmeister der Johanniter auf Rhodos gewählt. Im Jahr 1480 wehrte er den Angriff der Türken unter Führung von Sultan Mohammed II. trotz der erdrückenden Übermacht auf Rhodos-Stadt ab. 1482 lieferte d' Aubusson vertragswidrig den einige Jahre zuvor hierher geflüchteten türkischen Prinzen und Thronprätendenten Djam an Papst Innozenz VIII. aus. Daraufhin erhob der Papst den Großmeister zum Kardinal. Der Großmeister ließ die Festungsanlagen, die Stadtmauer sowie die von den Türken und einem Erdbeben 1481 zerstörten Paläste von Rhodos-Stadt ausbauen und das dortige Hospital fertigstellen. Er war **einer der großen Reformer des Johanniterordens**. Auf dem Generalkapitel 1489 wurde unter seiner Leitung die Ordensregel revidiert und verbessert. In hohem Alter und mit großen Ehren versehen starb d' Aubusson 1503.

Johanniter-Großmeister

CHARES VON LÍNDOS (um 300 v. Chr.)

Chares von Líndos war ein Schüler des **Erzgießers und Bildhauers** Lysippos aus Sikyon, der u. a. auch auf Rhodos gearbeitet hatte. Er schuf eines der Sieben Weltwunder der Antike, den Koloss von Rhodos, den er nach zwölf Jahren 292 v. Chr. fertigstellte (▶Baedeker Wissen S. 200). Ein weiteres Werk des Künstlers ist ein kolossaler bronzener Kopf, der 57 v. Chr. dem Kapitol in Rom geweiht wurde. Wahrscheinlich handelte es sich um das Fragment einer Kolossalstatue. Chares hat die Kunst von Lysippos, der als Vollender der griechischen Plastik gilt, auf Rhodos heimisch gemacht und verlieh dadurch der hellenistisch-rhodischen Kunst ihre eigene Prägung.

Schöpfer des Koloss von Rhodos

Nike von Samothrake: möglicherweise ein Werk von Pythokritos

Poseidonios (um 135 – 51 v. Chr.)

Poseidonios von Rhodos – der Universalgelehrte

Poseidonios ist der antike Gelehrte in Reinkultur – nicht auf ein Gebiet beschränkt, sondern nach den Verbindungen zwischen den wissenschaftlichen Disziplinen suchend.

Seele → **Begierde**, **Vernunft**, **Mut**

▶ **Der Philosoph: Erziehung zur Vernunft**
Mit seiner Auffassung, dass die Seele aus einem begehrenden, einem muthaften und einem vernünftigen Teil bestünde, kehrte Poseidonios zum Denken Platons zurück und stellte sich als Vertreter der mittleren Stoa gegen die Alt-Stoiker, für die die Seele nichts Irrationales hatte. Das Irrationale der Seele aber verführe ihm zufolge den Menschen zu Affekten, dem man nur durch die Erziehung zur Vernunft begegnen könne.

▶ **Der Ethnograf: Das Klima schafft unterschiedliche Völker**
Als Ergebnis seiner vielen Reisen stellte Poseidonios eine Theorie über das Wesen der Menschen auf:

Die Völker des Nordens
- stumpfer Geist
- Unbedachtheit
- Kampfesmut

Die Völker des Südens
- scharfer Geist
- große Findigkeit
- größere Feigheit

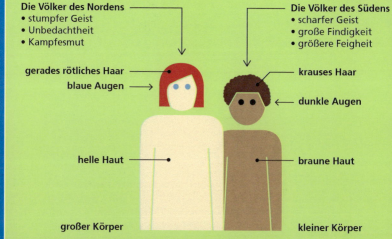

- gerades rötliches Haar
- blaue Augen
- helle Haut
- großer Körper

- krauses Haar
- dunkle Augen
- braune Haut
- kleiner Körper

▶ **Der Ingenieur: Mechanismus von Antikýthira**
1900 bargen Taucher vor der Insel Antikýthira nordwestlich von Kreta einen antiken Gegenstand aus einem Schiffswrack. Er besteht aus über 32 Zahnrädern. Erst heute entschlüsseln Forscher sein Geheimnis – es sind die Reste eines analog rechnenden mechanischen Kalendariums. Man vermutet, dass Poseidonios an der Entwicklung beteiligt war.

■ durch Röntgennachweis erfasst
■ wissenschaftliche Rekonstruktion

Das Kalendarium
Von dem feinmechanischen Uhrwerk waren Sonnen-, Mond-, Eklipsen- und Olympiadenkalender ablesbar.

Weiterführende Informationen zum mechanischen Kalendarium unter www.nature.com

▶ **Der Geograf: Die Berechnung des Erdumfangs**
Poseidonios beobachtete in Alexandria den Stern Canopus. Dieser erschien auf einer Reise von Norden nach Süden zum ersten Mal nur für kurze Zeit über Rhodos. Er teilte den zwölfteiligen Tierkreis in je vier Teile und folgerte, dass der Canopus in Alexandria eine Kulminationshöhe von 1/48 des Tierkreises erreicht. Da Rhodos und Alexandria auf demselben Meridian liegen, folgert er weiter, dass die Strecke dazwischen der 48. Teil des ganzen Meridians ist, weil »der Horizont der Rhodier und der Horizont der Bewohner von Alexandria um den 48. Teil des Bogens der Kreisperipherie voneinander abweichen«. Die Entfernung Rhodos - Alexandria beträgt 5000 Stadien, also ist der Erdumfang 5000 x 48 = 240 000 Stadien, was je nach Definition 35 640 oder 37 800 km sind. Der tatsächliche Erdumfang beträgt 40 075 km.

$7,5° = 360° : 48$

Rhodos   Alexandria   **Horizontlinien**   Canopus $7,5°$

HELIOS

Sonnengott

Der griechische Dichter Pindar (522/518 – 446 v. Chr.) beschreibt in seiner 7. Olympischen Ode (464 v. Chr.) die **Entstehung von Rhodos**, der »Meerumströmten, Aphrodites Tochter und Helios' Braut«: Als die Götter die Erde unter sich aufteilten, wurde der abwesende Sonnengott Helios bei dieser Aufteilung vergessen. Als er zurückkam, wollte Göttervater Zeus deswegen eine erneute Teilung der Erde vornehmen. Helios, der fruchtbares Land aus dem Meer aufwachsen sah, wollte dieses Land besitzen. Er wurde damit der Schutzgott der neu entstandenen Insel. Helios taucht morgens im Osten in einem Wagen mit vier feurigen Pferden aus dem Meer auf, fährt den Himmel entlang und versinkt am Abend im Westen wieder im Meer. Bemerkenswert ist, dass es außer auf Rhodos nirgends in Griechenland einen bedeutenden Helioskult gab. Vermutlich war Helios eine fremde Gottheit. Im Jahr 290 v. Chr. errichtete man ihm in Rhodos-Stadt ein monumentales Standbild, den legendären **Koloss von Rhodos** (▶Baedeker Wissen S. 201).

KLEOBOULOS (6. Jh. v. Chr.)

Herrscher, Dichter, Philosoph

Kleoboulos war 40 Jahre lang dorischer Herrscher von Líndos, das unter ihm seine größte Blütezeit erlebte. Der Regent, der offensichtlich auch Dichter und Philosoph war, erfreute sich großer Beliebtheit beim Volk. Obwohl man ihn später als Tyrannen bezeichnete, rechnete man ihn **zu den Sieben Weisen der Antike**. Diese Weisen waren griechische Staatsmänner und Philosophen, denen bestimmte ethische und politische Leitsprüche zugeschrieben wurden. Zu den Sieben Weisen zählen neben Kleoboulos Thales von Milet, Pittakos aus Mytilene, Bias aus Priene, Solon aus Athen, Myson aus Chenai und Chilon aus Sparta. Kleoboulos wird die Spruchweisheit zugeschrieben: »Maßhalten ist das Beste.«

POSEIDONIOS (um 135 – 51 v. Chr.)

Philosoph und Universalgelehrter (▶Baedeker Wissen S. 56)

Der aus Apameia am Orontes stammende Philosoph, der in Athen Schüler des Panaitios gewesen war, gilt als Vertreter der mittleren Stoa. Er gründete auf Rhodos hier eine eigene Schule. Poseidonios hatte mehrfach Kontakt nach Rom; so kam er 87 v. Chr. als Gesandter seiner neuen Heimat in die Stadt. Er fungierte als Lehrer von Cicero und Pompeius. Poseidonios war Universalgelehrter – u. a. Geograf, Historiker, Ethnologe –, der versuchte, die verschiedenen Wissensgebiete unter Einbeziehung der traditionellen Philosophie von Platon, Aristoteles u. a. zu verbinden. Charakteristisch für seine Philosophie ist die **Lehre des Logos** (Vernunft) als lebensspendende Kraft sowie der Gedanke der Einheit des vom Logos durchdrungenen Makro- und Mikrokosmos. In seiner Ethik empfiehlt Poseidonios, der Vernunft statt der irrationalen Affekte zu folgen. Daneben zeigt der Philosoph mystische Neigungen, und er versucht, die Mantik (Wahrsagekunst) zu begründen, die vor allem der Astrologie eine folgenreiche Geltung verschaffte.

PYTHOKRITOS (2. Jh. v. Chr.)

Von dem rhodischen Bildhauer weiß man nicht sehr viel. Er muss jedoch zu seiner Zeit ein viel gefragter Künstler gewesen sein, denn eine Reihe von Inschriften belegt seine Arbeiten. Meistens sind es Ehrenstatuen und Weihegeschenke, vor allem aus Rhodos-Stadt und Líndos, von denen jedoch nur noch die mit Widmungen versehenen Basen vorhanden sind. Die einzige erhaltene Arbeit ist das Felsrelief einer Triere am Aufgang zur Akropolis von Líndos. Es wird vermutet, dass Pythokritos die weltberühmte Nike von Samothrake geschaffen hat.

Bildhauer

ERLEBEN UND GENIESSEN

Wo sind die schönsten Strände der Insel? In welches Lokal geht man am Abend? Bei welchen Festen sollte man dabei sein? Antworten finden Sie auf den folgenden Seiten.

Essen und Trinken

Essen und Trinken • ERLEBEN UND GENIESSEN

Nicht nur Gyros

Die Natur hat Griechenland den Tisch reich gedeckt. Das milde mediterrane Klima, die landschaftliche Vielfalt des Landes mit großen Höhenunterschieden auf kleinstem Raum und die Allgegenwart des Meeres sorgen für ein äußerst reichhaltiges Angebot an regionalen Grundlagen für eine schmackhafte Küche.

Auf Rhodos macht das Essengehen Spaß. In Strandtavernen und an kleinen Häfen sitzt der Gast ganz nah an der Brandung und sieht abends die Sterne über der Ägäis funkeln. Anderswo lässt er es sich in blütenreichen Gärten zwischen historischen Gemäuern oder am Rand von Weinbergen und Feldern im ländlichen Ambiente eines urigen Dorfes schmecken. In der Altstadt von Rhodos sind viele Restaurants in alten Häusern aus der Zeit der Johanniter- und Osmanenherrschaft eingerichtet, in Líndos in stattlichen Kapitänshäusern. Von deren Dachgärten schweift der Blick über eines der schönsten Dörfer der Ägäis hinauf zur Akropolis, wo sich eine Ritterburg und ein antiker Tempel ein Stelldichein geben.

Stimmungsvolle Tavernen

Dort und in einigen Edelrestaurants in der Stadt mag man auch fein eingedeckte Tische und standesgemäß gekleidete Kellner finden. Ansonsten aber ist die Atmosphäre eher leger, setzt das Servicepersonal mehr auf herzliche Freundlichkeit als auf Livrée und Konventionen. In kleineren Tavernen und auf dem Land arbeitet ohnehin häufig die ganze Familie mit, ist der Umgangston untereinander und mit den Gästen ganz locker. Fremdsprachen werden fast überall gesprochen, denn der Tourismus hat auf Rhodos ja schon eine lange Tradition.

Lockere Atmosphäre

In allen größeren Hotels bedient man sich inzwischen an einem mehr oder minder üppigen Frühstücksbuffet. Die alten Zeiten, in denen es als erste Mahlzeit nur ein wenig Weißbrot, Zwieback und Sandkuchen, dazu Butter, Marmelade und Honig gab, sind weitgehend vorbei. Für den Durchschnittsgriechen war schon dieses Frühstück üppig, gönnt er sich doch traditionell nach dem Aufstehen nur ein Glas heiße Milch, einen Kaffee und etwas Brot oder Zwieback. Heute wird in allen Touristenorten auch in Bars und Restaurants am Morgen eine breite Auswahl vom gesunden Müsli bis zum kräftigen englischen Frühstück samt Bacon and Eggs geboten. Die meisten Griechen jedoch suchen stattdessen lieber eine

Frühstück

Tzatzíki: ein Klassiker der griechischen Vorspeisen

> **BAEDEKER TIPP**
>
> ### Joghurt
>
> Griechischen Joghurt gibt es morgens an den Früstücksbuffets in den größeren Hotels, außerdem in Bars und Cafés mit Früchten oder als typischen griechischen Nachtisch mit Honig und Nüssen. Der Joghurt wurde im 16. Jh. von den Thrakern übernommen. Das Wort »jog« bedeutete »schnittfest, dick« und »urt« »Milch«. Die Thraker (6.–4. Jh. v. Chr.) banden sich und ihren Pferden längliche Säcke aus Lammfell, gefüllt mit Milch, um. Durch die Wärme und die Mikroflora im Lammsack vollzog sich die Milchsäuregärung.

Bäckerei auf und nehmen von dort eine der vielen gefüllten Blätterteigtaschen, **Píttes** genannt, mit zur Arbeit. Die Füllungen können aus Spinat und Schafskäse, Schinken und Kuhmilchkäse, Wiener Würstchen und mancherlei Herzhaftem mehr bestehen. Eine süße Variante ist das **Bougátsa kréma**, eine Strudelteigtasche mit einer Grießpuddingfüllung, die mit viel Puderzucker bestreut wird. Immer mehr Verbreitung finden auch süß gefüllte Croissants, die der Grieche Krouassán nennt.

Für die **Hauptmahlzeiten** steht eine Riesenauswahl von Speiselokalen zur Verfügung. Klassische Typen sind die meist einfache Taverne und das Restaurant, wobei die Unterschiede zwischen beiden oft fließend sind. Daneben gibt es viele Grillstuben (Ovelistírio) und Lokale vom Typ des Mezedopolío oder der Ouzerí, in denen der Schwerpunkt auf einem großen Angebot möglichst kleiner und oft besonders regionaltypischer Gerichte liegt.

Die Entscheidung wird dem Gast leicht gemacht. Den üblich gewordenen Aufstelltafeln mit Fotos der angebotenen Gerichte gegenüber sollte man eher misstrauisch sein, denn auf dem Teller sieht das Gericht oft anders aus als auf dem Bild. Verlässlicher ist da ein Blick in den Schautresen, über den viele Lokale verfügen. In ländlichen Regionen darf man zudem noch auf althergebrachte, nach EU-Regeln aber missbilligte Weise einen Blick in die Kochtöpfe werfen. Mehrsprachige Speisekarten sind natürlich auch vorhanden. Griechen schauen eher selten hinein, sondern fragen lieber den Kellner nach Angebot und Empfehlungen. Auf der Speisekarte ist häufig auch ein Posten aufgezählt, der vielen Mitteleuropäern unerklärlich ist: der Preis fürs Couvert, das Gedeck. Das ist eine Art Grundgebühr, die jeder Gast bezahlen muss, ganz unabhängig davon, was er bestellt. Sie kann zwischen 0,30 und 3,00 € liegen. Eine Quelle von Missverständnissen ist auch der Fisch. Häufig berechnet sich da der Preis nach Gewicht. Deswegen sollte der Gast besser beim Auswiegen dabei sein, damit es später keine Diskussionen gibt.

Backofen und Holzkohlegrill gehören zur Grundausrüstung jedes griechischen Hauses und fast aller Tavernen. Im Backofen werden außer Brot und Zwieback vielerlei Aufläufe, überbackenes Gemüse und mancherlei Fleischgerichte zubereitet, und auf dem Grill liegen vor allem Fleisch, Geflügel und Fisch. An Festtagen und in großen Tavernen drehen sich auch ganze Lämmer, Hühner und Spanferkel am Spieß über dem Holzkohlenfeuer, dazu große Fleischstücke, die als Kondosoúvli angeboten werden. Vielleicht garen sogar in Darm gewickelte Innereien von Lamm oder Schwein (Kokorétsi) über dem Feuer, die vor allem in der kühleren Jahreszeit begehrt sind.

Gebackenes und Gegrilltes

Zum Essen ist Wasser immer das Grundgetränk. Nur noch selten wird den Gästen eisgekühltes Leitungs- oder gar Quellwasser kostenlos auf den Tisch gestellt. Stattdessen wird **Tafelwasser** in Plastikflaschen serviert, dessen Preis aber kaum höher liegt als am Kiosk oder im Supermarkt. Fast alle Tavernen und viele Restaurants bieten zudem offenen Wein und Flaschenweine aus Rhodos sowie aus ganz Griechenland an (▶Baedeker Wissen S. 70). Flaschenbier ist überall erhältlich, und im Sommerhalbjahr gibt es häufig auch Bier vom Fass. Als Tischgetränk gilt in Hellas zudem auch der Anissschnaps **Oúzo**, der sich beim Vermischen mit Wasser milchig färbt.
Frisch gepresste Fruchtsäfte werden weitaus seltener angeboten, als man das angesichts des Obstreichtums des Landes vermuten würde. Außerdem sind sie unverhältnismäßig teuer. Eine typisch rhodische Spirituose ist der **Soúma**, ein Tresterschnaps aus Traubenmaische, der noch in mehreren Dörfern der Insel von Bauern gebrannt wird.

Getränke

Urlaubsfreundlich sind auch die Öffnungszeiten. Die meisten Tavernen sind mindestens von 12.00 Uhr mittags bis Mitternacht geöffnet und bieten durchgehend warme Küche. Nur besonders feine Restaurants und Lokale in Touristenhochburgen schließen manchmal zwischen etwa 16.00 und 18.00 Uhr. Dafür haben andere schon morgens ab 9.00 Uhr geöffnet und servieren dem, der es wünscht, auch schon zum Frühstück ein Kotelett.

Öffnungszeiten

ESSEN IN GESELLSCHAFT

Essgewohnheiten

Die meisten Rhodier essen ungern allein oder nur zu zweit. Eine größere Tischgemeinschaft ist ihnen wichtig. »Paréa« ist das in ganz Hellas übliche Wort dafür. Sie kann aus Familie, Freunden und Verwandten bestehen, aber auch aus netten Menschen, die man gerade erst kennengelernt hat. Verabredungen zum gemeinsamen Essen werden ohnehin nur selten langfristig getroffen, sondern entwickeln sich oft ganz spontan und werden über Telefon oder Handy weitergegeben.

Dem Essen in der Paréa kommen die griechischen **Essgewohnheiten** sehr entgegen. Tellergerichte mit Reis oder Kartoffeln, Gemüse und Salat als Beilagen bieten nur sehr touristische Lokale an, traditionell sind sie völlig unbekannt. Auch Menü-Angebote mit Vorspeise, Hauptgang und Dessert (Set Menu) haben in griechischen Restaurants erst durch den Tourismus Einzug gehalten – vorher fand man sie bestenfalls in Edelrestaurants in den Großstädten. Der normale Grieche hingegen schätzt seine **Mezedákia**. Dabei handelt es sich nicht um bestimmte Gerichte, sondern um die Art zu essen. Viele verschiedene Gerichte kommen auf kleinen und mittelgroßen Tellern auf den Tisch. Jeder nimmt sich, wovon er will, soviel er will.

Typisch rhodisch

Nahezu immer gehören frische **Salate** dazu, von denen der berühmte Bauernsalat Choriátiki mit Gurken, Tomaten, Zwiebeln, Oliven und Féta-Käse nur eine Variante ist. Bei Einheimischen mindestens ebenso beliebt sind der Römersalat Maroúli und der ungesäuerte Krautsalat Láchanosaláta. Rote Beete werden oft warm als Patsária me skordaljá samt Blättern mit einem Knoblauch-Kartoffelpüree serviert, Zucchini- und Auberginenscheiben gebraten auf den Tisch gestellt. Die gekochten Pferdebohnen Gígantes in Tomatensauce bekommt man mit Oregano bestreut und gekochten Mangold mit Zitrone beträufelt.

Das weltweit bekannte Tzazíki darf natürlich nicht fehlen, aber auch das rötliche Püree Táramosaláta aus Fischeiern und Kartoffeln oder eingeweichtem Brot ist begehrt. Kleine, oft nicht einmal sardinengroße Fischlein aus der Pfanne gehören ebenso wie die Tintenfischvarianten Kalamares und Oktopus fast immer zu den Mezedákia, manchmal auch Geflügelleber und Hackfleischbällchen. Typisch rhodisch sind gekochte Schnecken oder die in Essig eingelegten Seepocken Foústes. Immer beliebter werden Scampi, Miesmuscheln und lebende Austern. Zu alledem werden Pommes frites und Brot in großen Mengen angeboten.

Eine festgelegte Speisenabfolge gibt es nicht. Alles wird serviert, wenn die Küche es fertig gemacht hat. Die vielen kleinen Mezedákia reichen in der Regel schon aus, um satt zu werden, zumal sich die Mahlzeit oft über Stunden hinzieht. Trotzdem bestellen Griechen fast immer auch noch gegrilltes Fleisch als Krönung der Tafel: Lamm- und Schweinekoteletts, Fleischspieße. Wer es sich leisten kann, lässt auch noch größere Fische kommen. Auch hier gibt es wieder keine individuellen Portionsteller; alles wird auf Platten serviert, von denen sich jeder nimmt, was er mag. Mezedákia kann man in fast jeder Taverne und in vielen Restaurants genießen. Die dafür prädestinierten Lokaltypen jedoch sind die **Ouzerí** und das **Mezedopolío**. Hier ist die Auswahl meist besonders groß, sind die Teller aber kleiner.

Das traditionelle **Tischgetränk** ist in diesen Lokalen zwar der Anisschnaps Ouzo oder der Tresterschnaps Soúma, aber natürlich hält man überall auch eine gute Auswahl an zumeist offenen Weinen, Bier und Erfrischungsgetränken bereit.

Wenn die **Rechnung** gewünscht wird, fordert eine griechische Paréa dem Kellner keine Rechenkünste ab. Einer bezahlt fast immer für alle. Notfalls kann man sich die Rechnung ja hinterher noch untereinander teilen. Das Trinkgeld (5 – 10 % des Rechnungsbetrags) drückt man dem Kellner nicht in die Hand, man lässt es beim Weggehen einfach auf dem Tisch liegen.

Rechnung

Immer ein schönes Erlebnis: Abendessen in einer lauschigen Taverne an einem lauen Sommerabend.

Typische Gerichte

Eher deftig sind die rhodischen Spezialitäten: Sie reichen von Favá (Platterbsen) bis zum dem auch anderswo in Griechenland beliebten Moussaká, einem Auflauf aus Auberginen, Zucchini und Kartoffeln.

Fáva: Die botanisch als »Platterbsen« bezeichneten gelben Linsen ähnelnden Fáva-Hülsenfrüchte wachsen zumeist auf Kreta und Santorin und haben von dort aus auch die rhodische Küche erobert. Sie werden zusammen mit Olivenöl püriert. Die einem Kartoffelpüree ähnlich sehende Fáva sollte warm serviert und mit reichlich Olivenöl und Zwiebeln vermengt genossen werden. Auch Kapern oder sonnengetrocknete Tomaten passen gut dazu.

Jemistés: Als »Gefüllte« kommen zumeist grüne, rote oder gelbe Paprikaschoten sowie große Gemüsetomaten warm auf den Tisch. Die gut sättigende Füllung besteht fast immer aus Reis und Kräutern. Manchmal ist auch etwas Hackfleisch beigemischt. Jemistés sind ein preisgünstiges Standardgericht, das es ganzjährig in fast jeder Taverne gibt und auch zu Hause häufig gegessen wird.

Kléftiko: Kléftiko bedeutet »Räuberessen«. Räuber und Freiheitskämpfer, die nicht entdeckt werden durften, bereiteten nämlich ihr Lamm oder Zicklein bevorzugt in Lehmbacköfen zu, aus denen kein Rauch aufstieg. So wird das Kléftiko denn auch heute noch oft zusammen mit Gemüsen und Kartoffeln in Alufolie oder in einer damit zugedeckten Metallform im Backofen gegart. Das Ergebnis zeichnet sich vor allem durch die Saftigkeit des Fleisches und sein gutes Aroma aus.

Moussaká und Pastítsjo: Moussaká und Pastítsjo sind Aufläufe mit Bechamel-Sauce, die umso besser schmecken, je frischer sie aus dem Backofen kommen. Beim Moussaká überzieht die fest gewordene Bechamel-Sauce eine Mischung aus Auberginen-, Zucchini- und Kartoffelscheiben, über der eine Hackfleischschicht liegt, die traditionell aus Lammhack bestehen sollte. Das Pastítsjo ist ein Nudelauflauf mit Makkaroni und Hackfleisch.

Kaffee: Besonders traditionsreich ist der in kleinen Mokkatassen servierte Kafés ellinikós, der griechische Kaffee. Das Kaffeepulver kommt zusammen mit der gewünschten Zuckermenge ins warme Wasser, das dann zum Aufwallen gebracht wird. Milch kommt grundsätzlich nie in den griechischen Kaffee. Der Süßegrad muss schon bei der Bestellung angegeben werden. Die Grundformen sind: skétto = ohne Zucker, métrio = mit etwas Zucker, glikó = mit viel Zucker.

Rhodischer Rebensaft

Griechenland ist wahrscheinlich das älteste Weinanbaugebiet Europas.
Gott Diónysos lehrte die Hellenen höchstpersönlich den Anbau.

Sein göttlicher Verwandter, der Sonnengott Helios, förderte ihn auf dem ihm eigenen Rhodos ganz besonders. Bis heute ist Wein eines der Hauptprodukte der Insel. Rhodischer Wein ist in allen Restaurants und Tavernen erhältlich, Kellereien laden zur Besichtigung ein. Wer seine Gaumenreise ausdehnen möchte, findet auf Rhodos zudem auch viele andere edle griechische Tropfen aus allen Teilen des Landes. Über 300 **indigene**, d. h. nur hier vorkommende **Rebsorten** gibt es in Griechenland. Ihnen gehört die besondere Aufmerksamkeit griechischer Winzer. Daneben werden inzwischen aber auch internationale Rebsorten angebaut, die häufig in Cuvées zusammen mit urgriechischen Arten Verwendung finden. Den rhodischen Markt be-

herrschen zwei Großkellereien: Die im Jahr 1923 gegründete Firma **Emery** (www.emery.gr) und die fünf Jahre jüngere Kellerei **Cair** (www.cair.gr). Sie verwerten einen Großteil der auf etwa 1700 ha Anbaufläche geernteten Trauben.

Apellationsgebiete

Auf der Insel unterscheidet man zwei klimatisch unterschiedliche Apellationsgebiete für Rot- und Weißwein. Das typische **Rotweingebiet**, wo vor allem aus der griechischen Traubensorte Mandilária, auch Amorgianó genannt, ein trockener Rotwein gewonnen wird, ist weitgehend eben und sandig. Darüber wehen hin und wieder heiße Winde aus der Sahara hinweg. Das **Weißweingebiet**, knapp die Hälfte der Anbauregion, nimmt hauptsächlich die Abhänge des bis auf 1215 m ansteigenden Atáviros in der Umgebung von Émbonas ein. Zwei indigene weiße Traubensorten sind dort vertreten: Athirí und Moscháto. Die Lese der weißen Trauben beginnt in der zweiten Augusthälfte, die der roten Trauben um den 10. September.

Cair produziert in der Stadt Rhodos aus der großbeerigen Athirí-Traube drei verschiedene Marken: den preiswerten und am meisten verkauften Ilios, den Rodos 2400 und den raren Athirí Ródou. Der Spitzen-Athirí des Hauses ist der Oenofós. Der meistverkaufte Rotwein von Cair aus Mandilária-Trauben ist der Chevalier de Rhodes. Außerdem bietet man noch ein Cuvée aus Mandilária- und Grenache-Trauben mit den Namen Moulin Rouge und Archontikó an. Der Muskateller des Hauses läuft unter der Bezeichnung »Muscat de Rhodes«. Auch ein Cabernet Sauvignon unter dem Namen Knight's Cellar steht auf der Weinliste. Den traditionellen Geschmack bedient der geharzte Retsína Cair aus der Athirí-Traube. **Emery** in Émbonas nennt seinen Weißwein aus der Athirí-Traube Villaré, seinen Rosé-Wein aus Mandilária-Trauben Granrosé Emery, den aus den gleichen Trauben gekelterten Rotwein Cava Emery. Der Dessertwein von Emery trägt den Namen Efréni.

Beide Kellereien produzieren zudem in Griechenland sonst bis vor Kurzem nirgends sonst hergestellte, trockene und halbtrockene Schaumweine. Man findet sie unter den Bezeichnungen Cair und Grand Prix.

Neben den beiden großen Kellereien behaupten sich aber auch einige kleinere wie Alexandris, Merkouris und Kounakis. Diese machen sich insbesondere um Weine aus internationalen Rebsorten wie Merlot, Syrah und Chardonnay verdient. Eine Sonderstellung nimmt die Kellerei Triandafillou (▶Baedeker Tipp S. 126) ein: Sie will schon in Kürze die ersten Bio-Weine der Insel anbieten.

Die besten Restaurants

Die Liste der ausgewählten Lokale umfasst nicht nur feine Restaurants, sondern auch einfache Tavernen, die durch bodenständige Küche überzeugen.

Preiskategorien

Restaurants (Preis für ein Hauptgericht)
€€€€ = über 16 €
€€€ = 13 – 16 €
€€ = 9 – 12 €
€ = bis 8 €

ARCHÁNGELOS
Georgios Mavros €
Lamm und Zicklein aus regionaler Zucht stehen auf der Karte, das Souvláki gehört zu den größten der Insel. Morgens geäußerte Sonderwünsche werden abends von der am Herd stehenden Mama des Wirts erfüllt (▶S.133).

LACHANIÁ
Chrissí €
Die simple Taverne des Dorfpriesters und seiner Frau Chrissí ist vor allem für Vegetarier eine wahre Fundgrube. Fast alles Angebotene stammt aus der unmittelbaren Umgebung, die Herzlichkeit der Wirtsleute trägt ein Übriges zum Wohlbefinden bei (▶S. 126).

LÍNDOS
Mavrikos €€€
Inhaber und Küchenchef Dimítris Mávrikos ist auf Rhodos seit Jahrzehnten eine gastronomische Institution. Sein simpel wirkendes Restaurant ist der richtige Ort, traditionelle griechische Gerichte in hoher Vollendung zu genießen, ob Lammfilet mit Koum-Kouat-Sauce oder Pferdebohnen mit Johannisbrotsirup (▶S. 160).

Gatto Bianco €€
Die vielen italienischen Urlauber auf Rhodos fordern dem italienischen Padrone des »Weißen Katers« hohe Kochkünste ab. Die Pizza mundet auch verwöhnten Napolitanern. Fürs Lokalkolorit sorgt der hinreißende Blick übers antike Theater auf die Akropolis (▶S. 160).

MONÓLITHOS
Monólithos €
Weit abseits des Massentourismus servieren die perfekt Englisch sprechenden Wirtsleute Manolis und Despina ihren Gästen verfeinerte Spezialitäten der rhodischen Küche in ganz ländlichem Ambiente (▶S. 128).

RHODOS-STADT
Alexis 4 Seasons €€€
Üppiger Garten, Dachterrasse mit Hafenblick, vornehm gedeckte Tische und guter Service sorgen für viel Flair. Kreative Kochkunst garantiert außergewöhnliche Geschmackserlebnisse ganz mediterraner Art (▶S. 176).

Fisch ist wegen der gestiegenen Nachfrage teuer geworden.

Dinoris €€€
In einem der ältesten Fischrestaurants der Stadt prägen frischer Fisch und Meeresfrüchte das Angebot. Obwohl sehr zentral nur wenige Schritte vom Archäologischen Museum entfernt gelegen, sitzt der Gast hier zwischen historischen Mauern und in alten Gewölben fernab jeder Hektik (▶S. 176).

Mama Sofia €€ – €€€
Die Großfamilie von Mama Sofia sorgt im Service für stets gute Laune, die große Auswahl an Gerichten für jeden Geschmack wird auch optisch sehr angenehm präsentiert. Ein Hit ist die gemischte Platte mit Salaten und Meeresfrüchten aller Art (▶S. 177).

Mandala €€€
Für internationales Flair sorgen eine schwedische Wirtin, ein internationales ortsansässiges Publikum, World Music als Klangfarbe und eine Fusion Cuisine nach Slow-Food-Prinzipien. Angenehm auch die versteckte Lage in einer der ruhigsten Ecken der Altstadt (▶S. 177).

Marco Polo €€€
Das von einem Künstlerpaar betriebene Restaurant in einem alten türkischen Haus bietet neben einem erstklassigen Moussaká auch einige Gerichte nach historischen byzantinischen Rezepten an, z. B. Schweinefilet mit Käse und Feigenmarmelade (▶S. 177).

Feiertage · Feste · Events

Gelebte Religion

Bei den Festen auf Rhodos dominieren immer noch die traditionellen religiösen Feiern, allen voran Ostern, das wie überall in Griechenland ausgiebig mit der Familie und Freunden begangen wird. Aber auch zahlreiche Kirchweihfeste haben ihren festen Platz im Kalender der Rhodier.

Die Karwoche und das darauffolgende Osterfest sind für die Rhodier das, was für Mitteleuropäer Advent und Weihnachten darstellen: die festlichste Zeit des Jahres. Wer zur entsprechenden Zeit auf der Insel ist, sollte sich den Besuch eines Karfreitagsgottesdienstes mit anschließender Prozession und den Besuch des feierlichen Ostergottesdienstes nicht entgehen lassen (▶Termine S. 76 und Baedeker Wissen S. 78). Groß gefeiert wird im Hochsommer auch Mariä Entschlafung am 14./15. August. Ansonsten bestimmen **Kirchweihfeste** den Festkalender der Insel, die in jedem Dorf am Vorabend des Festtages des jeweiligen Kirchenpatrons begangen werden. Manchmal sind sie mit kleinen Jahrmärkten verbunden, häufig mit Prozessionen und einem Fest inklusive Musik und Tanz auf dem Kirch- oder Dorfplatz. **Ostern** und die anderen beweglichen Feste fallen in Griechenland nur selten auf den gleichen Termin wie bei der römisch-katholischen und der protestantischen Kirche, denn die Feste werden nach dem Julianischen und nicht nach dem Gregorianischen Kalender berechnet. Dadurch kann der julianische Ostertermin bis zu fünf Wochen nach dem gregorianischen liegen. Ostern wird jeweils am 1. Sonntag nach dem ersten Vollmond nach Frühlingsanfang (21. März) gefeiert.

Religiöse Feiertage

Kleine Kulturfestivals finden im Sommer in mehreren Orten statt. Bedeutender sind jedoch die Festivals in der Stadt, von denen vor allem das Internationale Ecofilms Festival (▶S. 76) einen guten internationalen Ruf besitzt.

Kulturfestivals

Der 25. März und der 28. Oktober werden als Nationalfeiertage zelebriert. Am 25. März 1821 rief Bischof Germanós von Pátras auf dem Peloponnes die Griechen zum Kampf gegen die osmanische Fremdherrschaft auf, am 28. Oktober 1941 lehnte der griechische Diktator Ioánnis Metaxás ein italienisches Ultimatum ab, sich kampflos zu ergeben, woraufhin die Italiener in Griechenland einzumarschieren versuchten. Beide Tage werden mit Paraden und Kranzniederlegungen an Gefallendendenkmälern begangen. Bei den Paraden am 25. März tragen viele teilnehmende Schüler historische Trachten.

Nationalfeiertage

Priester sind die Hauptpersonen im von religiösen Festen geprägten rhodischen Festkalender.

ERLEBEN UND GENIESSEN • Feiertage · Feste · Events

VERANSTALTUNGSKALENDER

GESETZLICHE FEIERTAGE
1. Januar: Neujahrstag
6. Januar: Heilige Drei Könige
25. März: Tag der Unabhängigkeit
1. Mai: Tag der Arbeit
28. Oktober: Óchi-Tag: Gedenktag an das Nein (»óchi«) zum Ultimatum Italiens an Griechenland im Jahr 1940
25./26. Dezember: Weihnachten

KIRCHLICHE FEIERTAGE
Februar/März: Katharí Deftéra (Rosenmontag)
25. März: Mariä Verkündigung (gleichzeitig mit dem Unabhängigkeitstag)
März/April/Mai: Karfreitag
März/April/Mai: Ostertermine:
5. Mai 2013
20. April 2014
Mai/Juni: Pfingsten
24. Juni: Fest der hll. Peter und Paul in Líndos
15. August: Mariä Entschlafung
8. September: Mariä Geburt

FESTE UND EVENTS
JANUAR
Neujahrstag (1. Jan.)
Tag des hl. Wassilios; Kinderumzüge mit Kalanda-(von-Haus-zu-Haus-)Singen (auch am 24. und 31. Dezember). Wer die Münze im Wassilopitta (Neujahrskuchen) findet, dem wird das Jahr Glück bringen.

FEBRUAR/MÄRZ
Rosenmontag
Man macht mit Familie und Freunden draußen Picknick und lässt Drachen steigen. In Kremastí wird ein großer Karnevalsumzug veranstaltet.

Ostern
"Baedeker Wissen S. 78

JUNI
Ecofilms Festival
Jeweils in der dritten Juniwoche findet in der Stadt Rhodos ein Internationales Festival des Ökofilms statt, bei dem über 100 Filme mit ökologischen Themen gezeigt werden. Veranstaltungsort ist das städtische Freilichtkino direkt hinter dem Rathaus. Informationen unter www.ecofilms.gr.

Priester im Tsambíka-Kloster

Religiöse Feste sind ein wichtiger Teil des rhodischen Kalenders.

AUGUST
Ialisia
Kultur- und Folklorefestival in Iálissos mit Volkstänzen, Konzerten, Kunstausstellungen und Sportwettkämpfen

Mariä Entschlafung (15. August)
Vielerorts wird dieses bedeutende Kirchenfest mit Musik und Tanz unter freiem Himmel gefeiert. In Kremastí wird das Muttergottesfest besonders ausgiebig begangen (14.–23. Aug.); der Ort veranstaltet einen Jahrmarkt, eine Handwerkerausstellung sowie Tanz- und Musikaufführungen.

SEPTEMBER
Mariä Geburt (8. September)
Große Wallfahrt zum Kloster Tsambíka.

Beim Weinfest in der 2. Septemberhälfte in Émbonas geht es nicht nur um Wein, es treten auch Volkstanzgruppen von der ganzen Insel auf.

OKTOBER
Óchi-Tag
Der Tag des »Nein« wird mit Paraden, Umzügen und Beflaggung begangen.

DEZEMBER
Weihnachten (25./26. Dezember)
Weihnachten wird am 25. Dezember gefeiert, allerdings weniger im trauten Familienkreis als in Gesellschaft. So trifft man sich abends in Musik- und Tanzhallen sowie Diskos. Geschenke gibt es – wenn überhaupt – erst am Neujahrstag.

Griechische Ostern

Ostern: wichtigstes relgiöses Fest

Ostern ist das Fest der Auferstehung Jesu und des damit verbundenen Versprechens des ewigen Lebens für alle Gläubigen. Darum besitzt es in der Orthodoxie weitaus mehr Bedeutung als Weihnachten, das Fest Jesu Geburt.

Schon die Ereignisse der Karwoche sind von großer Bedeutung und werden dementsprechend stark im Festablauf gewürdigt. Was zwischen Palm- und Ostersonntag geschah, ist Mittelpunkt der zahlreichen Gottesdienste an diesen sieben Tagen. Vieles wird insbesondere am Karfreitag und in der Osternacht sogar fast wie ein mittelalterliches Mysterienspiel von der Gemeinde zelebriert und ist damit auch für den Reisenden miterlebbar, der nur wenig Kenntnis der griechisch-orthodoxen Theologie besitzt.

Zudem macht sich – ganz weltlich – die Vorbereitung auf die Osterzeit auch im Alltag bemerkbar: Es wird gefastet und gebacken, es gibt spezielle Fasten- und Osterspeisen. Und neuerdings gerät die Gesellschaft auch in einen Kaufrausch wie sonst in der Vorweihnachtszeit: Man kleidet sich und insbesondere die Kinder für den Ostergottesdienst neu ein, kauft Osterkerzen und sogar vermehrt kleine Geschenke.

In der Woche vor dem Palmsonntag, dem Tag von Jesu Einzug in Jerusalem, werden traditionell die vielen Kalklinien und -dekors auf den Dorfgassen frisch geweißelt. Man will zeigen, dass auch das eigene Dorf bereit ist für die Ankunft des Gottessohns. Am **Palmsonntag** selbst bringen die Gläubigen Palm- oder Olivenbaumzweige mit in die Kirche: ein Hinweis darauf, dass die Bewohner Jerusalems Palmzweige vor dem weißen Esel ausbreiteten, auf dem Jesus in die Stadt ritt. Sie bleiben bis zum 1. Mai im Gotteshaus und werden danach mit nach Hause genommen.

Karwoche

Die deutsche Bezeichnung »Karwoche« leitet sich vom althochdeutschen »kara« = »Trauer, Klage« ab. Im Griechischen heißt sie »Megáli Efdomáda«, also »Große Woche«, und dem Namen des einzelnen Wochentags wird ebenfalls ein »megáli« vorgesetzt. Der Karmontag ist also der »megáli deftéra«. An den Abenden der ersten drei Tage der Karwoche finden Nachtgottesdienste statt, in denen Joseph in Ägypten, der Garten Gethsemane und der Verrat des Judas thematisiert werden. Themen der jeweiligen Morgengottesdienste sind vor allem Jesu Reden an diesen Tagen.

Am Gründonnerstag, dessen deutscher Name sich auf den Gang Jesu in den Ölgarten bezieht, steht die Fußwaschung im Mittelpunkt des Abendgottesdienstes. In Klöstern

Beim Osterbrot symbolisieren die Eier das ewige Leben und die Farbe Rot das Blut Christi.

Griechische Ostern

An der feierlichen Osterprozession nehmen viele Gläubige teil.

vollzieht sie der Abt an Mönchen, in der Bischofskirche der Bischof an Priestern. In den ersten Tagen der Karwoche bleiben heutzutage nur wenige Gläubige während der gesamten Gottesdienstdauer in der Kirche, der man meist nur Kurzbesuche abstattet.

Vom Karfreitag an aber sind die Gottesdienste sehr gut frequentiert. In vielen Kirchen schmücken Mädchen und Frauen am Vormittag das symbolische Grab Christi, das mit einem Tuch bedeckt ist, mit frischen Blumen. Während des Abendgottesdienstes, der meist gegen 19.00 Uhr, in einigen rhodischen Orten wie Afándou und Archángelos aber auch erst am späteren Abend beginnt, stehen die Gläubigen vor diesem Grab Schlange, um ihm Ehre zu erweisen. Manche kriechen aus demselben Grund auch unter dem Holzgestell hindurch, das für die Ruhestätte steht. Zum Schluss des Gottesdienstes wird – meist gegen 21.00 Uhr, in den erwähnten Dörfern erst kurz vor Mitternacht – die Grabesnachbildung in feierlicher **Prozession** durchs Dorf oder den Pfarrbezirk der Stadt getragen. Mit dabei sind der gesamte Klerus, Militär und Polizei sowie alle anderen Gläubigen. Viele Kirchen bleiben danach die ganze Nacht über geöffnet. In einigen halten Gläubige, in Decken gehüllt, die ganze Nacht über Totenwache und singen dabei leise dunkle Trauergesänge vor sich hin – besonders gut zu erleben in der Kirche von Archángelos.

Ostersamstag

Am Ostersamstag herrscht zunächst hektische weltliche Betriebsamkeit. Die letzten Einkäufe müssen getätigt, Ostergebäck und Osterbraten vorbereitet werden. Gegen 23.00 Uhr beginnt dann in allen Pfarrkirchen der **Auferstehungsgottesdienst**. Jeder kommt, ganz unabhängig von der Intensität seines Glaubens. Die Gotteshäuser sind brechend voll, die Messe wird per Lautsprecher auch auf den Kirchhof übertragen.

Kurz vor Mitternacht verstummt die Liturgie, alle Lichter bis auf das Ewige Licht in der Kirche erlöschen. Spannung liegt – oft deutlich spürbar – in der Luft: Wird Jesus auch in diesem Jahr wieder auferstehen, sein Versprechen an die Menschheit erneuern? Alle Gläubigen warten auf die erlösenden Worte des Priesters: »Christós anésti«, »Christus ist auferstanden«. Die Gemeinde antwortet befreit mit einem »Alithós anésti«, »Wahrhaftig, er ist auferstanden«. Dieser kleine Dialog wird dann auch am Ostersonntag das Begrüßungsritual der Menschen untereinander sein und das sonst übliche »Kaliméra, ti kánis/kalá«, »Guten Morgen, wie geht's/gut« ersetzen.

In der Kirche und auf dem Kirchhof entzünden die Menschen nun ihre mitgebrachten Kerzen am Ewigen Licht oder an den Kerzen der Umstehenden. In vielen Orten werden Knallkörper entzündet, manchmal soagr auch Feuerwerksraketen abgefeuert. Der Priester zelebriert noch den Rest der Liturgie, doch die Menschen gehen zumeist schon vor Gottesdienstende nach Hause. Sie haben die Gewissheit der Erlösung erlangt und können nun im Kreis von Familie und Freunden feiern. Traditionell kommt die aus Öl, Zitrone, etwas Reis und den Innereien eines Zickleins oder Lamms zubereitete Ostersuppe Margirítsa auf den Tisch und wird zusammen gegessen.

Ostersonntag

Der Ostersonntag ist ganz dem Feiern vorbehalten. Zum Frühstück schlägt man rot gefärbte Eier aneinander. Das Rot steht für das Blut Jesu, das Ei für das ewige Leben. Die Hauptmahlzeit an diesem Tag sind Lamm oder Zicklein. Vielerorts drehen sich Dutzende von Tieren stundenlang am Spieß.

Gerade auf Rhodos oder dem Dodekanes aber schätzt man auch eine andere Zubereitungsart, das Kapamá: Mit Reis und Kräutern gefüllte Bratenstücke, die in Töpfen in Backöfen bei geringer Hitze die ganze Nacht über gegart worden sind und dadurch besonders zart und saftig bleiben. Wein, Ouzo, Soúma oder Whisky werden freigiebig ausgeschenkt, Musik ertönt aus vielen Lautsprechern – und wenn die Stimmung steigt, wird oft auch traditionell getanzt.

Kinder

Kinder • ERLEBEN UND GENIESSEN

Baden und mehr

Dass die Inselbewohner grundsätzlich Kindern gegenüber sehr positiv eingestellt sind, macht den Urlaub für Familien angenehm. Außer dem Badevergnügen, das an erster Stelle für große und kleine Kinder steht, gibt es noch andere Attraktionen für den Nachwuchs.

Die große Kinderfreundlichkeit der Rhodier beweist sich vor allem darin, dass man sie weitestgehend am Erwachsenenleben teilnehmen lässt. Die Kinder sind ganz einfach fast immer dabei. Sie spielen noch um 22.00 Uhr abends auf Kirch- und Dorfplätzen, sitzen auch um Mitternacht in den Tavernen. Spezielle Kinderteller gibt es nur in touristisch ausgerichteten Restaurants. In normalen Tavernen bekommen sie auf Wunsch ganz einfach einen leeren Teller vorgesetzt und können sich von den Tellern der Erwachsenen geben lassen, was sie wollen. Babyflaschen und Babynahrung werden wie selbstverständlich von Wirten erwärmt. Windeln und Babynahrung sind in Supermärkten und Apotheken erhältlich, kosten aber oft mehr als in Mitteleuropa.

Kinder willkommen

Die Lieblingsbeschäftigung der jüngsten Urlauber ist gewiss das Baden im Meer. Für Familien sind die Strände an der **Ostküste** – im Gegensatz zur schroffen Westküste – am besten geeignet. Hier dehnen sich **breite Sandstrände** aus und fallen im Uferbereich sanft ab. Beach-Bars, Duschen, Sonnenschirm- und Liegenverleih sorgen für entsprechende Bequemlichkeit. An großen Stränden steht auch ein Rettungsdienst bereit. Wer mit seinen größeren Kindern wassersportlichen Spaß haben, z. B. auf der Banane reiten oder Wasserski fahren möchte, findet jede Menge Angebote in den größeren Strandhotels und an den offiziellen Stränden. Besonders vielfältig sind die Offerten in Faliráki.

Badevergnügen

Attraktionen für Kinder

Ostrich Farm/Straußenpark
2 km abseits der Straße von der Westküste ins Schmetterlingstal
Tel. 69 45 32 71 42
Tgl. 9.00 – 19.30 Uhr
Eintritt 4,50 €, Kinder (3 – 12 Jahre) 2,50 €, Kinder unter 3 Jahren frei. Kamelritt: 6 €, Kinder: 4 €

Der von einer rhodischen Familie liebevoll betriebene Straußenpark in einem einsamen Tal nahe der Zufahrt zum Schmetterlingstal Petaloúdes kann Familien mit

Die flachen Sandstrände an der Ostküste sind ideal für Kinder.

Großes Wasservergnügen verspricht vor allem Kindern der Faliraki Waterpark.

Kindern sicherlich für zwei bis drei Stunden unterhalten. Hier können Sie nicht nur über 250 Straußenvögel aller Altersgruppen sehen, sondern auch Straußeneier anfassen und käuflich erwerben. Eine vierköpfige Familien mit großem Hunger wird von einem Straußenomelette aus einem einzigen Ei satt. Neben den Riesenvögeln gibt es auch zahlreiche andere Tiere wie Ziegen, Schafe, Lamas und Stachelschweine, von denen viele gestreichelt werden dürfen. Als Höhepunkt des Ausflugs kann man auf Dromedaren einen kurzen Ritt unternehmen.

Faliraki Water Park
An der Küstenstraße von Faliráki nach Kallithéa
Tel. 22410 8 44 03
www.waterpark.gr
Tgl. 9.30 – 18.00,
Juni – Aug. bis 19.00 Uhr
Eintritt: ab 12 Jahren 20 €
Kinder (3 – 11 J.) 15 €,
unter 3 Jahren frei

Trotz des ganz nahen Meeres lockt Kinder und Jugendliche vielleicht auch eins der größten Spaßbäder Europas an, das durch seine Hanglage hervorragende Voraussetzungen für besonders lange und schnelle Wasserrutschbahnen bietet. Alles ist hier auf Familien abgestellt. Kinderschwimmwesten sind kostenlos erhältlich, einige der Attraktionen wie der Tarzan Pool und das Piratenschiff sind exklusiv den Kleinen vorbehalten. Bis zu 35 ausgebildete Rettungsschwimmer haben ein Auge auf die Sicherheit. Auch das kulinarische Angebot trifft wahrscheinlich den Kindergeschmack, reicht von Pasta und Pizza bis zu Hot Dogs, Pommes frites und kindgerecht kleinen Fleischspießchen. Kostenlose Transferbusse verbinden den Water Park mit der Stadt Rhodos, sowie den Orten Kolímbia, Péfki, Kiotári und Gennádi, ab Faliráki fährt ein Minizug auf Gummirädern hin.

To Trenáki in Faliráki
Tgl. 9.30 – 13.00 Uhr
Touren nach Kallithéa (6 €)
Tgl. 17.00 – 24.00 Uhr rund um Faliráki (5 €)
Die rot-gelben Trenáki, das »Eisenbähnle« mit drei offenen Waggons, wird von einer alten Dampflokomotive mit Elektromotor gezogen. Startpunkt von Rundfahrten ist der zentrale Platz an der Uferpromenade von Faliráki. Er fährt vormittags zu den Thermen von Kallithéa, abends rund um Faliráki. Ähnliche Züge verkehren auch in Afándou und Kolymbári.

Eptá Piges
Eptá Piges, abseits der Straße von Kolímbia nach Archípolis
Jederzeit frei zugänglich.
An den »Sieben Quellen« können Kinder nicht nur Pfauen Rad schlagen sehen und in einem kleinen Bachlauf spielen, sondern auch mit der Taschenlampe in der Hand durch einen langen Tunnel gehen, durch den niedriges Wasser in einen kleinen Teich fließt. Das ist ein ganz ungefährliches Abenteuer en miniature für die Kleinen.

Eselsritt in Lindos
Eselstation an der Gasse vom Hauptplatz (Kreisverkehr) ins Dorfzentrum
Ritt pro Esel: 6 €
Ein gutes und bewährtes Mittel, um Kinder, die eigentlich lieber am Strand spielen und planschen würden, zum Besuch der lindischen Akropolis zu bewegen, ist sicherlich das Versprechen eines Eselsritts. Die ganz Kleinen können Mama oder Papa mit sich auf den Sattel nehmen, und Kinder ab etwa acht Jahren dürfen schon ihr eigenes Tier reiten. Aber keine Angst: Ein Eseltreiber ist ja immer ganz in der Nähe und passt auf, dass nichts passiert.

Minigolf
Hellas Mini Golf
Außerhalb von Lárdos gelegen, im Dreieck zwischen der Küstenstraße und der Straße von Lárdos nach Péfki
Tel. 22440 4 43 27
www.minigolf.gr
Tgl. ca. 10.00 – 22.00 Uhr
Gebühr: 6,70 €
Kinder (unter 12 J.): 5 €
Wer gern Minigolf spielt, hat auch auf Rhodos dazu Gelegenheit. Über 18 Bahnen und ein kleines Fitnesszentrum verfügt Hellas Mini Golf bei Líndos.

Shopping

Von Keramik bis zu Pelzen

Erste Adresse fürs Einkaufen ist Rhodos-Stadt, das nicht nur die üblichen Souvenirläden, sondern auch Hochwertiges wie Schmuck-, Pelz- und Lederwaren bietet. Das zweite Ziel ist Líndos, wo u. a. Keramik angeboten wird.

Die Altstadt von Rhodos lädt zu einem stundenlangen Einkaufsbummel ein. Zwischen **Juwelier-, Pelz- und Ledergeschäfte** mischen sich Läden mit kulinarischen und kosmetischen Produkten aus ganz Griechenland; von ersteren streben inzwischen viele Bio-Qualität an. Spirituosenhandlungen bieten griechische Schnäpse, Weine und Liköre feil. Keramik ist ebenso zu finden wie Glaskunst. Im Zeichen der Wirtschafts- und Finanzkrise vergrößert sich vor allem das Angebot an Modeschmuck und billigen Souvenirs vom T-Shirt bis hin zum Großmeisterpalast in der Schneekugel. Nahezu alle Geschäfte liegen an der langen Achse zwischen dem Marientor und der Suleiman-Moschee, also an der Odos Aristotelou und der Odos Sokratou mit einem kleinen Seitenarm zwischen der Platia Ippokatou und Hospitalory. Kaufhäuser, Supermärkte und Filialen internationaler Ketten haben sich in der Altstadt noch nicht breitgemacht. Die meisten Läden werden vom Inhaber und seiner Familie geführt. Vor allem beim Schmuck-, Pelz- und Lederwarenkauf gehören ausgiebige Gespräche mit den möglichen Kunden noch zur Verkaufsstrategie.

Einheimische suchen die Altstadt kaum einmal zum Shopping auf. Die Geschäfte, die sie interessieren, konzentrieren sich vor allem in der westlichen Neustadt und dort hauptsächlich im Umfeld der Néa Agorá sowie in den Straßen 25 Martiou, Amerikis und Iroon Politechniou. Dort gibt es Schuhe, Mode und Musik.

Außerhalb der Inselhauptstadt ist vor allem **Líndos** ein interessantes Ziel für Souvenirjäger und Liebhaber des Kunsthandwerks. An der Straße zwischen Rhodos und Líndos haben sich besonders viele **Keramikwerkstätten** niedergelassen. In den großen Urlaubsorten wie Faliráki und Ixiá/Ialissós an der Westküste versuchen einige Juweliere ihr Glück. Die Zahl der Pelzhändler dort ist Ausdruck steigender Touristenzahlen aus Russland und seinen Nachbarländern.

Einkaufszentrum Rhodos-Stadt

Souvenirgeschäfte sind während des Sommerhalbjahres meist täglich von etwa 10.00 bis 23.00 Uhr geöffnet, Supermärkte von Mo. bis Fr. 9.00 bis 21.00 und von Sa 9.00 bis 18.00 Uhr. Kleinere Geschäfte für Einheimische haben kürzer offen: Mo. bis Sa 9.00 bis 13.30, Mo., Mi. und Fr. auch 17.00 bis 21 Uhr (im Winter 16.00 bis 20.00 Uhr).

Öffnungszeiten

Sokratous-Straße in Rhodos: Haupteinkaufsmeile der Stadt

ERLEBEN UND GENIESSEN • Shopping

Lederwaren, Schmuck
Lederwaren sind auf Rhodos günstiger als in Mitteleuropa, allerdings oft auch von schlechter Qualität. Gut und preiswert sind Sommerschuhe, die man vor allem in Rhodos-Stadt findet. Goldschmuck ist ebenfalls noch preiswerter als in Mitteleuropa. Aber auch hier gilt: Preise vergleichen.

Pelze, Maßkleidung
Erstaunlicherweise sind trotz der hohen Temperaturen während der Hauptsaison auf Rhodos Pelze ein Verkaufsschlager. Die Pelze werden in den bekannten Pelzwerkstätten von Kastoriá auf dem griechischen Festland hergestellt. Einige Schneider in Rhodos-Stadt fertigen Maßkleidung für Herren innerhalb kurzer Zeit (Informationen in den Hotels).

Schwämme
Die auf Rhodos verkauften Naturschwämme stammen von der Insel Kálymnos. In der Saison werden sie manchmal auch direkt am Mandráki-Hafen in Rhodos-Stadt verkauft.

Teppiche
Zu den traditionellen Handwerken auf Rhodos gehört die Teppichweberei. Bekannt für seine Teppichwebereien und -knüpfereien ist vor allem Archángelos.

Wein
▶ Baedeker Wissen S. 70

RHODISCHE KERAMIK

Die Insel Rhodos war schon in der Antike für ihre Keramik berühmt. Hervorragende Beispiele dafür sind im Archäologischen Museum der Inselhauptstadt ausgestellt. Keramik aus der Ritterzeit präsentiert der Großmeisterpalast und Keramik aus der osmanischen Zeit das Museum für Dekorative Kunst, ebenfalls in Rhodos. Auch heute leben noch einige rhodische Familien von der Keramikherstellung. Ihre Produktpalette und ihre Werkstätten kann man vor allem an der gut ausgebauten Küstenstraße zwischen Rhodos und Líndos und dort wiederum vor allem auf der Höhe von Archángelos kennenlernen.
Die Voraussetzung für die frühe Blüte der Töpferkunst auf Rhodos waren die einheimischen **Tonvorkommen**, die noch bis in die Zeit nach den Zweiten Weltkrieg hinein intensiv genutzt wurden. Heute freilich kommt auch importierter

> **! BAEDEKER TIPP**
>
> *Skulpturen für daheim*
>
> Wer Repliken bekannter griechischer Skulpturen kaufen möchte, sollte sich im Shop des Archäologischen Museums in Rhodos-Stadt umsehen. Auch Ikonen und Reliefs werden hier angeboten.
> Öffnungszeiten: Mai – Okt. Mo. – Fr. 8.00 – 21.00, Sa. 9.00 – 14.30, Nov. – April Mo. – Fr. 8.00 – 21.00 Uhr.

Shopping • ERLEBEN UND GENIESSEN

KERAMIKADRESSEN
Dakas Ceramics
Archángelos, an der Küstenstraße, km 15, neben der Tankstelle
Tel. 22440 8 52 13

Babis Ceramics
Leoforos Kalitheas zwischen den Hotels Aldemar Paradise und Kresten Palace)
Rhodos-Stadt
Tel. 22410 6 04 66
Spezialist für Kopien antiker Vasenmalerei

Kostas Ceramics
Kolimbia, an der Küstenstraße, km 25
Tel. 22410 5 61 92

Ton zum Einsatz. Die rhodischen Tonvorkommen sind ganz unterschiedlich: Die Grundfarbe des Tons von Archípolis ist ein zartes Gelb, die des Tons von Petróna/Archángelos dunkelgrau und die des Tons von Ágios Theódoros tiefrot. Traditionell wurden die Keramikbrennöfen mit viel Holz befeuert, heute kommen meist Elektroöfen zum Einsatz.
Produziert wird jetzt vor allem für den Tourismus. Da Reisende oft nur preisgünstige Souvenirs suchen, überwiegen Teller und Gefäße mit einfachem Dekor. Wer sucht und genügend auszugeben bereit ist, findet aber auch in den Werkstätten kunstvolle Keramik im alten Stil.
Die berühmtesten traditionellen Keramikerzeugnisse der Insel sind die so genannten **Lindischen Wandteller**, die in Museen in aller Welt ausgestellt sind. Sie schmückten einst vor allem die Häuser lindischer Kapitäne und Kaufleute und wurden nie als Speiseteller benutzt. Experten unterscheiden zwei verschiedene Stilrichtungen.
Die ältesten Teller aus der ersten Periode im 16. Jh. stammen zumindest zum Teil wohl aus Persien oder der heutigen Türkei und regten dann wohl rhodische Töpfer zur Nachahmung an. Die Motive, vor allem Blüten und Blumen, schwingen sich sanft wie vom Wind bewegt über den Teller hin, sind klar in den Farben und zart in der Linienführung. In einer zweiten Periode im 17./18. Jh. wurden sie weniger fein, bieten dafür aber eine viel größere Motivvielfalt. So sind auf ihnen etwa Frauen in typisch osmanischer Tracht, schöne Pferde und vor allem immer wieder elegante Segelschiffe dargestellt. Auch Fische, Fabelwesen, Jagd- und Liebesszenen kommen manchmal vor.
Darüber hinaus widmen sich einige Keramikkünstler auch Kopien antiker griechischer und rhodischer Vasenmalerei. Meist dienen ihnen dabei Fotografien in Büchern und Museumskatalogen als Vorlage. Sie sind sehr oft auch bereit, Kopien der Lieblingsvase des Käufers anzufertigen, wenn er ihnen die Vorlage mitbringt, nach denen dann das neue Exemplar gefertigt wird.

Übernachten

Hotels für jeden Geschmack

Das große Angebot von Hotels der verschiedenen Kategorien auf der Insel sorgt dafür, dass alle Ansprüche der Gäste in Bezug auf Komfort und Ausstattung erfüllt werden.

Auf Rhodos gibt es für jeden sein Wunschhotel. Von der Luxusherberge mit privatem Butler oder eigenem Pool bis hin zum einfachen Zimmer in einer Privatpension oder einem alten Dorfhaus ist alles vorhanden. Nur Zeltplätze und Jugendherbergen fehlen. Außer im August findet der Reisende auch ohne Vorausbuchung mit Sicherheit ein Quartier. Wer eine bestimmte Unterkunft im Auge hat, reserviert freilich besser im Voraus. Buchungen über heimische Reiseveranstalter oder Internet-Portale können oft preisgünstiger sein als direkt beim Vermieter. Außerdem sind griechische Zahlungsbedingungen sowie Stornofristen und -gebühren häufig ungünstiger als bei Buchungen über Reisebüros oder Internet.

Von einfach bis Luxus

Während der Hauptreisezeit im Juli und August liegen die Unterkunftspreise auf Rhodos kaum unter dem Niveau mitteleuropäischer Reiseziele, in der Vor- und Nachsaison dagegen meist wesentlich darunter. Preisvergleiche lohnen auf jeden Fall. Hotels sind in Griechenland offiziell in **sechs Kategorien** gegliedert. Die Skala reicht von Luxushotels (L) über komfortable Hotels (A) bis zu Mittelklassehotels (B, C) und einfachen Unterkünften (D, E). Diese Kategorien sagen zwar etwas über Zimmergröße und –ausstattung sowie Serviceeinrichtungen aus, aber nichts über die Freundlichkeit des Personals oder das Alter und den Zustand von Mobiliar und technischer Ausstattung. Für Pensionen und Apartments gelten die Kategorien von A bis C.

Preise und Kategorien

Ferienhäuser außerhalb von Hotelanlagen werden auf Rhodos fast nur in Líndos angeboten, Ferienwohnungen und kleine Apartments hingegen sind weit verbreitet. Bettwäsche wird immer gestellt.

Ferienhäuser und Ferienwohnungen

Urlaubsideen mit Pfiff

PREISKATEGORIEN
Hotels (Preis pro DZ)
☺☺☺☺ über 130 €
☺☺☺ 81–130 €
☺☺ 51–80 €
☺ bis 50 €

BESONDERS LUXURIÖS
Melenos ☺☺☺☺
Lindos
Tel. 22440 3 22 22
www.melenoslindos.gr

Das Melenos Lindos Hotel wurde im Stil des 17. Jh.s errichtet und mit kunsthandwerklichem Interieur ausgestattet.

12 ganz individuell im Stil des 17. Jh.s gestaltete Suiten erwarten den Gast am Dorfrand von Líndos abseits jeglichen Straßenverkehrs. Die ganz traditionell auf einer niedrigen Empore positionierten Betten werden von Zedernholz eingefasst, und die Matratzen sind mit Kokosnussfasern gefüllt. Edle Textilien und romantische Lichteffekte sorgen für viel Flair. Die Technik ist inklusive Internetanschluss, CD- und DVD-Player hochmodern. Im Garten wachsen Bougainvilleen, Jasmin und Lavendel. Von Terrassen und vom Gourmet-Restaurant aus eröffnet sich ein schönen Ausblick auf die Bucht und das Dorf.

WELLNESS PUR
Lindian Village ✪✪✪✪
Lárdos-Strand
Tel. 22440 3 59 00
www.lindianvillage.gr
Das 5-Sterne-Strandhotel zwischen Lárdos und Péfki zählt nur 146 Zimmer und Suiten und bietet statt All-inclusive figurfreundlichere Halbpension. Es offeriert in seinem LV Spa täglich zwischen 10.00 und 20.00 Uhr Indoor-Pool, Sauna, türkisches Dampfbad und Whirlpools, Massagen aller Art und Schönheitsbehandlungen. Der Fitnessraum des Hotels kann ohnehin kostenlos genutzt werden.

MITTEN IM WALD
Elafos ✪✪✪
Profitis Ilias
Tel. 22460 2 24 02
www.rhodos-travel.com/elafos-profitisilias.htm

Wohl gegen ihr Heimweh bauten die italienischen Besatzer 1929 das höchstgelegene Inselhotel im alpinen Chaletstil. Lange stand es leer, seit 2006 ist es wieder geöffnet. Innendekoration und Mobiliar erinnern größtenteils noch an alte Zeiten, und technisch ist nicht alles auf neuestem Stand. Wer darauf ebenso verzichten kann wie auf perfekten Service, fühlt sich in diesem ungewöhnlichen Hotel für ein oder zwei Zwischenübernachtungen mitten im Wald wahrscheinlich sehr wohl. Vor allem für Wanderer dürfte dieses Hotel geeignet sein.

BESONDERS FAMILIENFREUNDLICH
Lindos Princess Beach ✪✪✪
Lardos Strand
Tel. 22440 2 92 30
www.lindosprincess.com
584 Zimmer verteilen sich in dieser weitläufigen Anlage auf ein dreigeschossiges Haupthaus und viele kleine, zweigeschossige Häuser mit Ziegeldächern. Drei Pools und ein Hallenbad stehen Schwimmern zur Verfügung, und zwei Süßwasserpools mit Rutschen sind speziell für Kinder reserviert. Im Juli und August erwartet die Kleinen ein Animationsprogramm, den ganzen Sommer über gibt es einen Youth Club für Kinder zwischen 4 und 12 Jahren, sodass die Eltern unbesorgt entspannen können. Zum All-inclusive-Paket gehört sogar auch das kostenlose Eis für den Nachwuchs. Am Strand sind Badeschuhe erforderlich!

Altstadthotels

BAEDEKER WISSEN

Besonderes Flair

In der Altstadt von Rhodos sind 27 vergangene Jahrhunderte perfekt vom Heute abgeschirmt. Kein zeitgenössischer Neubau drängt sich zerstörerisch ins historisch gewachsene Bild, der Kommerz hat nur in wenige Hauptgassen Einzug gehalten und beschränkt sich weitgehend auf die Erdgeschosse der Häuser.

Das Kieselsteinpflaster stammt ganz offensichtlich aus Zeiten mit absatzlosen Schuhen. Die nächtliche Beleuchtung der Gassen passt in jedes ökologisch bewusste Energiesparprogramm. Der Motorenlärm der Neustadt bleibt nahezu völlig vor den alten Stadttoren, Katzen und Hunde genießen ein Heimatrecht. In der kühleren Jahreshälfte halten die Stadtmauern und engen Gassen auch die oft stürmischen Winde fern, nachts leuchten die Sterne weitaus heller als draußen im grellen Neonlicht.

Wer dieses Flair nicht nur im Vorübergehen erhaschen will, kann in der Altstadt auch wohnen.

Es gibt eine **Vielzahl kleiner Hotels und Pensionen** der einfacheren Art, aber auch teure und stilvolle Luxusherbergen. Die Zimmer sind so individuell wie ihre Vermieter, von denen viele gut Deutsch, Italienisch oder Englisch sprechen. Der besondere Reiz eines Altstadtdomizils macht sich meist erst auf den Dachterrassen, in den stimmungsvollen Innenhöfen, in kleinen Gärten und durch kleine, historische Architekturdetails bemerkbar. Bei der Umgestaltung historischer Häuser, in die die Besitzer oft viel Eigenarbeit steckten, haben nämlich die Archäologen immer ein kräftiges Wort mitgeredet und darauf geachtet, dass im Sinn des Denkmalschutzes vorgegangen wurde. Das Ergebnis rechtfertigt in allen Fällen den oft erheblichen Ärger der Hausbesitzer über die damit verbundenen Auflagen.

Einige Altstadthotels und -pensionen sind nur im Sommer geöffnet, andere ganzjährig. Langzeiturlaubern bieten die meisten Vermieter für den Winter gern besonders günstige Preise. Im Sommer sind nur wenige Altstadtunterkünfte direkt mit dem Taxi erreichbar, im Winter fahren Taxis jedes Hotel an, das an einer für Autos passierbaren Gasse liegt.

Das Cava d'Oro in der Altstadt von Rhodos (▶Adresse S. 178)

Urlaub aktiv

Wassersport dominiert

Rhodos größter Sportplatz ist das Meer. Die vielen Strände sind Ausgangspunkt und Kulisse für viele Arten von Wassersport. Das Angebot reicht vom gemächlichen Tretboot mit integrierten Wasserrutschen für die Kleinsten bis zum Jetski und Speedboat, von der Tauchschule bis hin zu bestens ausgestatteten Wind- und Kitesurfstationen. Wer lieber auf dem Trockenen bleibt, kann auf dem einzigen ägäischen Golfplatz außerhalb Kretas seine 18-Loch-Runde spielen oder zu Ausritten aufs Pferd steigen. Auch für Wanderer und Mountainbiker ist die Insel ideal, obwohl das organisierte Angebot hier durchaus noch verbessert werden und Wanderwege sehr viel deutlicher markiert sein könnten.

BADEURLAUB

Rhodos ist eine Badeinsel für jeden Geschmack. Entlang der 220 km Küste gibt es alle Arten von Strand: sandig oder felsig, belebt oder idyllisch, weiträumig oder als winzige Bucht. Die Badesaison geht von April/Mai bis Oktober mit Temperaturen zwischen 20 °C und 32 °C sowie Wassertemperaturen zwischen 18 °C und 25 °C (▶Klimatabelle S. 224). Das Betreten aller Strände, auch bei den Hotels, ist kostenfrei. Sobald man jedoch auf einer Liege oder unter einem Sonnenschirm Platz genommen hat, wird man zur Kasse gebeten, egal wie lange man bleiben möchte. Die **Wasserqualität** wird in der Regel gelobt. Wer die aktuelle Expertenmeinung über den ins Auge gefassten Strand erfahren möchte, der findet sie unter den Testberichten vom internationalen Umwelt-Label »Blaue Flagge«. www.blueflag.org. Ausdrückliche **FKK-Strände** gibt es auf Rhodos nur am südlichen Ende des Strandes von Faliráki (Kathara Bay).

Strände nach Wahl

Sonnenanbeter und Familien mit Kindern versammeln sich größtenteils an der **Ostküste**, die sich durch ihre windgeschützte Lage auszeichnet sowie die schönsten Strände und Buchten der Insel besitzt. Hier ist es angenehm zu schwimmen, aber es bieten sich auch viele Möglichkeiten für andere Wassersportarten.

Für Sonnenanbeter und Familien

Der bekannteste Strand der Insel ist **Faliráki**, ein feiner bis grobsandiger kilometerlanger Strand mit seichtem klarem Wasser. Hier stehen endlos Liegestühle und Sonnenschirme in Reih und Glied. Eine

Der beliebteste Strand der Insel

Prassonísi an der Südspitze der Insel: Traumrevier für Surfer

Unterhalb von Líndos erstreckt sich auch ein schöner Strand.

Beach-Bar neben der anderen versucht, mit Musik um Gäste zu werben. Zahlreiche Wassersportgeräte-Verleihe fordern mit Lautsprecherdurchsagen zum Abenteuer auf. Jede Art von Vergnügen ist möglich: Bananen-Reiten, Jet-Ski, Surfen, Paragliding, Tretbootfahren ... Zugegeben: für Ruhesuchende ist das Areal weniger geeignet.

Hausstrände von Rhodos-Stadt und Líndos

Aber die Insel säumen noch mehr große Stände, und nicht überall geht es ganz so turbulent zu. Rhodos-Stadt hat seine Hausstrände. Die haben – von der Taverne bis zu Wassersportmöglichkeiten – eine perfekte Infrastruktur, sind allerdings häufig überfüllt. Der Strand von Líndos zählt zu den beliebtesten, also belebtesten der Insel; entschädigt für das Gewimmel wird man durch den wunderschönen Blick auf die Stadt.

Toll, aber voll

Die **Tsambíka-Bucht** an der Ostküste, eingerahmt von Hügeln, gehört mit ihrem herrlichen Natursandstrand zu den malerischsten Badeplätzen der ganzen Insel. Allerdings ist die Bucht im Hochsommer recht bevölkert.

Ruhigere Strände

Wer die ruhigeren Strände bevorzugt, hat ebenfalls eine große Auswahl. Der **kleine Strand von Kallithéa** – hierher kommt man auch mit dem Boot von Rhodos-Stadt aus – erstreckt sich unterhalb der gleichnamigen Thermen. Man liegt nicht nur direkt am Wellensaum, sondern auch hier und da im Park der einstigen Kuranlage. Besonders klares Wasser zieht die Schnorchler hierher. Legendär, aber den-

Sport-Adressen

GOLF
www.afandougolfcourse.com

MOUNTAINBIKING/ WANDERN
Impress Holidays
Kolýmbia, Pragas 11
Tel. 22410 6 03 72
www.arhagelosnet.gr/impress

Anbieter
www.asi.at
www.baumeler.ch,
www.imbach.ch,
www.krauland.at
www.studiosus.com
www.wikinger.de

TAUCHEN
www.divemedcollege.com
www.waterhoppers.com

ADRESSEN FÜR SURFER AN DER NORDWESTKÜSTE
Meltemi Power
Ialissós
Tel. 22410 9 61 89
www.meltemi-power.de

Surf Line Rhodes
Ixiá
Tel. 22410 6 95 07
www.surflinerhodes.gr

Procenter Rhodes, Ialissós
Tel. 22410 9 58 19,
www.procenter-rhodos.com

IM INSELSÜDEN
Wassersportzentrum Kiotári
Kiotári
Tel. 22440 4 60 48
www.wassersport-rhodos.de

Sabinas Watersport
Kiotári
Tel. 697 2 59 32 76
www.sabinas-watersport.com

**Procenter
Christof Kirschner**
Prassonissi, Tel. 22440 9 10 45
www.prasonisi.com

Prasonisi Center
Prassonissi
Tel. 22440 9 10 44
www.prasonisi-center.com

---

noch meistens nicht überfüllt ist die **Anthony-Quinn-Bucht**, die noch zu Faliráki gehört. Wer spät am Nachmittag kommt, hat allerdings keine Sonne mehr, denn die Felsen, die das idyllische Plätzchen umgeben, werfen dann schon Schatten. Von der Anthony-Quinn-Bucht führt ein Weg zur benachbarten, ebenfalls stilleren **Ladikó-Bucht**. In der **Bucht von Stegná** bei Archángelos liegt ein kleinerer Sand-Kies-Strand, der besonders für Familien einladend ist, denn das Wasser wird nur ganz langsam tiefer. Wem es nichts ausmacht, dass der Wind ein bisschen rauer bläst und die Surfer an ihm vorbeipfeifen, der ist an der Südspitze der Insel in **Prasonísi** richtig (Baedeker Wissen S. 99). Der kleine sichelförmige Sandstrand **Glístra** zwischen Lárdos und Kiotári ist noch völlig unverbaut.

Wind- und Kitesurfer

Ein Dorado für Surfer

Was Sonnenanbeter manchmal ärgert, erfreut Windsurfer umso mehr: An den Küsten von Rhodos weht fast immer der Wind. Im Sommer ist es der Meltemi, der vormittags mit meist 2 – 3 Beaufort sanft über das mehr als 25 °C warme Wasser streicht und gegen Mittag auffrischt.

Am Nachmittag sind bis zu 7 Beaufort keine Seltenheit, werden Windgeschwindigkeiten um die 20 Knoten, also fast 40 km/h erzielt. Im Frühjahr und Herbst tritt an vielen Tagen der Tramontana statt des Meltemi auf. Er kann noch kräftiger werden, sodass an manchen Tagen sogar Surf-Profis Blasen an den Händen bekommen. Es ist also kein Wunder, dass an vielen Inselstränden seit den 1980er-Jahren zahlreiche professionell betriebene Windsurfstationen entstanden sind. Ihre Inhaber und Mitarbeiter kommen aus aller Welt und sprechen alle gängigen Sprachen. Moderne Ausrüstung und hohe Sicherheitsstandards sind selbstverständlich, für Anfänger wird genauso gesorgt wie für Könner. Die Preise sind recht human: Eine Schnupperstunde kostet um die 20 €, die Privatstunde um die 50 €, ein zehnstündiger Anfängerkurs ist für etwa 240 € zu haben. Die meisten Stationen bieten auch die Gelegenheit, die eigene Ausrüstung einzulagern. Surf Line Rhodes in Ixiá betreibt eine Werkstatt für Segelreparaturen.

Die meisten Surfcenter arbeiten mit Hotels und Pensionen zusammen und bieten preisgünstige Pauschalarrangements. Für Surfer, die mit dem Wohnmobil anreisen, ist der weite Strand von Prassoníssi im äußersten Inselsüden ein Paradies, denn hier wird es geduldet, dass Dutzende von Wohnmobilen wochenlang direkt auf dem mehrere Hundert Meter breiten Sandstrand parken. Informationen über die Stationen und die Surfreviere der Insel gibt es der Klientel entsprechend massenhaft und bestens aufbereitet im Internet, für exakte Wind- und Wetterauskünfte ist www.poseidon.hcmr.gr für Surfer ideal.

Wassersportzentren

Manche Stationen beschränken sich ganz auf ihr Windsurfangebot, manche bieten auch Kitesurfen an. Ein Allrounder ist das Wassersportzentrum Kiotári an der südlichen Ostküste mit einem besonders breiten Spektrum an zusätzlichen Wassersportmöglichkeiten. Dazu

Kitesurfer in Prassonísi

Auf wilder Fahrt in steifer Brise

gehören u. a. Catsegeln, Wasser- und Monoski, Wakeboard und Wakeskate, Jetbike und Kanuvermietung. Für schnelle Ausflüge nach Líndos liegt dort auch ein 800 PS starkes Glasbodenboot bereit, das für die Tour hin und zurück nur 90 Min. benötigt – und dabei noch einen Schwimmstopp einlegt.

Traumrevier Prassonísi

Der extremste Surfspot auf Rhodos ist ohne Zweifel der **Prassoníssi Beach** im äußersten Süden der Insel. Hier laufen Ost- und Westküste zusammen und setzen sich im durch eine Sandbank getrennte Inselchen Prassoníssi fort. Diese Sandbank wirkt wie eine Düse, durch die der Wind oft noch ein bis zwei Beaufort stärker als an den übrigen Küsten weht. Das flache Wasser hier ist ideal zum Üben des Wasserstarttrainings und für das sanfte Vorantasten vom Flachwasser in eines der stärksten Wellenreviere Griechenlands. Je nach Küste weht der Wind wahlweise ab- oder auflandig.

Jeder Surfer vom Anfänger bis zum Vollprofi kommt hier auf seine Kosten. Und das das ganze Jahr über, denn in Prassoníssi sind Unentwegte auch im Winter auf dem Wasser. Sie sollten dann nach Empfehlung einer örtlichen Station Kurzarmstreamer tragen, während in den Sommermonaten Shorty oder Boardshirt mit Lycra vollkommen ausreichen.

Surfer-paradies

Die **Westküste** ist ursprünglicher, mit zumeist schmalen Kies-Stränden, u. a. bei **Kremastí**, **Kamíros**, und **Apolakkiá**. Sie ist aber auch windiger, was während der heißen Monate wohltuend sein kann. Surfer fühlen sich hier zu Hause. Und auch jene, die einen Ausflug entlang dieser Küste machen, finden ganz bestimmt ein Stück Strand, an dem sie in die Fluten springen können. Bei **Ialissos** erstrecken sich kilometerlange Strände aus groben Kieselsteinen. Etwa 2 km **westlich von Rhodos-Stadt** verläuft ebenfalls ein kieseliger Sandstrand. Fast noch ein Geheimtipp ist der **Strand am Kap Foúrni**. Um dorthin zu gelangen, nimmt man die Serpentinenstraße, die zum Kap führt.

ANDERE AKTIVITÄTEN

Golf

Besonders stolz darf Rhodos auf seinen 1973 angelegten 18-Loch-Golfplatz bei Afándou an der Ostküste sein. Außer Rhodos besitzen nur noch Kreta und Korfu Golfplätze, sonst keine andere griechische Insel. Die Atmosphäre ist griechisch-informell, Gäste sind stets willkommen. Der Platz ist ganzjährig geöffnet, die Green Fees mit 20 € im Winter und 35 € im Sommer recht günstig. Equipment kann geliehen, und Trainerstunden können gebucht werde.

Mountainbiking

Durch seine vielen kleinen Straßen im Inselinnern, idyllischen Waldwegen und rauen Pisten ist Rhodos eigentlich ein **ideales Revier für konditionsstarke Mountainbiker**. Da es in zahlreichen Binnenorten zumindest einfache Unterkünfte gibt, können auch gut Mehrtagestouren unternommen werden. Linienbusse transportieren allerdings keine Fahrräder, sodass Teilstrecken auf vielbefahrenen Asphaltstraßen ohne Radweg bewältigt werden müssen. Es gibt kaum professionelle Mountainbike-Vermieter oder gar Veranstalter geführter Touren, weshalb Fahrer besser ihre eigene Ausstattung mitbringen. Ansonsten kann man sich an Impress Holidays in Kolímbia wenden, die in der Vor- und Nachsaison geführte Tagestouren anbieten und die gute Bikes vermieten.

Tauchen

Das Tauchen ist vor den Küsten der Insel nur in einigen von Archäologen dafür freigegebenen Bereichen gestattet, damit die vielen noch unter Wasser vermuteten archäologischen Schätze nicht geplündert werden. Zwei große Tauchschulen sind auf Rhodos aktiv und bieten ein reichhaltiges Programm. Beide arbeiten von Booten aus, die im Mandráki-Hafen der Inselhauptstadt stationiert sind. Dort kann man sich am frühen Abend am besten über Tauchkurse, -reviere und -gänge informieren. Die zulässigen **Tauchreviere** liegen vor Kallithéa, Ládiko, Kolímbia, Líndos, Péfkos und Plimmíri an der Ostküste. Fürs Flaschentauchen müssen die Teilnehmer mindestens 10 Jahre alt sein, für Schnorchelgänge gibt es kein Mindestalter. Das Angebotsspektrum reicht vom Schnuppertauchgang für absolute Anfänger bis hin zur Tauchlehrerausbildung.

Wie fast überall in Griechenland wurde auch auf Rhodos die große Bedeutung markierter und gut gepflegter Wanderwege, genauer Wanderkarten und anderer Service-Angebote wie Gepäcktransport und Shuttlebus-Service für Wanderer noch nicht erkannt. Einschlägige Wanderliteratur hat oft ihre Tücken, zumal Pfade schnell überwuchern, gestern noch sandige Wege plötzlich asphaltiert sind und Orientierungspunkte sich schnell verändern, z. B. durch den Bau neuer Häuser. Zum Wandern auf Rhodos gehören also **guter Orientierungssinn** und eine Prise Humor. Unerlässlich sind zudem festes Schuhwerk, eine Kopfbedeckung und die Mitnahme von ausreichend Trinkwasser. Lange Hosen schützen vor dornigem Gestrüpp, ein Handy hilft in Notfällen.

Wandern

Wer auf Nummer sicher gehen will, bucht schon zu Hause eine der zahlreich angebotenen Wanderreisen nach Rhodos. Ihr Vorteil ist nicht nur die weg- und sachkundige Führung, sondern auch die Bereitstellung von Transfers, sodass man leicht in die wirklich schönsten Wanderregionen gelangt. Anbieter sind z. B. die Alpinschule Innsbruck, Baumeler, Imbach, Krauland, Studiosus und Wikinger-Reisen. Bei Impress Holidays in Kolýmbia kann man die tageweise Teilnahme an geführten Wanderungen buchen.

Segeljachten mit Skipper kann man gelegentlich im Mandráki-Hafen der Inselhauptstadt chartern. Wochenweise werden sie mit und ohne Skipper ab Rhodos von zahlreichen griechischen Vercharterern angeboten. Zwei große Anbieter sind Vernicos Yachts und Kronos.

Jachtcharter

TOUREN

Unsere Touren führen Sie zu den Highlights der Insel: zu den schönsten Stränden und interessantesten Städten, zu den hübschesten Dörfern und rSomantischsten Landschaften.

Touren auf Rhodos

Ob die ganze Insel an einem Tag, eine Tour zu den Johanniterburgen oder ein stimmungsvoller abendlicher Rundgang durch Rhodos-Stadt: Das Spektrum unserer Vorschläge ist vielseitig und erfüllt unterschiedliche Anprüche.

Tour 1 **Ganz Rhodos an einem Tag**
Wer sich in kurzer Zeit einen Überblick über die Insel verschaffen möchte, sollte diese Tour wählen, die die wichtigsten Highlights berührt.
Seite 107

Tour 2 **Auf geruhsame Art**
Eher gemütlich ist die Rundfahrt durch den Norden der Insel, die vor allem landschaftliche Schönheiten erschließt.
Seite 109

Tour 3 **Auf den Spuren der Johanniter**
Geschichtlich Interessierten sei diese Tour empfohlen, denn sie führt zu den Johanniterkastellen, wo man einen Einblick in das Leben des Ordens erhält.
Seite 111

Tour 4 **Kondition erforderlich (Mountainbike-Tour)**
Sportliche Radfahrer kommen im Süden der Insel auf ihre Kosten. Hier erlebt man Naturnähe und noch ruhige Dörfer.
Seite 113

Tour 5 **Abends in der Ritterstadt**
Ein ungewöhlicher Vorschlag ist der abendliche Bummel durch die stimmungsvolle Altstadt von Rhodos. Er umfasst mehrere Facetten des Nachtlebens des Inselhauptortes.
Seite 115

Übersicht • TOUREN

Unterwegs auf Rhodos

Eine Insel für jeden Geschmack

Rhodos ermöglicht viele Arten von Sommerurlaub: gemütliches Baden ebenso wie Nonstop-Strandparty, Bildungsreise, Abenteuer-Trip, Natur-Erlebnis und Schlemmer-Tour. Wer urbanen Trubel sucht, gern die Auswahl zwischen vielen Cafés und Restaurants hat, zudem Spaß am Shoppen hat, der ist in **Rhodos-Stadt** richtig. Wer abends gern von Bar zu Bar bummelt und tagsüber am Strand richtig quirliges Leben sucht, der wird sich in **Faliráki** wohlfühlen; was immer an Action am, im oder auf dem Wasser möglich ist – hier findet es statt. Die Strände weiter südlich und die Berge in der Inselmitte sind hingegen eher ein Refugium für Ruhesuchende und Naturfreunde.

Tourmöglichkeiten

Für Entdeckungstouren über die Insel sind die stark befahrenen Küstenstraßen unverzichtbar. Auf ihnen kann man ganz Rhodos an einem Tag umrunden (▶ Tour 1) oder man wählt geruhsame Teilstrecken. Für Rhodos-Stadt braucht man auch mindestens einen ganzen Tag und möglichst noch einen langen Abend, um am Hafen spazieren zu gehen und von der Mole aus die Lichter der stimmungsvollen Altstadt zu betrachten.

Antike Stätten

Natürlich gehört zu einem Rhodos-Urlaub der Besuch der antiken Stätten. Besonders beeindruckend ist die **Akropolis von Líndos**, auf der Antike und Ritterzeit ihre Schätze hinterlassen haben. Es lohnt sich, durch die verwinkelten Gassen des Dorfes hinauf zu den Resten von Burg und Tempeln zu gehen, nicht zuletzt auch wegen des hinreißenden Ausblicks. Oder nehmen wir **Kámiros**, die ehemalige hellenistische Stadt. Mit dem Lageplan in der Hand spaziert man durch die Straßen von einst, vorbei an den Grundmauern von Wohnhäusern, Brunnen, Bädern, Tempeln und Altären. Sich als »Gast« in der Antike keine Zeit zum Schauen und Ahnen zu nehmen, wäre wirklich schade.

Landesinneres

Die schattige Alternative zu Sonnenbad und antiken Gemäuern sind die Wälder im Inselinneren. **Eptá Pigés,** das Tal der sieben Quellen, ist eine Landschaft, in der an einem plätschernden Bach, unter schattigen Platanen ein Restaurant zum Verweilen einlädt. Ähnlich wildromantisch ist es im Pétaloudes, ein lauschiges Tal mit Wasserfällen. Vor allem im Juli und August kann man Tausende von Schmetterlingen zu Gesicht bekommen.

Verkehrsmittel

Wer auf Rhodos so viel wie möglich entdecken möchte, kommt an einem **Mietwagen** nicht vorbei. Wanderer und Radler werden auf der knapp 1400 km² großen, teilweise sehr bergigen Insel bald an ihre Grenzen stoßen. Das Netz **öffentlicher Verkehrsmittel** ist leider viel zu grobmaschig, um zu allen Sehenswürdigkeiten und Naturschönheiten zu gelangen. Manche Touristen mieten sich auch **Mopeds**. Und noch ein praktischer Tipp für die Entdeckungstour: Wer sich viel anschauen und überall herumspazieren möchte, sollte rutschfeste Schuhe im Gepäck haben. Denn geschliffene Steinplatten und kunstvolle Kieselmosaike machen viele Fußwege rutschig.

Ganz Rhodos an einem Tag Tour 1

Länge: 200 km
Dauer: mindestens 12 St.

Wer sich nur für einen Tag ein Auto mieten, aber doch einen Gesamteindruck von Rhodos gewinnen will, muss früh aufstehen. Für die zeitaufwändige Besichtigung von Líndos und Rhodos-Stadt ist dabei keine Zeit, beide Orte erreicht man ja auch preisgünstig und bequem per Linienbus vom Urlaubsort aus. Bei dieser Tour geht es vor allem darum, die schönsten Strände und einige mit dem Bus nur schwer zu erreichende Orte im Hinterland kennenzulernen. Sie kann von allen Badeorten aus gleichermaßen unternommen werden. Unser Startpunkt ist Rhodos-Stadt.

Von ❶**Rhodos-Stadt** geht es auf der bestens ausgebauten Küstenstraße nach Süden. Einen ersten kurzen Abstecher lohnt die ❷*Tsambíka-Bucht* (1) mit einem der besten Sandstrände der Insel unmittelbar unter dem Klosterberg Tsambíka. ❸**Archángelos** mit seinem noch recht traditionellen Dorfleben ist dann der richtige Ort für einen ersten Kaffeestopp.

Zu einem herrlichen Sandstrand

Hinter Kalathos sollten Sie sich links halten und Richtung ❹**Líndos** fahren. So haben Sie anders als bei der Anreise mit dem Linienbus die Gelegenheit zu einem Fotostopp, wenn das Panorama des schönsten Inseldorfes plötzlich vor Ihnen erscheint. Weitere gute Motive bieten sich auch im weiteren Verlauf der Ortsumgehungsstraße.

Traumort

Bei Lárdos geht es wieder auf die Küstenstraße, der Sie nun bis ❺**Kiotári** folgen. Hier lohnt der kurze Abstecher hinauf ins stille Bergdorf ❻*Asklipío* mit seiner freskengeschmückten Kirche und einem kleinen Heimatmuseum.

Ins Hinterland

Mit ❼**Kattaviá** erreichen Sie das südlichste Inseldorf. Nur noch 8 km sind es von hier nach ❽**Prassoníssi**, der Südspitze der Insel, mit

Zur Inselsüdspitze

TOUREN • Tour 1

dem größten Sandstrand von Rhodos und mehreren für ein schnelles Mittagessen geeigneten Tavernen.

An den einsamen Stränden der Westküste entlang kommen Sie durch ❾**Apollakiá** nach ❿***Monólithos**, wo Sie die Burg besichtigen und danach zur Badepause zum wenig besuchten ⓫**Foúrni-Strand** hinunterfahren können. Danach lockt ⓬Siána zu einem leckeren Joghurt mit Honig.

Stille Westküste

Nach einer kurzen Kaffeepause am kleinen Fischerhafen von ⓭**Kámiros Skála** geht es entlang der Westküste weiter bis nach ⓮**Iálissos**. Eine Stichstraße bringt Sie hinauf auf den mit Linienbussen nicht zu erreichenden ⓯***Filérimos** mit seinem romantischen Kloster und antiken Überresten sowie einem prächtigen Blick über weite Teile der Insel, die Sie heute im Schnelldurchgang kennengelernt haben. Vielleicht erleben Sie von hier aus ja auch einen schönen Sonnenuntergang.

Zum »Freund der Einsamkeit«

Auf geruhsame Art

Tour 2

Länge: 83 km
Dauer: ca. 10 St.

Diese Tour im Norden der Insel führt mit vielen Pausen ganz entspannt durch grüne Hügellandschaften und am Nachmittag dann auch zu guten Stränden. Sie kann außer mit dem Auto auch gut mit dem Motorrad, Trike oder Squad unternommen werden; durchtrainierte Mountainbiker werden sie auch im Sattel bewältigen. Die Tour ist äußerst familienfreundlich und bietet auch Kindern viel interessante Abwechslung.

Durch das dicht bebaute Feriengebiet südwestlich von ❶****Rhodos-Stadt** geht es zunächst nach ❷Iálissos. Von dort aus bietet sich eine Stichfahrt auf den ❸***Filérimos** an. Romantiker genießen das Kloster und Geschichtsinteressierte die antiken Überreste. Für den Erinnerungsschluck am Abend könnten Sie hier schon ein kleines Fläschchen des Klosterlikörs Sette Erbe erstehen.

Filérimos

Flugzeugfans biegen gleich nach Passieren des Flughafenterminals nach rechts ab und passieren so den Ort ❹**Paradísi** auf einer kleinen Straße, die unmittelbar am Flughafenzaun entlangführt und gute Beobachtungsmöglichkeiten für startende und landende Maschinen bietet. Am westlichen Flughafenende führt sie wieder auf die Küstenstraße zurück, von der kurz darauf eine Straße in Richtung Schmet-

Schmetterlingstal

TOUREN • Tour 2

terlingstal (Petaloúdes) abzweigt. Auf dem Weg dorthin lohnt insbesondere für Familien ein Abstecher zur Straußenfarm/Ostrich Farm, wo Straußenomelette auf der Speisekarte steht.
Zum unteren Ausgang des Schmetterlingstals ❺*Petaloúdes führt dann eine Stichstraße. Von hier aus kann man das Tal einmal ganz durchwandern, bevor man das kleine Museum und die exzellente Taverne am unteren Taleingang aufsucht, wo die Spaghetti bolognese und das Moussaká so gut sind wie kaum irgendwo anders auf Rhodos.

Hinter dem Schmetterlingstal steigt die Straße zum kleinen ❻**Kloster Kalópetra** an, wo man inseltypische Dessert Loukoumádes probieren und einen prächtiger Ausblick von der Klosterterrasse genießen kann.

Kloster Kalópetra

Der Straße weiter folgend kommt man nach ❼**Psínthos**. An der schönen Platía dort sollten Sie dem unauffälligen Wegweiser nach ❽***Archípolis** folgen, der Sie durch eine besonders einsame und waldreiche Landschaft führt. Dort wartet das moderne Kloster Ágios Nektários auf Sie, wo Kinder gern in einer völlig ausgehöhlten Platane spielen. Nächstes Ziel ist dann die Waldgaststätte von ❾***Eptá Píges** mit ihren Pfauen und einem dunklen Wassertunnel, durch den man zu einem winzigen See hindurchwandern kann (Taschenlampe empfehlenswert).

Nach Eptá Píges

Am Rand des modernen Badeortes ❿**Kolímbia** erreichen Sie wieder die Küstenstraße. In ⓫**Afándou** können Kunstinteressierte einen kurzen Abstecher zur byzantinischen Kapelle Katholikí unternehmen. Zu einem auch landschaftlich reizvollen Bad laden abschließend die ⓬***Anthony-Quinn-Bucht** von Ladikó oder die besonders romantische, fjordähnliche Bucht an den ⓭**Thermen von Kallithéa** ein, wo die Eltern einen Sundowner und die Kinder ihr hochverdientes Eis sehr stilvoll genießen können.

Höhepunkt: Quinn-Bucht

Auf den Spuren der Johanniter Tour 3

Länge: 105 km
Dauer: ca. 10 – 12 St.

Die meisten Spuren haben die Johanniterritter in der Stadt Rhodos hinterlassen. Ihre Hinterlassenschaften kann man aber rund um die Insel verfolgen. Dabei handelt es sich hauptsächlich um Burgen, die zumeist in landschaftlich äußerst reizvoller Umgebung entstanden.

TOUREN • Tour 3

Von der ❶**Stadt Rhodos** geht es zunächst entlang der Ostküste Richtung Süden. Die erste Johanniterburg am Weg liegt heute unmittelbar am Rand des historischen Ortskerns von ❷**Archángelos**. Nur wenige Kilometer südlich erhebt sich die Burgruine Féraklos zwischen dem kleinen Badeort ❸**Charáki** und seiner schönen Badebucht Agáthi. Wer an ihrem Südhang durchs Gelände streift, stößt hier auch noch auf die eingezäunten Überreste einer von den Rittern betriebenen Zuckerraffinerie. Wie auf Zypern besaßen die Ritter auch auf Rhodos ausgedehnte Zuckerrohrplantagen, die erst durch den Import von Rohrzucker aus dem gerade neu entdeckten Amerika im 16. Jh. ihre Bedeutung für Europa verloren.

Burgruine Féraklos

Zur heidnischen Antike hatten die christlichen Ritter wohl keine besondere Beziehung. So bauten sie auf der Akropolis von ❹****Líndos** eine Burg ins antike Heiligtum der Athena Lindia hinein. Heute macht die innige Verbindung zwischen Mittelalter und Altertum einen zusätzlichen Reiz der lindischen Akropolis aus.

Líndos

Beim Badeort Gennádi zweigt dann eine Straße ab, die quer über die Insel durch angenehm grüne Landschaft an die Westküste hinüberführt. Sie erreichen sie bei Apollákia. Der nächste Ort ist dann schon ❺***Monólithos** mit seiner Burgruine auf einem Fels über dem Meer.

Monólithos

Die letzte Burg an diesem Tag ist die von ❻**Kritínia**, in der einmal jährlich jeweils Ende Juni sogar noch ein mittelalterlicher Markt stattfindet. Besuchenswert ist sie jederzeit und besonders zur Zeit des von hier aus besonders schön zu beobachtenden Sonnenuntergangs. Wer noch nicht gleich in den Urlaubsort zurückkehren möchte, kann zudem im Kafenío von Kritínia den Tag ausklingen lassen oder in den Fischrestaurants von Kámiros Skála (▶S. 150) exzellent speisen.

Kritínia

Kondition erforderlich (Mountainbike-Tour)

Tour 4

Länge: ca. 75 km
Dauer: 1 Tag

Für Mountainbike-Touren auf Rhodos ist eine gute Kondition erforderlich. Auf der Küstenstraße macht das Radfahren wegen des starken Verkehrs keinen Spaß – Biker wenden sich besser dem Binnenland zu. Da gibt es genug Sträßchen mit wenig und Schotterpisten mit fast gar keinem Verkehr, aber immer wieder stille Dörfer, die zur Rast einladen.

Bikerzentrum Kiotári

Die schönste Region für Biker ist der Süden der Insel. Räder werden in mehreren Hotels in ❶ **Kiotári** vermietet. Von dort fährt man auf der Uferstraße am Strand entlang südlich bis nach Gennádi. Kurz vor Erreichen des Ortes führt eine wenig befahrene Straße durch Felder inseleinwärts und überwiegend eben am kleinen Dorf ❷**Vatí** mit zwei schönen Tavernen vorbei Richtung Westküste. Das nächste Ziel ist das kleine Dorf ❸**Arnítha**.

Eine kurvenreiche Erdstraße windet sich von hier am Hang des über 500 m hohen Bergrückens des Koukoullári entlang und bietet prächtige Blicke aufs Meer. Im Dorf ❹**Mesanagrós** können Sie die interessante Kirche besichtigen und im Kafenío einen Imbiss zu sich nehmen. Dann folgt man der Straße in Richtung Kloster Skiádi. Wo die Straße nach Skiádi abzweigt, fahren Sie auf einer Schotterpiste weiter

HOTELS IN KIOTÁRI MIT MOUNTAINBIKE-VERLEIH
Mitsis Rodos Maris
Tel. 22440 4 70 00
www.mitsishotels.com

Miraluna Seaside Village
Tel. 22440 4 70 00
www.bluebaygroup.gr

geradeaus in südliche Richtung bis ins südlichste Inseldorf ❺**Kattaviá**. Die absolut schattenlose Piste läuft auf weiten Strecken auf einem Hügelkamm entlang und eröffnet grandiose Ausblicke bis weit über die Südspitze von Rhodos hinaus.

In Kattaviá warten mehrere gute Tavernen am schattigen Dorfplatz auf hungrige Radler. Durch eine weite Ebene geht es danach weiter Richtung Ostküste. Wo nach rechts eine kleine Asphaltstraße zum Strand von Plimmíri abzweigt, geht nach links eine Schotterpiste ins Dorf ❻**Lachaniá** ab, wo Sie unbedingt den Priester in seiner Taverne Chez Chrissi kennenlernen sollten. Auf einer parallel zur Uferstraße verlaufenden, weitgehend ebenen Schotterpiste erreichen Sie diese Uferstraße kurz vor Gennádi und sind 4 km später wieder in Ihrem Ausgangsort Kiotári.

Pause in Lachaniá

Abends in der Ritterstadt

Tour 5

Dauer: min. 3 St.

Wenn die Dämmerung anbricht und die Lichter angehen, erwacht das mittelalterliche Flair der mauerumgürteten Altstadt von Rhodos erst richtig zum Leben. Der warme Schein der nostalgischen Straßenlaternen bricht sich im Kieselsteinpflaster und vertuscht die Altersschäden der Häuser. Da haben sogar die Sterne noch eine Chance, hell zu strahlen.

Die Ouvertüre zu einem Abend in der Altstadt könnten ein griechischer Mokka, eine farbenfrohe Torte oder ein gewaltiger Eisbecher in einer der Konditoreien an der Wasserfront der ❶*****Néa Agorá,** sein, ganz nahe der Busstation. Wer dort sitzt, erfreut sich am Anblick der vielen Ausflugsboote und Jachten im Mandráki-Hafen, schaut vielleicht durch die Hafeneinfahrt aufs Meer und bei klarer Sicht bis zur Türkei hinüber.

Auftakt am Hafen

Die Tour beginnt. Vorbei am Taxistandplatz und Straßenhändlern unter Palmen geht es zur Brücke über den Wallgraben. Nach Passieren des Freiheits-Tores lässt der Besucher die lärmende moderne Welt der Autos und Mopeds hinter sich, tritt zwischen Städtischer

116 TOUREN • Tour 5

Pinakothek und den Überresten eines Aphrodite-Tempels in die Altstadt ein. 2400 Jahre Geschichte offenbaren sich hier in Bauten und Ruinen. Vor dem ersten Hospital der Johanniter am ❷**Argyrokástrou-Platz** erinnern zu Pyramiden aufgeschichtete Kanonenkugeln aus Stein und Eisen an die stete Torheit der Menschheit. Dann öffnet sich nach rechts der Blick auf die von schönen Laternen in weiches Licht getauchte ❸****Ritterstraße**, die um diese frühe Abendzeit meist menschenleer und bei ruhiger Hand auch sehr fotogen ist.

Am nächsten kleinen Platz wendet man sich nach links der Stadtmauer zu, geht zwischen Tavernen und Geschäften ein paar Schritte bis zur ❹***Platia Ippokratous**, dem Hippokrates-Platz. Auf breiten, alten, ins Leere führenden Treppenstufen trifft sich die Jugend, am Brunnen in der Mitte dokumentiert die Welt ihre Präsenz. Cafés und Restaurants laden mit luftigen Terrassen zum Verweilen ein – doch es gibt noch viel zu entdecken.

Ins Herz der Stadt

Die **Destillerie Sifonios** gleich vorne in der kleinen Seitengasse Pythagora 42 lohnt einen Kurzbesuch, um deren außergewöhnliche Spezialitäten zu verkosten: Ouzo-Liköre mit Kaffee- und Zimtaroma. Die Inhaber empfehlen sie zum Aromatisieren von Kaffee und Tee. Eher Dekoration als Trinkgenuss sind die vielen bunten Liköre, die früher der Verkaufsschlager der Familiendestillerie waren.

Hochprozentiges bei Sifonios

Die ❺***Odos Sokratous**, die Sokrates-Straße, nimmt an der Platia Ippokratous ihren Anfang. Juweliere, Pelz- und Ledergeschäfte buhlen hier um Kundschaft. An heißen Sommerabenden fragt sich mancher vielleicht, warum gerade hier mit solch warmer Kleidung gehandelt wird: Für bestimmte Waren wie Pelze und Regenschirme galten auf den Inseln des Dodekanes nach ihrem Anschluss an Griechenland nämlich jahrzehntelang Steuervergünstigungen. Deswegen ließen sich Kürschner aus der europäischen Pelzhauptstadt Kastoriá im Nordwesten des griechischen Festlands auf Rhodos nieder, wo sie in in- und ausländischen Urlaubern eine kaufkräftige Kundschaft sahen. Rhodier griffen ihre Idee auf – zeitweise gab es über 100 Pelzhändler auf der Insel des Sonnengottes Helios. Erst die gewandelte Einstellung zu Pelzen in Nord- und Mitteleuropa hat viele von ihnen auf Leder umschwenken lassen, obwohl Kürschner inzwischen in Osteuropäern wieder eine starke Klientel haben.

Odos Sokratous: Haupteinkaufsstraße

Zwei Kleinode an der Sokrates-Straße verhalten sich ganz still, sind leicht zu übersehen. Das eine ist das alte türkische Kaffeehaus (Nr. 76) schräg gegenüber der osmanischen Agha-Moschee, das von einem türkischstämmigen Paar betrieben wird. Hier treffen sich die Männer gern zum Távli- oder Dame-Spiel. Das andere Kleinod ist das Gartenlokal Socratous Garden (Nr. 126), wo man gut ein ruhiges Viertelstündchen verbringen kann. Den oberen Schlusspunkt der Sokrates-

Straße setzt die Suleiman-Moschee, vor der man nach rechts abbiegt, um zum markanten ❻ **Clock Tower** (▶Abb. S. 5), dem Uhrturm, zu gelangen. Man kann ihn besteigen und von oben den prächtigen Blick über Alt- und Neustadt sowie über die Ägäis bis hinüber zur anatolischen Küste genießen. Der relativ hohe Eintrittspreis berechtigt zum Konsum eines Softdrinks.

Essen bei Sofia

Verlässt man den Uhrturm und wendet sich nach rechts, steht man nach wenigen Stufen auf der Odos Orfeos, also der Orpheus-Straße. Hier sitzen am Abend meist mehrere Straßenmaler unter hohen Bäumen vor der Kulisse des angestrahlten Großmeisterpalastes, die sich anbieten, binnen weniger Minuten Porträts oder auch Karikaturen zu zeichnen. Nur wenige Schritte von ihnen entfernt lockt die ❼ **Taverne Mama Sofia** (▶S. 177) zum Abendessen, von deren Dachterrasse der Blick fast ebenso schön ist wie vom Uhrturm aus. Eine von der Nachbarinsel Tílos stammende Großfamilie betreibt dieses Lokal seit vielen Jahren mit Elan, viel Freundlichkeit und einer angenehmen Prise Humor, das Preis-Leistungs-Verhältnis ist ausgezeichnet.

Stilles Viertel

Geht man nun weiter zwischen Süleiman-Moschee und Türkischer Bibliothek hindurch, zweigt sogleich nach rechts die Odos Ippodamou ab, die dem berühmten Städtebauer Hippodamos von Milet gewidmet ist, der im 5. Jh. v. Chr. lebte und nach dessen Bauprinzip die Stadt angelegt wurde. An dieser Ecke dient das ehemalige osmanische Imaret, das eine Art höherer Koranschule beherbergte, heute als stilvolles Art-Café. Jetzt beginnt der vielleicht romantischste und stillste Streckenabschnitt des Rundgangs. Folgen Sie zunächst der Odos Ippodamou bis zur ersten Seitengasse links, der Odos Archelaou, die nach einem makedonischen König aus dem 4. Jh. v. Chr. benannt ist. Sie führt auf die ❽ **Platia Arionos**, einen Platz mit modernen Lounge-Cafés in alten Häusern, der Sultan-Mustafa-Moschee und dem noch immer für Reinigungsbäder genutzten Türkischen Bad. Eine besonders schmale Gasse, die nach dem Begründer der stoischen Philosophie benannte Odos Zinonos (Zenon), führt rechts an der Sultan-Mustafa-Moschee abwärts.

An ihrem Ende wendet man sich nach rechts und geht auf der Odos Agios Fanouriou durch die Jahrhunderte. Auch an dieser Gasse gibt es Pensionen, einige wenige Lokale, das Café Klimt mit Wiener Kaffeehausspezialitäten, einen Mini-Markt und eine Kunstgalerie; vor allem dienen die Häuser aber Wohnzwecken. Nach etwa 120 m geht es dann nach links auf die ❾ **Platia Dorieos** mit der Redjeb-Pasha-Moschee und dem Internet-Café Mango, in dem Sie auch zu später Stunde auf der lauschigen Terrasse E-Mails aus dem Mittelalter versenden können.

An der Südseite des Platzes führt ein torähnlicher Mauerdurchbruch auf die Odos Omirou, die Homer-Straße. Folgen Sie ihr nach links

und gehen unmittelbar vor ihrer Einmündung in die Odos Pythagora zur alten ⑩ **Windmühle** hinauf, können Sie von dort aus noch einmal einen sehr schönen Blick über die inzwischen wohl nächtliche Altstadt aufs Meer werfen.
Die Pythagoras-Straße führt an einigen Ruinen aus Antike und byzantinischer Zeit abwärts und an der sehr romantischen ⑪ **Café Bar Anakáta** vorbei. Sie wird von Künstlern betrieben, die in den Räumlichkeiten auch ausstellen. Man sitzt ausgezeichnet zwischen Jasmin und Bougainvilleen auf einer kleinen Terrasse und kann hier auch nur einen Salat oder einen Drink bestellen. Kurz darauf

Überall angeboten: griechischer Salat

erhebt sich links der Odos Pythagora die Ibrahim-Pascha-Moschee. Sie liegt an der kleinen ⑫ **Platia Damagitou,** um die herum zahlreiche kleine Cafés und Musik-Bars allabendlich gut besucht sind.

Von der Platia Damagitou, gehen zwei Gassen als Zentren des altstädtischen Nachtlebens jüngerer Einheimischer aus: Die nach Süden führende Odos Sofokleous und die nach Norden führende Odos Evripidos. Hier hört man in kleinen Bars zu Cocktails, Whiskys und Bier moderne internationale und griechische Musik, spielt Távli oder Trivial Pursuit, griechisches Monopoly, Scrabble oder Schach.

Gassen für junge Leute

Ganz in der Nähe öffnet eines der berühmtesten rhodischen Musiklokale an Freitag- und Samstagabenden um Mitternacht seine Pforte: das ⑬ **Café Chantant**. Es ist beileibe kein Café, sondern vielmehr eine einzigartige Variante des Typus Bouzoúkia. Hierhin geht man mit seiner »paréa«, wenn es etwas zu feiern gibt oder auch einfach nur aus guter Laune heraus. Man sitzt zusammen am Tisch, bestellt zumeist Whisky flaschenweise, Cola und Wasser dazu. Da ein Grieche nie Alkohol trinkt, ohne dazu zumindest eine Kleinigkeit zu essen, kommen auch Nüsse, Chips oder mit Zimt bestreute Apfel- und Orangenscheiben auf den Tisch. Nahezu ohne Unterbrechung spielt dazu griechische Live-Musik. In dem Lokal, das ungewöhnlich klein ist und sich deswegen nur Café nennt, stehen bis zu zehn Musiker und Sänger auf der Bühne. Wenn die Stimmung steigt, äußern die Gäste auch Musikwünsche, denen sie mit einem nicht zu kleinen Euro-Schein für die Künstler Nachdruck verleihen. Erklingt das gewünschte Lied, tanzt die Paréa des Bestellers.

Musikalischer Abschluss

REISEZIELE VON A BIS Z

Es gibt viel zu entdecken: Schlendern Sie durch die romantischen Altstadtgassen von Rhodos-Stadt, besuchen Sie die Akropolis von Lindos oder genießen Sie die Sonne an den schönsten Stränden der Insel.

Afántou

✳ D/E 2

Griechisch: **ΑΦάντου**
Einwohnerzahl: 5400

Nur zwei Kilometer trennen den im Hinterland gelegenen Ort Afántou von einem schattenlosen, kilometerlangen Strand. Das Dorf zwischen Rhodos-Stadt und Líndos ist unscheinbar und daher auch nicht überlaufen. Es besitzt den einzigen Golfplatz der Insel.

Das »unsichtbare« Dorf
Der Name des Ortes Afántou (gesprochen: Afándu) bedeutet »unsichtbar«; tatsächlich ist der alte Dorfkern vom Meer aus nicht zu sehen. Das hat einen historischen Grund: Die antike Siedlung Brikindara an der Küste wurde im 7. Jh. von sarazenischen Piraten zerstört. Um vor solchen Überfällen in Zukunft sicher zu sein, bauten die überlebenden Bewohner ihre Häuser ein Stück landeinwärts wieder auf.

> **? BAEDEKER WISSEN**
>
> ### Verbundenheit mit Deutschland
>
> Zu Deutschland hat Afántou eine besondere Verbindung: In den 1960er-Jahren zogen einige Bewohner in die nordrhein-westfälische Industriestadt **Gummersbach**. Heute sollen mindestens 1000 Personen aus Afántou dort wohnen. Deshalb unterhält das Dorf seit 2001 eine offizielle Städtepartnerschaft mit der deutschen Stadt. In Afántou gibt es sogar einen Gummersbach-Platz mit dem gleichnamigen Café – ein Zeichen für Verbundenheit mit der Stadt.

SEHENSWERTES IN AFÁNTOU

Es gibt in Afántou nur wenige Hotels, aber etliche Ferienwohnungen. Reizvoll ist die **Platía** mit vielen Lokalen unter schattigen Bäumen. Der lange, etwas eintönige, aber nie überfüllte **Kiesstrand** von Afántou hält ein umfassendes Angebot an Wassersportarten und Tavernen bereit. Golfer können in dem beim Strand gelegenen **18-Loch-Golfplatz**, dem einzigen auf Rhodos, ihrem Sport nachgehen.

Museum
Die kleine Ausstellung neben der Kirche zeigt örtliche Handwerkskunst, Kleidung sowie sakrale Gegenstände aus byzantinischer Zeit.
● Tgl. 10.00 – 12.00, 17.00 – 20.00 Uhr; oft wegen Personalmangels geschl.

Katholikí Afántou
Die ungewöhnliche Kirche Katholikí Afántou östlich des Dorfes am Weg an einer Straße zum Strand wurde auf dem Gebiet des antiken Brikindara erbaut. Von der frühchristlichen Basilika aus dem 5./6. Jh. sind noch einige Reste erhalten, vor allem die Apsis des Mittelschiffs.

Afántou erleben

VERANSTALTUNGEN
Am letzten Sonntag vor der Fastenzeit: Verbrennen des »König Karneval«, ein alter Faschingsbrauch. Am Abend des Karfreitags Prozession durchs Dorf kurz vor Mitternacht, die ganze Nacht über bleiben Gläubige in der Kirche.

ESSEN
Avantis €€€
An der Strandstraße Afantou – Kolymbia, 100 m vom Hotel Reni entfernt
Tel. 22410 5 12 80
Hierher kommen die Griechen am Wochenende zum Fischessen, dennoch ist das Restaurant nur während der Saison von April bis Oktober geöffnet.

To Fresko €€
In Richtung Strand gelegen
Tel. 22410 5 30 77
Die etwa 200 m vom Strand entfernt gelegene Taverne gehört einem örtlichen Fischer. Die Küche ist in den Händen seiner Schwester und seiner Frau. Das Brot backen die Wirtsleute selbst im traditionellen Holzbackofen.

Katholikí €
In Richtung gelegen
Tel. 22410 5 20 66
Die Speisekarte ist zwar klein, offeriert aber die typische regionale Küche zu günstigen Preisen. Gemeinsam mit griechischen Familien sitzt man hier auf einer überdachten Terrasse.

ÜBERNACHTEN
Oasis €
Tel. 22410 5 17 71
www.oasis-hotel.gr
Familienfreundliche abgeschiedene Hotel- und Bungalowanlage zwischen Bäumen, etwa 1 km vom Strand entfernt und 15 Min. Fußweg nach Afántou; bei deutschen Gästen beliebt; Zimmer und Studios bis zu 5 Personen sowie Swimmingpool.

Die tonnengewölbte Kirche wurde nach Zerstörungen immer wieder aufgebaut und stammt in ihrer heutigen Form aus dem 12. bis 16. Jh., wobei man Säulen und Kapitelle als Spolien verwendete. Zudem sind Teile des Marmorfußbodens der frühchristlichen Kirche erhalten. Die seltene gemauerte Ikonostase wird nach oben von frühchristlichen Konsolensteinen abgeschlossen. Nur schlecht erhalten sind die großteils aus dem 16. Jh. stammenden Fresken.

UMGEBUNG VON AFÁNTOU

Das 8 km nordwestlich gelegene Psínthos ist ein grünes und noch sehr »griechisches« Dorf. In den **Tavernen am Dorfplatz** kann man gut essen, vor allem im Restaurant Smaragd. Psínthos hat geschichtliche Bedeutung: Hier siegten 1912 die Italiener über die Türken und brachten die Insel unter ihre Herrschaft. Mehr als 30 Jahre hat es dann noch gedauert, bis die Insel zu Griechenland kam.

Psínthos (Ψίνδος)

Lohnenswert ist ein Spaziergang zur **Fasoúli-Quelle** westlich des Ortes, die man ganz nahe der kleinen Straße Richtung Archípolis findet. Die **Taverne Artemida** an dieser Straße ist eines der besten Landrestaurants der Insel, das an Wochenenden auch viele Einheimische anlockt.

Agía Triáda
(Αγία Τριάδα)

Die kleine einschiffige, tonnengewölbte **Kirche** Agía Triáda (2 km südlich von Psínthos) stammt wohl aus dem 14. Jahrhundert. Schon in der Antike stand hier ein Heiligtum, später eine frühchristliche Kirche. Teile dieser beiden Gebäude wurden wiederverwendet. Die etwa 20 restaurierten Freskenfelder gehen auf die Jahre 1407/1408 zurück, wie die Inschrift rechts neben der Tür belegt, wo die Stifterin, eine Nonne, mit dem Kirchenmodell dargestellt ist. Der Altar besteht im unteren Teil aus einer frühchristlichen Marmorsäule. Ein weiterer antiker Altar mit Stierköpfen und Girlanden deutet darauf hin, dass auf dem Areal möglicherweise ein Quellheiligtum lag.

Straußenfarm

Etwa 2 km vor Petaloúdes (s. u.) führt nach rechts eine Straße knapp 1 km zur Straußenfarm. Hier kann man über 250 Strauße, aber auch Ziegen, Schafe und andere Streicheltiere beobachten. Außerdem stehen Kamelritte auf dem Programm. In der Snackbar werden Straußen-Burger und handgearbeitete Produkte aus Straußenleder wie Taschen und Gürtel angeboten.
Tgl. 9.00 – 19.30 Uhr; Eintritt: 4,50 €

*Petaloúdes
(Πεταλούδες)

Früher schwirrten im Sommer unzählige Schmetterlinge (petaloúdes) in dem berühmten, 5 km langen Tal (16 km nordwestlich von Afántou) herum, wohl hauptsächlich angelockt von dem Duft des Harzes der Amberbäume, die es sonst nur in Kleinasien gibt. Dass die Russischen Bären (Callimorpha quadripunctaria) – auch unter dem Namen »Spanische Fahnen« bekannt – weniger geworden sind, liegt daran, dass viele Touristen die Tiere durch Händeklatschen, Rufen oder Steinewerfen aufscheuchten, um sie besser sehen zu können. Durch das Auffliegen verlieren die Schmetterlinge jedoch Energie, und die Paarung wird gestört. Ein Ausflug in das kleine Tal lohnt sich auf jeden Fall. Der Bach, der das ganze Jahr über Wasser führt, macht das Tal zu einem idyllischen Fleckchen Erde. Auch im Hochsommer ist es durch das üppige Grün angenehm schattig und kühl. Das Tal besitzt drei Eingänge. Bei einem kleinen Wasserfall gibt es eine lauschige **Taverne** unter Bäumen. Man geht zunächst über eine Brücke und dann links den Bach entlang das Tal

> **! BAEDEKER TIPP**
>
> *Probieren Sie!*
>
> An der Straße von Petaloúdes zur Westküste findet man das kleine Weingut Triantafillou, in dem man Weine probieren und kaufen kann. Außerdem ist es möglich, der Herstellung von Likören und Schnäpsen zuzusehen.

Petaloúdes: idyllisches und schattiges Tal, auch ohne Schmetterlinge

hinauf bis zur Straße mit dem mittleren Eingang. Anschließend steigt man dann weiter das steilere Tal hinauf, begleitet von kleinen Wasserfällen. Vom oberen Ausgang des Tales erreicht man über eine Steintreppe nach 300 m das im Jahr 1782 gegründete **Kloster Kalópetra**. Hier kann man nach dem anstrengenden Aufstieg im Kafenío eine Rast einlegen und dabei den schönen Ausblick genießen. Die Klosterkirche besitzt eine kunstvoll gearbeitete Ikonostase.

In dem kleinen naturgeschichtlichen **Museum** beim unteren Eingang ist eine Schmetterlingssammlung ausgestellt, und man erhält einen Einblick in die griechische Pflanzenwelt.

Tal: Mitte Juni – Mitte Sept. 8.00 – 18.00 Uhr, sonst bis Sonnenuntergang; Eintritt: 5 € in der Saison

Apolakkiá

B 3

Griechisch: Απολακκά
Einwohnerzahl: 600

Das für griechische Verhältnisse relativ große, schlichte Dorf im Südwesten von Rhodos zieht nur wenige Touristen an, die vor allem auf einer Inselrundfahrt hier haltmachen. Die Küste zwischen Apolakkiá und Kattaviá ist eine einsame wilde Landschaft von herber Schönheit mit langen, oft leeren Stränden.

Apollakiá erleben

ESSEN
Chrisama A
Die Strandtaverne liegt rund 4 km südlich von Apolakkiá. Die Küche bietet die üblichen regionaltypischen Speisen. Fisch gibt es nur, wenn ein befreundeter Fischer erfolgreich war, dann ist er natürlich ganz frisch. Der eigentliche Trumpf des Hauses: ein Blick auf die Bucht von Apolakkiá und Monólithos, auf das Meer und die Inseln.

ÜBERNACHTEN
Amalia €
Tel. 22440 6 13 65, 15 Z.
Modernes, freundliches Familienhotel an der zentralen Platía, das über saubere Zimmer mit Balkonen verfügt. In der dazugehörigen Taverne wird einfache griechische Küche serviert.

ESSEN/ÜBERNACHTEN IN LACHANIÁ
Chrissi Taverna €
Tel. 22440 4 60 33
Unter die Fittiche des Dorfpriesters Papageorgiou und seiner Frau Chrissi wird man in seiner Taverne genommen, in der er oftmals auch selbst in den Töpfen rührt. Die Atmosphäre ist typisch griechisch, das Essen sehr gut. Auf den Tisch kommt überwiegend Gemüse aus dem Anbau des Priestersohns. Doch der Pope hat noch mehr zu bieten: Er vermietet auch ein altes Bauernhaus und zwei weitere Wohnungen im Ort. Da die Unterkünfte sehr gefragt sind, sollte man vorab reservieren.

Lachania €
Östlicher Ortsrand
Tel. 22440 46 19 21
Das Lachania ist ein preiswertes Hotel mit einfachen Zimmern. Es ist eine gute Station, wenn man als Autofahrer vor hat, in den Tavernen dem Wein zuzusprechen.

Platanos €
Tel. 224 40 460 27
Die Taverne hat sich an der hübschen Platia angesiedelt. Ihr größter Vorteil: die Lage abseits vom Verkehr direkt neben der Dorfkirche.

Entlegener Ort Hinter den einsamen Stränden des Gebietes ohne jegliche touristische Einrichtungen dehnen sich Dünen und niedriges Gestrüpp auf steinigem Boden aus. Apolakkiá ist das Zentrum des fruchtbaren Beckens, das sich vom Akramítis-Massiv etwa 13 km entlang der Westküste nach Süden erstreckt. An dem Ort ist der Massentourismus fast spurlos vorbeigegangen. Das Leben geht seinen beschaulichen Gang. Die Menschen bestreiten ihren Lebensunterhalt überwiegend aus dem Anbau von Getreide und Melonen. Die **wenigen Besucher**, die ihren Urlaub in dem Dorf verbringen, sind meist Stammgäste, die schon seit Jahren bei demselben Wirt wohnen, und Wanderer. Wohl fühlt sich hier der Urlauber, der keinen Strand vor der Haustür braucht, aber auf Kontakt mit Einheimischen Wert legt. In Apolakkiá gibt es ein kleines Hotel und einige Tavernen mit einfachen griechischen Gerichten.

UMGEBUNG VON APOLAKKIÁ

Das Kirchlein Ágios Geórgios ó Várdas, 4 km nördlich von Apolakkiá gelegen, stammt aus dem Jahr 1290. Der heutige Bau ist eine tonnengewölbte **Einraumkapelle** mit einer für Rhodos typischen, außen dreiseitig gestalteten Apsis. Das Satteldach ist zum größten Teil noch mit byzantinischen Ziegeln gedeckt. Von den in der Erbauungszeit der Kirche entstandenen **Fresken** – mit die ältesten von Rhodos – beeindrucken u. a. der Einzug Jesu in Jerusalem mit einem dem humanistischen Ideal der Spätantike verpflichteten Menschenbild und die Himmelfahrt Christi mit den skeptisch und ängstlich zuschauenden Aposteln.

Ágios Geórgios o Várdas (Άγιος Γεώργιος ο Βάρδας)

Das 10 km entfernte Dorf Monólithos in Richtung Norden ist vom Meer aus nicht zu sehen; dadurch schützten sich die Bewohner vor Piratenüberfällen. Da es außer einer exzellenten Taverne nichts Besonderes bietet, dient es den meisten als Durchgangsstation zum gleichnamigen **Felskegel mit einer imposanten Johanniterburg**. Sehr beeindruckend erhebt sich der 240 m hohe Monólithos (»einzelner Fels«) in der Landschaft. Die erste und gleichzeitig schönste Aussicht auf den Felsen hat man von der Straße von Monólithos kommend. Auf dem Plateau hatten die Johanniter unter dem Großmeister Pierre d'Aubusson die Burg erneuert. Erhalten geblieben

*Monólithos (Μονόλιθος)

Auf dem Monólithos thronen die Überreste einer Johanniterburg.

ZIELE • Apolakkiá

> **BAEDEKER TIPP**
>
> ### Der Akramítis ruft
>
> Eine schöne, teilweise allerdings steile Wanderung, die mit roten Punkten markiert ist, führt von Siána in 2 ½ Stunden auf den 825 m hohen Berg Akramítis. Die Tour beginnt am Ortsfriedhof, zwischen Monólithos und Siána gelegen, an einem Mäuerchen mit gelbem Pfeil. Der Wanderer kommt durch eine felsige, teils bewaldete Landschaft und wird schließlich mit einer herrlichen Aussicht belohnt.

sind nur die Mauern, eine dem hl. Panteleïmon geweihte, weiß gekalkte Kapelle, die Ruine einer weiteren Kirche sowie ein paar Reste von Gebäuden und Zisternen. Der Aufstieg zum Kastell führt über schmale steinerne Treppenstufen. Von oben genießt man einen herrlichen **Ausblick** auf die Küste. Hinterher ist die preisgünstige **Taverne Old Monólithos** im Ortszentrum ein guter Platz, um neue Kräfte zu tanken. Das Wirtsehepaar Manolis und Despina verwöhnt seine Gäste mit verfeinerter rhodischer Küche. Nach Regenfällen gibt es meist auch Schnecken.

Kap Foúrni
(Ακρωτίρι Φούρνοι)

Zwei sehr hübsche **Kiesstrände** breiten sich am pinienbewachsenen Kap Foúrni (5 km südlich des Kastells Monólithos) aus; inzwischen gibt es hier eine Taverne. Kurz bevor die Straße am zweiten Strand endet, sieht man rechts auf einem Felsblock ein **antikes Relief**. Dieses stellt den Fährmann Charon dar, der die Seelen der Toten in die Unterwelt bringt. Auf der Südseite des Felsvorsprungs dahinter sind hellenistische, römische und frühchristliche **Höhlengräber** zu entdecken. Ein Pfad führt zu einer frühchristlichen Höhlenkapelle; im Scheitel der Tonnengewölbe ist ein Kreuz in den Felsen gehauen. Auf der Spitze des Kaps steht ein rundes Bauwerk, entweder ein Leucht- oder ein Wachtturm.

Siána (Σιάνα)

Das kleine Dorf Siána an den Hängen des Akramítis-Berges (4 km nordöstlich von Monólithos) hat vom Tourismus noch recht wenig mitbekommen. Die Reisegruppen, die auf ihrer Inselrundfahrt hier Halt einlegen, bleiben meist nur, um zu essen und einen Rundgang durch die steilen, engen Gassen zu machen. Kunstgeschichtlich Interessierten bietet Siána die im Verhältnis zur Größe des Ortes riesige neobyzantinische **Ágios-Panteleïmon-Kirche** (1892), die mit Fresken geschmückt ist und eine aufgemalte Uhr besitzt. Auf einer Anhöhe oberhalb des Dorfes erhebt sich die **Ruine einer Johanniterordensburg**. Die Spezialitäten des Ortes sind Honig und Soúma, ein starker Tresterschnaps.

Arnítha (Αρνίθα)

Zwischen Gennádi und Apollakiá liegt der Ort Arnitha. Bemerkenswert ist die kleine Kirche **Ágios Nikon** oberhalb des Ortszentrums mit ihren Wandmalereien aus dem 14. Jh., von denen vor allem die Darstellung des Namenspatrons relativ gut erhalten ist.

Wenn man von der Hauptstraße von Apolakkiá nach Gennádi in nördlicher Richtung nach Istríos abbiegt und gut einen Kilometer fährt, erkennt man die Ruinen von **Agía Irini** mit frühchristlichen Kirchen (6. Jh.). In einer Kirche sind noch Fragmente eines Fußbodenmosaiks erhalten.

Die weitläufige Streusiedlung Istríos breitet sich etwa 6 km weiter nördlich inmitten von Gärten und Olivenbäumen aus. Die kleine **Ágios-Merkoúrios-Kirche** (11./12. Jh.) auf dem Friedhof ist eine Einraumkapelle, die aus Quadern mit Zwischenlagen aus Ziegeln besteht. Im Innern sieht man auf einem Fresko wohl aus dem 15./16. Jh. den Kirchenpatron überlebensgroß.

Istríos
(Ιστίος)

Von dem 3 km südöstlich von Istríos hoch am Berg gelegenen Dorf Profília mit weißen kubischen Häusern kann man eine herrliche **Aussicht** genießen. Die **Ágios-Geórgios-Kirche** ist mit gut erhaltenen volkstümlichen Fresken aus dem 16./17. Jh. ausgeschmückt.

Profília
(Προφίλια)

In Mesanagrós (15 km südlich von Apolakkiá) in den Kukoúliari-Bergen scheint die Zeit irgendwann stehengeblieben zu sein (die Straße Apolakkiá – Mesanagrós ist in sehr schlechtem Zustand). Die ca. 60 Bewohner des Dorfes leben zumeist noch in den traditionellen Ein-Zimmer-Häusern. Viele junge Menschen sind weggezogen. Einst war Mesanagrós Siedlungszentrum und Bischofssitz der Region.
In frühchristlicher Zeit erhob sich hier eine große Basilika. Die **Dorfkirche Kímisis tis Theotókou** (»Mariä Entschlafung«) wurde auf

Mesanagrós
(Μεσαναγρός)

Beim Bau der Kirche in Mesanagrós wurden antike Teile verwendet.

ihren freigelegten Grundmauern erbaut. Die dreischiffige sogenannte Basilika A stammt aus dem 5. Jh., wurde aber bereits im 6./7. Jh. durch Basilika B ersetzt. Im 13. Jh. entstand die heutige Kirche im Mittelschiff der Vorgängerbauten, von denen zahlreiche Spolien verwendet wurden, z. B. eine über dem Nordportal eingemauerte Marmorsäule mit Kreuz aus der Basilika A. Aus dieser stammen auch die Kapitelle und Säulen, auf die sich die Gurtbögen der Kapelle stützen. Das schönste Stück aus Basilika A ist ein marmornes Taufbecken in Form eines griechischen Kreuzes. Zudem sieht man noch Fragmente des Fußbodenmosaiks und des aus Tonscherben verlegten Fußbodens der Vorhalle von Basilika A. Von den Fresken des 14. und 15. Jh.s sind nur wenige Fragmente erhalten. Erwähnenswert ist die seltene Darstellung des Melismos (»Opferlamm«) in der Apsis. Nur noch zweimal im Jahr finden in der Kirche Gottesdienste statt – am 15. und 23. August, wenn Mariä Himmelfahrt gefeiert wird.

Ágios Thomás (Άγιος Θωμας)
Etwa 4 km südöstlich von Mesanagrós steht in schöner Landschaft das Kirchlein des hl. Thomas. Sein großer Festtag ist der **»Thomas-Sonntag«**, der auf den Ostersonntag folgt. Am Tag davor wird vor der Kirche ein großes Volksfest gefeiert. Die tief eingesunkene Kreuztonnenkirche geht vielleicht auf das 13. Jh. zurück, die Fresken wurden im 14./15. Jh. ausgeführt, später aber teilweise übermalt. An der Nordwand sieht man den hl. Thomas, der die Seitenwunde Christi berührt.

Lachaniá (Λαχανιά)
Fährt man von der Ágios-Thomás-Kirche 6 km weiter nach Süden, erreicht man das **Künstlerdorf** Lachaniá (300 Einw.), das sich durch eine sehr schöne Lage im Hügelland nahe der Ostküste auszeichnet. Der kleine Ort wurde in den 1980er-Jahren von ausländischen Aussteigern und auch von Künstlern entdeckt, die die einheimischen Häuser stilvoll und schön renovierten. Am südlichen Dorfrand wurde im Jahr 1760 eine Kirche mit beachtlichem barockem Glockenturm erbaut. Das interessanteste Ausstattungsstück ist das frühchristliche Taufbecken (6. Jh.) an der Südseite.

> **! BAEDEKER TIPP**
>
> *Ruhige Rast*
>
> Ein malerisches Plätzchen ist die kleine Platía in Lachaniá, wo man unter schattigen Bäumen und bei plätscherndem Brunnen angenehm ausspannen kann. Für eine Erfrischung sorgt hier die Taverne Platanos (◉) www.lachania.platanos.com.

Plimmíri (Πλιμίρη)
Der Ort Plimmíri (»Hochwasser«) breitet sich 6 km südlich von Lachaniá am Nordende einer weiten Bucht mit dunklem Sandstrand aus. In der Gegend von Plimmíri befand sich in der Antike die Stadt Ixion, die bis heute noch nicht gefunden wurde. Die kleine **Kirche Zoodhóchos Pigí** (»Lebensspendender Quell«, Beiname Marias) an

der Rückseite der Strandtaverne steht auf den Grundmauern einer Basilika aus dem 5./6. Jahrhundert. Sie gehört wie die umliegenden Bauten zu einem 1837 gegründeten Kloster. Bei ihrem Bau wurden zahlreiche antike und frühchristliche Bauteile verwendet, die zu den schönsten der Insel gehören. Die Kirche, die man durch einen Torbogen erreicht, verfügt über einen offenen Narthex (Vorhalle). Vor einem Brunnen hier befindet sich als Becken der umgedrehte Marmorboden einer Kanzel mit einem auf einer Scheibe stehenden Kreuz. Nördlich des Narthex sieht man noch Überreste eines Mosaikfußbodens.

Das im 13. Jh. gegründete **Kloster**, 10 km südlich von Apolakkiá (über die Küstenstraße zu erreichen) in herrlicher Lage oberhalb der Küste, ist vor allem für die **Ikone der Panagía Skiadiní** (▶Abb. S. 154) berühmt, die als die wertvollste von Rhodos gilt. Mit der Klostergründung ist eine Legende verbunden: Drei Eremiten fanden in dieser Gegend am Strand eine Ikone der Muttergottes und brachten sie in ihre Höhle in dem Glauben, sie sei vom Evangelisten Lukas gemalt worden. Am nächsten Tag war sie verschwunden. Nach langem Suchen fanden die Männer das heilige Bild in den Ruinen eines antiken Tempels. Daraufhin bauten sie an dieser Stelle eine Kirche mit Kloster. Es ist durchaus möglich, dass hier einst ein antiker Tempel stand. Die kleine Klosterkirche, eine Kreuzkuppelkirche mit dreiseitiger Apsis, wurde 1861 als Altarraum in die neue große Kirche eingebaut. Die Fresken stammen aus dem 19. Jahrhundert.

Skiádi
(Σκιάδι)

Die berühmte Ikone befindet sich an der Ikonostase: Vergoldetes und getriebenes Silberblech bedeckt bis auf Gesicht und Hals die Figuren der Muttergottes und des Jesuskindes. Die Beschädigung auf der rechten Wange Marias soll von einem türkischen Offizier stammen, dessen Arm nach der Untat gelähmt wurde. Nachdem er auf sein Gebet hin von der Panagía (Maria) wieder geheilt worden war, trat er zum Christentum über. In den Wochen um Ostern reist die Ikone nach einem genau festgelegten Plan für jeweils einen oder mehrere Tage in die Dörfer der Umgebung und auf die Insel Chálki. Sie bleibt nachts in der entsprechenden Dorfkirche oder darf – nach opulenter Spende – in einem Privathaus »übernachten«. Da das heilige Bild als wundertätig gilt, kommen das ganze Jahr über Pilger zum Kloster.

❶ Geschlossen: 13.00 – 16.30 Uhr

Um den hübschen Dorfplatz von Kattaviá, dem südlichsten Ort von Rhodos, reihen sich Cafés und Tavernen. Alte Windmühlen am Ortseingang erinnern an den intensiven Getreideanbau, der hier wirtschaftlich in der Bedeutung immer noch vor dem Tourismus liegt. Am südlichen Ortsrand findet man die **Friedhofskirche Kímisis tís Theotókou** (»Mariä Entschlafung«) – nach dem Schlüssel am Dorfplatz fragen. Der ältere Teil, eine Kreuzkuppelkirche mit kurzen

Kattaviá
(Κατταβιά)

Querarmen und einer dreiseitigen Apsis, stammt wahrscheinlich aus dem 14. Jahrhundert. Der westliche Anbau (vermutlich 17. oder 18. Jh.) setzt sich aus zwei Raumteilen, dem Narthex und dem Beinhaus, zusammen. Die Fresken entstanden im 17. Jahrhundert.

*Prassonísi
Abb. S. 98
(Πρασονήσι)

Die kleine »grüne Insel« Prassonísi – sie ist aber viel karger, als ihr Name vermuten lässt – markiert das südliche Ende von Rhodos. Der hiesige **herrliche Sandstrand** mit weißen Dünen zieht immer mehr Besucher an. Die Insel, die bis vor Kurzem noch durch einen schmalen Isthmus mit dem Festland verbunden war, erreicht man südlich von Kattaviá über eine 8 km lange Straße.

Prassonísi ist vor allem ein **Paradies für Surfer**, die in der westlichen Bucht besonders im Juli und August den starken Meltemiwind vorfinden. Dieser macht allerdings auch das Sonnen unangenehm, wenn der Sand auf die Haut prasselt. Zwei Surfschulen bieten ihre Dienste an. Außerdem gibt es einige Tavernen und Übernachtungsmöglichkeiten. Man kann über den Isthmus zum 2 km entfernten Kap spazieren. Man sollte allerdings nur bei maximal knöchelhohem Wasser gehen, bei hohem Wellengang kann der Spaziergang nämlich lebensgefährlich sein!

Vrouliá
(Βρουλιά)

An der äußersten Südspitze von Rhodos wurde die **antike Siedlung** Vrouliá (7. Jh. v. Chr.) ausgegraben, die nur besonders archäologisch interessierten Besuchern zu empfehlen ist, denn es sind nur sehr wenige Reste erhalten. Zu der Ausgrabungsstätte gelangt man, indem man am Strand von Prassonísi bei einem Generatorhäuschen den rechten Weg einschlägt, der nach 1 km zu einem kleinen Fischerhafen führt. Auf dem Steilfelsen breitet sich die Siedlung Vrouliá aus. Links oberhalb sieht man zunächst die Grundmauern einer wohl frühbyzantinischen Kirche, deren Fußbodenmosaik teilweise noch erhalten ist. Auf der rechten Seite sind noch die Reste eines Heiligtums vorhanden. Auf dem Hügel zieht sich eine lange Mauer hin, an die Häuser aneinandergebaut sind und die in einen Platz mündet.

Archángelos

D 2

Griechisch: Αρχάγγελος
Einwohnerzahl: 6000

Die zweitgrößte Stadt von Rhodos breitet sich in einem fruchtbaren Tal voller Olivenbäume im Osten der Insel aus. Der historische Kern mit seinen engen Gassen wird durch die Hauptstraße vom modernen Stadtteil getrennt, in dem sich die Hotels angesiedelt haben.

Archángelos erleben

ESSEN
Dimitis
Tel. 22440 2 41 94
An der Zufahrtsstraße zum Stégna-Strand findet man die beschauliche Familien-Taverne. Der Wirt hat immer Zeit für eine Plauderei und preist seine Spezialität an: Fisch vom Grill.

Hellas ⊜
Rustikale Gemütlichkeit und gute griechische Küche kommen bei dieser Taverne im Ortszentrum zusammen.

Georgios Mavros ⊜
An der Hauptstaße bei der Post
Die traditionelle, preisgünstige Taverne mit einer schattigen Terrasse ist bei Einheimischen und Touristen beliebt. Spezialität des sehr gut Deutsch sprechenden Wirts Manólis, dem Sohn des Namensgebers der Taverne, sind Lamm und Zicklein, meist aus der Herde seines Bruders.

Das hier servierte Souvláki aus Schweinefleisch gehört zu den größten der Insel. Morgens geäußerte Sonderwünsche nach bestimmten Speisen werden abends von Mama erfüllt, die in der Küche agiert.

ÜBERNACHTEN
Semina ⊜
Tel. 22440 2 22 10
Apartmenthaus mit Garten in einer ruhigen Wohngegend, 300 m vom Ortszentrum entfernt. Es gibt keine Verpflegung. Kleiner Pool.

»Erzengel«-Dorf
Hier ist teilweise noch das bewahrt, was die Faszination eines griechischen Ortes ausmacht: schmale Gassen mit weiß gekalkten Häusern im traditionellen Baustil, z. T. sogar mit auffällig bemalten Tür- und Fensterrahmen. Im Unterschied zu manchen kleineren Orten ist das »Erzengel«-Dorf (»Archángelos«) noch sehr lebendig, wozu auch der Tourismus beiträgt. Er erhält auch die traditionell in dem Dorf angesiedelten **Keramikwerkstätten** am Leben, die sich vor allem entlang der Hauptstraße Rhodos-Líndos niedergelassen haben.

SEHENSWERTES IN ARCHÁNGELOS

Micháil Archángelos
Das Ortsbild wird von dem hellen »Zuckerbäcker«-Glockenturm der Micháil-Archángelos-Kirche geprägt, der zwischen den weißen Häusern des alten Archángelos hervorragt. Er ist eine Hinterlassenschaft der italienischen Besatzer vom Anfang des 20. Jh.s, die Kirche selbst stammt aus dem Jahr 1845. Am interessantesten an der Kirche ist das für Rhodos ganz typische Chochláki-Muster im Innenhof.

ZIELE • Archángelos

> **BAEDEKER TIPP**
>
> ### Keramik vom Feinsten
>
> Eine gute Adresse für traditionelle Keramik ist die alteingesessene Töpferei von Giaseranis Stefanos, der bei der Gestaltung von der Volkskunst und der Antike inspiriert wird. Man findet die Werkstatt am Ortseingang von Archángelos nach dem Health Centre.

Am Ortsrand erhebt sich auf einem Hügel ein **Kastell der Johanniter**, das 1467 fertiggestellt wurde. Neben dem Eingang links erkennt man das Ordenswappen und die Wappen von Großmeistern. Von dem Kastell sind teilweise bis in beachtliche Höhe aufragende Mauern und im Innern die kleine Ágios-Ioánnis-Kapelle erhalten. Von hier eröffnet sich ein schöner Blick auf den Ort.

UMGEBUNG VON ARCHÁNGELOS

Stégna (Στέγνα) Stégna (3 km östlich von Archángelos) ist ein kleiner **Badeort** mit großem Ferienclub und vielen kleinen Pensionen sowie Apartmenthäusern. Der Hauptstrand zieht sich unterhalb der Uferstraße entlang und bietet gute Wassersportmöglichkeiten. Es gibt allerdings keinen Linienbusverkehr hinauf nach Archángelos oder gar in die Inselhauptstadt, sodass man auf ein Fahrzeug angewiesen ist.

Ágios Theódoros (Άγιος Τεόδορος) Die äußerlich unscheinbare **Theodoren-Kirche**, nach zwei römischen Soldaten-Märtyrern benannt, steht etwa 2 km südlich von Archángelos links oberhalb der Straße nach Líndos. Die meisten der kostbaren **Fresken** von hervorragender Qualität gehen auf das Jahr 1377 zurück, nur die Darstellungen am Blendbogen der Nordwand stammen aus dem 16. und 17. Jahrhundert.

Charáki (Χαράκι) Der Ort Charáki (8 km südlich von Archángelos) breitet sich an einer halbrunden Bucht aus und wird von den Ruinen der Féraklos-Festung überragt. Große Hotels gibt es hier nicht, Individualurlauber überwiegen. Von Vorteil ist, dass sich hier etliche kleine Pensionen ohne trennende Straße direkt am überwiegend aus Kieselsteinen bestehenden Strand niedergelassen haben. Vor allem wegen seiner Lage direkt am Meer empfehlenswert ist das runde Restaurant Argo, wo der Reisende auch gute Parkmöglichkeiten vorfindet.
Charáki wird überragt von den Überresten der **Johanniter-Festung Féraklos**. Hier standen in der Antike die Akropolis und in byzantinischer Zeit eine Festung, die 1306 von den Johannitern erobert wurde. Im Jahr 1470 ließ Großmeister Giovanni Battista degli Orsini die Festung modernisieren. Benutzt wurde die Burg vor allem als **Gefängnis** für Kriegsgefangene und als Verbannungsort für Ritter, die sich etwas hatten zuschulden kommen lassen. Außerdem schützte sie die damals hier zahlreichen Zuckerrohrplantagen, deren Ernten in einer Zuckerraffinerie unmittelbar unterhalb der Burg verarbeitet

Der Ort Charáki schmiegt sich in eine kleine Bucht.

wurden. Von ihr haben Archäologen geringfügige Spuren freigelegt. Außer dem Mauerring ist von der Festung wenig erhalten. Von der Nordseite des Berges eröffnet sich ein schöner Blick über das fruchtbare Land um Malóna und Mássari sowie auf die Badebucht zu Füßen des Berges.

Unweit nördlich der Festung Féraklos verbirgt sich in dem Felsen oberhalb der nördlichen Buchtseite eine kunstgeschichtliche Kostbarkeit: die in den Stein gehauene Agía-Agáthi-Kirche. Die **Höhlenkirche** versteckt sich auf einer Felsterrasse bei einem Feigenbaum. Die meisten Fresken entstanden in der Erbauungszeit der Kirche (12./13. Jh.), einige allerdings erst im 15. und 16. Jahrhundert. Zu den ältesten Ausmalungen auf Rhodos zählen die Deesis und die Darstellungen von Kirchenvätern.

Der **Agáthi-Strand** nördlich der Féraklos-Festung ist ein feiner, flacher und damit kinderfreundlicher Sandstrand mit Sonnenliegen und -schirmen. Beach Bars sorgen fürs leibliche Wohl. Etwas von der Küste entfernt erkennt man eine antike Mauer der Stadt **Loryma**.

Agía Agáthi
(Αγία Αγάδη)

Málona
(Μάλωνα),
Másari
(Μάσαρη)

Málona (6 km westlich von Archángelos) ist ein hübscher Ort inmitten von Orangenhainen, in dem noch Bürgerhäuser mit historisierenden Stilelementen vom Anfang des 20. Jh.s vorhanden sind.
Um die unweit des Ortes gelegene **Agía-Iríni-Kirche** zu erreichen, biegt man von der Küstenstraße Rhodos – Líndos an der Kreuzung nach Charáki in Richtung Málona, dann etwa 500 m links ab. Der Altar des architektonisch harmonischen einschiffigen Gotteshauses (14./15. Jh.) besteht aus einem antiken Säulenstumpf mit einem mächtigen korinthischen Kapitell. Der Boden ist mit Chochláki (Kieselsteinen) belegt.
Drei Kilometer südlich von Málona kommt man nach Másari, dem Zentrum dieser fruchtbaren, landwirtschaftlich stark genutzten Gegend. Es hat seine Ursprünglichkeit noch weitgehend bewahrt.

Ágios Geórgios Lórima
(Άγιος Γεώργιος Λόρυμα)

Die kleine **Kirche** Ágios Geórgios Lórima (3 km südlich von Másari) enthält in ihrem Namen noch »Lórima«, die Bezeichnung dieser Gegend in der Antike. Das einschiffige Gotteshaus (14. Jh.) weist ein leicht spitzbogenartiges Gewölbe und eine ungewöhnlich schmale Apsis auf. Die qualitätsvollen, teilweise sehr volkstümlichen Fresken, mit denen das Innere geschmückt ist, gehen auf das dasselbe Jahrhundert zurück.

Kámiros
(Κάμιρος)

Zum **Kloster** Kámiros fährt man von Másari die alte gewundene Straße nach Líndos und schlägt nach Überquerung des meist ausgetrockneten Gadoúras-Flussbettes rechts die Straße ein, die nach gut 3 km zu der Anlage führt. Die Klosterpforte ist zwar verschlossen, aber der Schlüssel ist links oben hinterlegt. Innen links neben dem Eingang befindet sich eine Herdstelle, die früher von Pilgern genutzt wurde. Um den Hof sind die Zellenbauten der Mönche angeordnet. Die von einer mächtigen Zypresse gesäumte Kirche stammt aus dem 14./15. Jahrhundert. Im Innern sind noch einige Freskenfragmente erhalten. In einer Nische sieht man eine große Blechtafel (19./20. Jh.), auf der überlebensgroß der Erzengel Michael dargestellt ist.

Chálki (Insel)

✦ A 2

Griechisch: Χάλκη
Bewohner: 400
Fläche: 28 km²

Wer Ruhe sucht, ist auf dem kleinen Inselchen vor Rhodos' Westküste richtig. Hier gibt es kaum Tourismus, dafür umso mehr Steine: Das gebirgige Eiland ist sehr karg und felsig. In dem Hafenort Embório leben die 400 Bewohner der Insel.

Chálki erleben

AUSKUNFT
Keine Touristeninformation vorhanden. Gute Infos und viele Fotos im Internet unter www.halki-travel-guide.com (englisch).

ANFAHRT
Von Skála Kamírou
Abfahrt von Skála Kamírou: Mo. – Fr. ca. 14.30 Uhr, Rückfahrt ab Chálki: Mo., Di., Do., Fr. ca. 6.00 Uhr (Übernachtung notwendig). Dauer: gut 1 Stunde. Weitere Abfahrten saisonbedingt, im Sommer meist morgens eine Fahrt ab Skála Kamírou mit Rückfahrt am Nachmittag. Infos: Hafenpolizei Chálki (Tel. 22460 4 52 20) oder Chalki-Kamiros-Lines (Tel. 22460 4 53 09). Mitnahme von Motorrädern und Fahrrädern möglich.

Von Rhodos-Stadt
Die beste Gelegenheit für einen Tagesausflug nach Chálki bieten die schnellen Katamarane der Firma Dodekanissos Express. Sie verlassen Rhodos am Donnerstag um 9.00 Uhr, Rückfahrt ab Chálki ist um 16.00 Uhr, die Fahrzeit beträgt 80 Minuten (Tel. 22410 7 05 90, www.12ne.gr). Die Mitnahme eines Autos lohnt sich nicht.

ESSEN
Mavri Thalassa ⊙
Diese Taverne (oder eine in ihrer Nähe) sollte besuchen, wer gern Hafenatmosphäre genießt, gern frischen Fisch und große Portionen isst.

ÜBERNACHTEN
Kleanthi ⊙ ⊙
Tel. 22460 5 73 34, 7 Z.
Familiäre Pension in einem Bruchsteinhaus. Nur 3 Min. Fußweg sind es bis zum Strand.

Argirenia ⊙
Tel. 22460 4 52 05
9 Studios
Einfaches Hotel ein wenig außerhalb des Zentrums von Embório bei der Schule gelegen.

Captain's House ⊙
Tel. 22460 4 52 01, 3 Z.
Hinter der Kirche Ágios Nikólaos gelegene gemütliche Pension, nur einen Katzensprung vom Strand.

Chálki ⊙
Tel. 22460 4 52 08, 26 Z
Das größte Hotel der Insel; Zimmer mit schönem Ausblick.

Chálki westlich von Alimiá ist trotz ihrer Kargheit ein beliebtes Ausflugsziel. Einst profitierten die Menschen auf der Insel von der Schwammfischerei, heute leben die wenigen Bewohner von Tourismus und Fischfang.
Zur Übernachtung stehen Privatzimmer und Apartments zu Verfügung. Es gibt keine Bank auf Chálki, aber am Hafen einen (fast immer) funktionierenden Bargeldautomaten. Auf Chálki verkehren keine Linienbusse, aber es steht ein Taxi zur Verfügung. Chálki besitzt keine Quellen, Wasser wird mit Tankschiffen von Rhodos-Stadt geliefert. Gehen Sie deshalb sparsam damit um!

Karge Insel

ZIELE • Chálki (Insel)

Geschichte Die schon in prähistorischer Zeit besiedelte Insel gehörte in der Antike zum Stadtstaat Kamíros. An der Stelle des heute verlassenen Dorfes Chorió lag damals die Stadt Chálke (Chalkía), die für ein Apollonheiligtum bekannt war. Hier bauten die Byzantiner eine Burg, die von den Johannitern verstärkt wurde. 1366 belehnten die Ritter die Familie Assanti mit der Insel, die schließlich 1522 von den Türken erobert wurde. Bis in die Mitte des 20. Jh.s lebten die Menschen vorwiegend von der **Schwammfischerei**, mit deren Niedergang durch das Aufkommen der Synthetikschwämme auch die Bevölkerungszahl stark sank. Im Jahr 1982 erklärte die UNESCO Chálki zur »Insel des Friedens und der Freundschaft für die Jugend der Welt«, deswegen kommen jedes Jahr im September Jugendliche aus aller Welt zu Seminaren hierher.

Nimborió/ Embório/ Der Ort Nimborió breitet sich an der Südostecke der Insel an einer tiefen Bucht aus, der das Inselchen Nisáki (»kleine Insel«) vorgelagert ist. Schon bei der Einfahrt in den Hafen des hübschen, ruhigen Ortes fallen die schönen alten Häuser mit ziegelgedeckten Walmdächern ins Auge. In den Tavernen am Hafen von Embório ist der Fisch oft frischer als in vielen Restaurants auf Rhodos, denn sie beziehen ihn oft von den Fischern aus Chálki.

Akzente im Stadtbild setzen ein **Glockenturm** und der Uhrturm vor dem Rathaus – zugleich die Sehenswürdigkeiten des Ortes. Vor dem **Uhrturm** befindet sich eine auffällig überkuppelte Zisterne. Außer über den Glockenturm aus dem 19. Jh. verfügt die einschiffige **Ágios-Nikólaos-Kirche** über einen schönen Chochláki-(Kieselstein-)Boden mit folkloristischen Motiven im Hof. Ungewöhnlich lebendig sind die Flachreliefs von drei Hunden an der Außenwand oberhalb der fünfseitigen Apsis gestaltet. Von der Innenausstattung der Kirche ist die geschnitzte und vergoldete Ikonostase zu erwähnen, die im 18. Jh. wahrscheinlich von den kunstfertigen Holzschnitzern der Insel Sými angefertigt wurde.

Strände Der beliebteste Strand der Insel Chálki ist der kleine, flach abfallende Sandstrand von **Póndamos** in der gleichnamigen Bucht 10 Gehminuten südlich von Embório. Eine Taverne sorgt für das leibliche Wohl der Badegäste. 15 Min. zu Fuß entfernt ist der Kieselsteinstrand **Ftenágia-Strand** mit Taverne und 25 Min. der kieselige **Chaniá-Strand**, der wegen seines glasklaren Wassers gerühmt wird.

Chorió Drei Kilometer westlich von Embório kommt man auf der einzigen Straße von Chálki zu der **alten Hauptsiedlung** des Inselchens, Chorió, von der sich nur noch Hausruinen erhalten haben. Zudem sind ein paar **Kirchen** vorhanden: Die Sotíros-Christoú-Kirche wurde fast ganz aus antiken Spolien errichtet, die Kirche Pália Panagía stammt bereits aus dem 9. Jahrhundert. Auf dem Berg südlich des Ortes er-

Chálki (Insel) • ZIELE

In Nimborió leben alle Bewohner der einstigen Schwammfischerinsel.

hebt sich an der Stelle der antiken Akropolis eine **Kreuzritterburg**. Der Aufstieg lohnt sich schon wegen des Ausblicks, der besonders gegen Abend beeindruckend ist. Die gut erhaltene Nordmauer der Burg besteht in den unteren Lagen aus hellenistischem Quadermauerwerk, darüber aus byzantinischen Mauern und abschließend aus schwalbenschwanzförmigen Zinnen der Ritterzeit. Die mit spätbyzantinischen Fresken geschmückte Burgkapelle Ágios Nikólaos ist halb verfallen.

Wer das menschenleere gebirgige Inselinnere kennenlernen will, sollte die zweieinhalbstündige Wanderung von Chorió zum Kloster Ágios Ioánnis im Westen der Insel unternehmen. Es ist allerdings nicht ratsam, die Tour im Sommer zu machen, da der Weg größere Höhenunterschiede aufweist und durch eine kahle Gebirgslandschaft ohne Schatten führt. Im Kloster werden Getränke verkauft. Die Klosterkirche besitzt einige schöne Ikonen aus dem 17. Jahrhundert.

Wanderung zum Kloster Ágios Ioánnis

Faliráki

E 1

Griechisch: Φαλιράκι

Wer neben Sonne und Strand noch Wassersportarten ausprobieren und einem exzessiven Nachtleben frönen will, ist in Faliráki richtig. Der Ort ist die Touristenhochburg der Insel mit einem riesigen Sport- und Vergnügungsangebot, einem 5 km langen Strand, Bars, Restaurants, Fast-Food-Lokalen und diversen Diskos.

Touristenzentrum
Bereits in den 1960er-Jahren lockte der kilometerlange feine Sandstrand Hippies nach Faliráki, und in den 1970er-Jahren standen hier nur eine paar Fischerhäuschen. Zehn Jahre später begann der Wandel: Die ersten Hotels wurden gebaut, und ein Bauboom ohnegleichen setzte ein.

Heute ist die ehemals kleine Siedlung ein Badeort mit einem **riesigen Bettenangebot**. Kleine Supermärkte und Souvenirläden gibt es en masse. Das Angebot an Lokalen – von griechisch über chinesisch bis indisch – ist riesig. Im Norden von Faliráki geht es noch am ruhigsten zu: Hier haben sich die Luxushotels angesiedelt. Auch am alten Fischerhafen mit seinen Booten sieht es beschaulich aus. Doch mit einem griechischen Dorf hat Faliráki nichts mehr zu tun; alle Bewohner leben vom Tourismus. Der Strand ist deshalb im Sommer unter der Menge der dicht gedrängten Sonnenanbeter häufig kaum auszumachen. Sogar ein kleiner offizieller FKK-Strand ist südlich des Hafens vorhanden. Außerhalb der Saison ist Faliráki allerdings ein recht trostloser Ort.

Der **Strand**, der meistbesuchte der Insel, ist flach und damit auch für Kleinkinder geeignet. Hier gibt es ein enormes Angebot an Sport: von einfachen Tretbooten über Motorboote bis zu Paragliding und Wasserski. Für Urlauber, die Ruhe und Erholung suchen, ist Faliráki nur bedingt geeignet.

SEHENSWERTES IN FALIRÁKI

*Faliráki Waterpark
Der Waterpark Faliráki, unübersehbar oberhalb des Hotelviertels gelegen, bietet zahlreiche Attraktionen für Groß und Klein. Man kann nicht nur auf den verschiedenen **Wasserrutschen**, z. B. auf der 145 m langen Riesenwasserrutsche und der Kamikaze-Wasserrutsche, turbulente Fahrten unternehmen, sondern sich auch im Lazy River, im Wellenbad oder im Whirlpool entspannen. Die Kleinsten turnen gern auf dem spannenden Piratenschiff herum.

❶ Mai, Sept., Okt. 9.30 – 18.00, Juni – Aug. 9.30 – 19.00 Uhr; www.water-park.gr, Eintritt: 20 €, Kinder (3 – 11 Jahre) 15 €

Faliráki erleben

AUSKUNFT
www.faliraki-info.com

VERKEHRSVERBINDUNGEN
Sehr gute Linienbusverbindungen in Richtung Inselhauptstadt und Líndos. Nach Líndos fahren täglich auch Ausflugsboote, nach Rhodos Personenschiffe. Bootsverkehr mit Rhodos-Stadt: Mo.– Sa. 5 x tgl. (Mi. nur 3 x). Dort wird der Mandráki-Hafen angelaufen. Fahrzeit: 35 Minuten.

ESSEN
Akrogiáli ❸
Faliraki Square
Zentral gelegene Taverne mit großer Strandterrasse; gute griechische Standardküche; nur tagsüber geöffnet.

Aktí ❸
Hafen von Faliraki
Die recht kleine Taverne ist besonders ursprünglich geblieben. Küche und Service werden von Mutter und Sohn erledigt, die Speisen werden nach Hausmannsart zubereitet. Kulinarische Hochgenüsse darf man hier nicht erwarten, dafür aber noch echt griechisches Flair.

Charlies X ❸
An der Straße Richtung Kathara Bay
Der Familienbetrieb bietet original griechische Gerichte. Der für Faliráki typische Trubel scheint weit weg, man kann in Ruhe das Essen genießen.

Monachia ❸
Timokreontos (Seitenstraße)
Gegenüber Hotel Sun Palace
Tel. 22410 8 53 07

Manchmal erklingt abends griechische Livemusik. Serviert wird traditionelle Küche zu guten Preisen. Mittags und nachmittags ist das Lokal oft voll.

ÜBERNACHTEN
Esperos Village ❸❸❸❸
Tel. 22410 8 41 00
www.esperia-hotels.gr, 201 Z., 8 Suiten
Die große Ferienanlage umfasst zwei 7- bzw. 8-stöckige Gebäude an einem Hang und ist 500 m vom Strand entfernt.

Faliraki Beach ❸❸❸❸
Tel. 22410 8 53 01
www.mitsis-falirakibeach.com, 330 Z.
Das gepflegte Haus am Sandstrand verfügt über geschmackvoll eingerichtete Zimmer, einen Wellnessbereich und eine schöne Gartenanlage; außerdem Kinderbetreuung.

Rodos Palladium ❸❸❸❸
Strand von Kallithea
Tel. 22410 5 73 0
ww.rodospalladium.gr
314 Z., 38 Bung., 25 Suiten
Luxushotel mit mehreren Gebäuden direkt am Meer; alle Zimmer mit Balkon oder Terrasse und Meerblick; verschiedene Sportmöglichkeiten und Animationsprogramme.

Apollo Beach ❸❸❸
Tel. 22410 8 55 13
www.apollobeach.gr
Das Hotel befindet sich am Sand-Kieselstrand inmitten eines gepflegten Gartens mit Pool. Geboten werden griechische Abende und diverse Sportmöglichkeiten, u. a. ein Fitness-Center.

UMGEBUNG VON FALIRÁKI

Ladikó-Bucht Der wenige Kilometer südlich von Faliráki gelegene Badeort Ladikó breitet sich an der kleinen gleichnamigen Bucht aus. Diese von Felsen gesäumte hübsche Bucht mit gepflegtem Sandstrand und klarem Wasser ist in der Saison sehr gut besucht. Ausgestattet ist der Strand mit Liegestühlen und Sonnenschirmen sowie einer Taverne.

Anthony-Quinn-Bucht Direkt nördlich an die Ladikó-Bucht schließt sich die bezaubernde, ebenfalls von Felsen gesäumte Anthony-Quinn-Bucht mit einem kleinen Kiesstrand an. Die griechische Militärregierung hatte die Bucht dem Schauspieler Anthony Quinn geschenkt, zum Dank dafür, dass er in dem hier gedrehten Film »Die Kanonen von Navarone« die Hauptrolle spielte. Die spätere demokratische Regierung hat diese Schenkung allerdings wieder rückgängig gemacht. Das herrlich klare blau-grüne Wasser ist ein ideales Revier für Schnorchler. Von Faliráki führt ein ausgeschilderter Fußweg hierher. An touristischen Einrichtungen gibt es Liegestühle und Sonnenschirme sowie eine Taverne oberhalb des Strandes. Oft legen Boote in der Bucht an.

Anthony-Quinn-Bucht: ideales Schnorchelrevier

# ✱ Filérimos

✦ D 1

Griechisch: Φιλέρημος
❶ Mai – Okt. tgl. 8.00 – 19.40, Nov. – Apr.
Di. – So. 8.30 – 15.00 Uhr; Eintritt: 3 €

Für die Bewohner von Rhodos-Stadt ist der Berg Filérimos ein beliebtes Naherholungsgebiet, denn hier oben ist es sogar im Sommer angenehm kühl. Auf dem 267 m hohen Plateau stand einst die Akropolis des antiken Iálissos, einer der drei bedeutenden Stadtstaaten der Insel.

Den Namen Filérimos (»Freund der Einsamkeit«) trägt der Berg angeblich schon seit dem Mittelalter, als ein Eremit sich hier niedergelassen hatte. Auf dem von Kiefern und Pinien gesäumten, 4 km langen Weg den Berg hinauf eröffnen sich immer wieder **schöne Ausblicke** auf die Küste.

»Freund der Einsamkeit«

Die ältesten Siedlungsspuren stammen aus mykenischer Zeit (um 1500 v. Chr.), als Achäer auf die Insel kamen und deshalb der Berg Achaia hieß. Um 1000 v. Chr. wanderten Dorer nach **Iálissos** ein. Das Herrschaftsgebiet dieses Stadtstaates umfasste die gesamte Nordspitze von Rhodos. Nach der Gründung von Rhodos-Stadt 408 v. Chr. verlor Iálissos sehr an Bedeutung, da ein großer Teil der Bevölkerung in die neue Stadt übersiedelte. Im Mittelalter stand auf dem nun »Filérimos« genannten Berg ein Kloster. Der Berg war oft Angriffsziel fremder Heere als Ausgangspunkt weiterer Eroberungen auf der Insel. So nahmen 1248 die Genuesen den Filérimos ein, 1306 besetzten ihn die Ritter des hl. Johannes von Jerusalem, und 1522 errichtete Sultan Suleiman hier sein Hauptquartier während der Belagerung von Rhodos-Stadt.

Geschichte

In der malerischen Anlage sind Denkmäler aus verschiedensten Epochen zu sehen. Westlich des Parkplatzes erkennt man in einem eingezäunten Areal die Grundmauern eines Klosters (10. Jh.). Die **Klosterkirche** zeigt den für Rhodos seltenen Grundriss einer Kreuzkuppelkirche, d. h. in ein Quadrat ist ein griechisches Kreuz einbeschrieben. Im Westteil schließt sich ein Narthex an. Im Innern des Gotteshauses haben sich Reste eines schönen Marmorfußbodens erhalten.

✱Anlage

Wendet man sich nach dem Eingang zur Anlage schräg nach links, entdeckt man versteckt am Hang die mittelalterliche **Ágios-Geórgios-Chostós-Kirche** (14./15. Jh.). Die schlecht erhaltenen Fresken zeigen neben Szenen aus dem Leben Marias und Jesu auch vor ihren Schutzpatronen kniende Ritter. Zum Gipfel des Plateaus führt ein

Auf dem Filérimos sind Bauwerke aus drei Jahrtausenden versammelt.

schöner, von Zypressen flankierter Treppenweg hinauf. Dort sind über- und nebeneinanderliegende Gebäude aus drei Jahrtausenden versammelt. Westlich des markanten mächtigen Turmes sind die Überreste eines **Athena-Polias-Tempels** (3./2. Jh. v. Chr.) erhalten, eines 23 x 12 m großen Amphiprostylos (Tempel mit vorgestellten Säulen an den Schmalseiten), unter dem sich ein älterer Vorgängerbau befand.

Im 5./6. Jh. errichtete man rechtwinklig über dem südlichen Teil des Athena-Tempels unter dessen Verwendung als Baumaterial eine **Basilika** mit drei halbkreisförmigen Apsiden. Die drei Schiffe waren durch drei Arkaden miteinander verbunden. Interessant ist die südliche Kapelle, die als Baptisterium diente. Hier ist noch ein in den Boden eingelassenes und mit Marmorplatten ausgekleidetes Taufbecken in Form eines Kreuzes mit gerundeten Ecken vorhanden; über drei Stufen konnte es betreten werden. Später wurde über dem nördlichen Seitenschiff der Basilika eine **Einraumkapelle** errichtet. An deren Chor ließ Pierre d' Aubusson, Großmeister der Johanniter, im 15. Jh. zwei Kapellen mit unregelmäßigem sechseckigen Grundriss und eine Zweiraumkapelle sowie im Süden einen Turm erbauen. Diese Gebäude sind Rekonstruktionen der Italiener, ebenso die dahinter gelegenen Bauten des um 1000 gegründeten Klosters.

Obwohl das **Kloster** nicht authentisch ist, bietet es mit seinen Arkaden einen malerischen Anblick. Jede Mönchszelle wird von einem

Schild mit Blumenmotiven markiert. Von den byzantinischen **Festungsmauern** findet man an verschiedenen Stellen des Filérimos noch Reste. Das auf dem östlichen Sporn des Plateaus gelegene Festungswerk mit trapezförmigem Grundriss, das von den Johannitern verstärkt wurde, weist im Norden und Osten starke, durch Türme geschützte Mauern auf. Von hier hat man einen herrlichen Ausblick auf die Küste.

Südlich des Eingangs führt ein Weg hinunter zu einer Felsterrasse mit einem dorischen **Brunnenhaus** aus dem 4. Jh. v. Chr., das allerdings nicht zugänglich ist. Es ist vorne mit sechs Säulen und hinten mit ebenso vielen Pfeilern mit Brüstungsmauern versehen. Der Zisterne an seiner Rückseite floss durch mehrere Kanäle im Innern des Berges Wasser zu. Sowohl die Brüstungsmauern als auch die Rückwand sind mit Löwenköpfen als Wasserspeier geschmückt. Die spätantike Inschrift am dritten Pfeiler rechts legt die Benutzerregeln für den Brunnen und die unterschiedlichen Strafen bei Übertretung für Freie und Sklaven fest.

Gegenüber dem Eingang führt ein von Pinien gesäumter Kreuzweg aus italienischer Zeit zu einem **Aussichtspunkt**, wo man die Ebene von Iálissos überblicken kann. Hier erhebt sich ein 15 m hohes, begehbares Kreuz.

** Kámiros

C 2

Griechisch: Κάμειρος
❶ Mai – Okt tgl. 8.00 – 19.40, Nov. – Apr.
Di. – So. 8.30 – 15.00 Uhr; Eintritt: 4 €

Die Ausgrabungsstätte Kámiros beeindruckt durch ihre wunderschöne Lage an einem Hang an der Westküste. Als einer der drei antiken Stadtstaaten und als gutes Beispiel einer hellenistischen Stadtanlage gehört sie zu den bedeutendsten archäologischen Sehenswürdigkeiten der Insel.

In der Mythologie wird Kámiros in Zusammenhang mit der berühmten Geschichte des Vatermörders **Althaimenes** gebracht. Er war der Sohn von Katreus und ein Enkel von König Minos von Kreta. Ein Orakel prophezeite Katreus, dass eines seiner Kinder ihn töten werde. Aus Angst, er könnte der Mörder werden, verließ sein Sohn Althaimenes die Insel Kreta und ging nach Rhodos, wo er sich in der Gegend von Kámiros niederließ. Um seinen Sohn wiederzusehen, fuhr Katreus nach Rhodos, wo ihn Althaimenes für einen Seeräuber hielt und erschlug. Wegen dieser Untat wurde der Vatermörder auf seinen Wunsch hin von der Erde verschlungen. Ob Kámiros tatsäch-

Mythologie und Geschichte

ZIELE • Kámiros

lich vom minoischen Kreta aus besiedelt wurde, ist ungewiss. Jedenfalls sind seit dem 14. Jh. v. Chr. mykenische Einflüsse nachweisbar, die wahrscheinlich von Kreta stammten. Mit Sicherheit kamen von dieser Insel die Dorer um 1000 v. Chr. nach Rhodos. Kámiros war neben Líndos und Iálissos der **kleinste der drei Stadtstaaten**, der den westlichen Teil der Insel umfasste. Hier lebten vor allem Bauern und Handwerker. Kámiros hatte seine Blütezeit im 6. Jh. v. Chr., als es die ersten Münzen prägte. Als Folge des Zusammenschlusses aller rhodischen Städte zu einem Gesamtstaat und der Gründung der Stadt Rhodos 408 v. Chr. verlor Kámiros seine Bedeutung. Nach der Zerstörung durch ein **Erdbeben** (226 v. Chr.) wurde die Stadt hellenistisch wiederaufgebaut. Rund drei Jahrhunderte später, 142 n. Chr., machte ein weiteres großes Beben sie dem Erdboden gleich. Danach verließen die Einwohner die Stadt wohl für immer. Wiederentdeckt wurde sie erst im 19. Jh., ausgegraben in den 1930er-Jahren von den Italienern. Die meisten Funde werden heute im Archäologischen Museum von Rhodos-Stadt aufbewahrt.

Ruinenstadt Die Ruinen sind ein typisches Beispiel für eine hellenistische Stadtanlage mit der Aufteilung in öffentliche und private Zonen mit schachbrettartigem Straßensystem. Von der Akropolis oberhalb hat man einen herrlichen Ausblick auf die Anlage und das Meer.
Nach dem Eingang betritt der Besucher zunächst die **untere Terrasse** (1), die im Süden durch eine Stützmauer (2) befestigt ist. Auf ihr wurden in verschiedenen Epochen Wohnhäuser (3) gebaut, die man links vom Eingang sieht. Die Terrasse war mit Weihegaben versehen. An ihr steht ein von Süden zugänglicher **Tempel** (4), der wahrscheinlich dem Apollo Pythios geweiht war. In der Cella ist neben dem Sockel des Kultbildes eine 2 m tiefe Schatzgrube angelegt; in die Öffnungen ihres Decksteins warf man Opfergaben.
An der Nordwestecke des Apollo-Tempels befindet sich ein kleiner Tempel (5) im ionischen Stil. Die halbrunde Mauer westlich des Apollo-Tempels ist vielleicht ein Teil einer Kirche (6) aus frühchristlicher Zeit. An der Ostseite des Tempels liegt der 25 x 20 m große **Kultplatz** (7). Von der unteren Terrasse war er durch ein Portal in der mit dorischen Halbsäulen geschmückten Nordwand zugänglich. Die östliche Seite des Platzes nimmt eine dreistufige Treppenanlage ein, wo vielleicht an den Kulthandlungen beteiligte Personen saßen. An der Westseite des Platzes stehen Sockel für Weihegeschenke; dahinter liegt der Vorplatz zum Apollo-Tempel. An der Südseite des Platzes sieht man sechs dorische Halbsäulen, hinter denen sich ein **Brunnenhaus** (8) befindet; von dem Brunnen sind nur noch die Fundamente der Einfassung zu erkennen.
Von hier führt von der südlichen Seite eine enge Treppe in ein stoaähnliches Gebäude. In einem westlich anschließenden Raum sind noch Reste eines Chochláki-(Kieselstein-)Bodens erhalten. An der

Kamiros

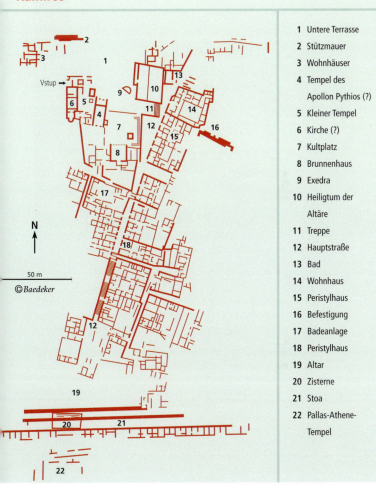

1 Untere Terrasse
2 Stützmauer
3 Wohnhäuser
4 Tempel des Apollon Pythios (?)
5 Kleiner Tempel
6 Kirche (?)
7 Kultplatz
8 Brunnenhaus
9 Exedra
10 Heiligtum der Altäre
11 Treppe
12 Hauptstraße
13 Bad
14 Wohnhaus
15 Peristylhaus
16 Befestigung
17 Badeanlage
18 Peristylhaus
19 Altar
20 Zisterne
21 Stoa
22 Pallas-Athene-Tempel

Ostseite der unteren Terrasse erkennt man hinter einer **Exedra** (9; halbkreisförmiger Raum mit Sitzbänken) ein von einer halbhohen Mauer umschlossenes **Heiligtum** (10), in dem auf zwei durch Treppenstufen verbundenen Ebenen mehrere Altäre platziert sind. Auf der unteren Ebene steht wohl der Hauptaltar, auf dem – laut der an der Westseite angebrachten Inschrift – dem Sonnengott Helios geop-

Kámiros: ein gutes Beispiel für eine hellenistische Stadtanlage

fert wurde. An der Nordwand des Heiligtums sind die Grundmauern eines kleinen Tempels erhalten. Die neun Altäre der oberen Ebene waren verschiedenen Göttern geweiht. An der Südseite des Heiligtums führt eine Treppe (11) hinauf zur Hauptstraße (12).
Reste eines dreieckigen **Bades** (13) sind hinter dem Heiligtum zu erkennen; vorhanden sind noch Fragmente des Caldariums (Warmbades) und Feuerstellen für die Warmwasser- und Heißluftaufbereitung. Schräg gegenüber befindet sich ein großes **Wohnhaus** (14) mit Peristyl. Ebenfalls ein Peristyl weist das **Haus** (15) weiter südlich auf, in dem einst eine Treppe ins Obergeschoss führte. Hinter diesen beiden Häusern kann man ein Stück **Befestigung** (16) erkennen. An beiden Seiten der Hauptstraße, die im Hangbereich als Treppe ausgebildet ist, reihen sich unterschiedlich große Wohnbauten. Einige wenige Reste einer weiteren **Badeanlage** (17) befinden sich rechts der Straße, oberhalb des Brunnenhauses. Geht man weiter südlich, sieht man links der Straße eines der schönsten **Peristylhäuser** (18) der antiken Stadt.
Auf der Akropolis kommt man an den Resten eines Altars (19) vorbei und erreicht eine große **Zisterne** (20), die wohl aus dem 6. Jh. v. Chr. stammt. Das 20 x 11 m große und 4 m tiefe Wasserbecken, in das zwei Treppen führen, wurde zur Reinigung genutzt. Über die zwei Abflüsse im Boden wurde das Wasser in die Stadt geleitet.
Das eindrucksvollste Bauwerk der Stadt war sicherlich die 200 m lange, monumentale **Stoa** (Säulenhalle, 21) mit zwei Reihen von dori-

Kámiros und Umgebung erleben

ESSEN

Althaimenis ❸❸❸
Tel. 22410 3 13 03
Kamiros Skala
Das große Fischrestaurant direkt am Hafen eröffnet einen schönen Blick auf die Mole von Kámiros. Es gilt als ausgezeichnete Adresse für frischen Fisch und Hummer.

Porto Antico ❸
Tel. 22410 4 00 01
Ein auch bei Einheimischen beliebtes Lokal, das zu guten Preisen leckere Fisch- und Fleischgerichte bietet. Sehr preiswerter offener Hauswein. Direkt vor der Taverne liegt ein schmaler, sauberer und schattiger Strand.

ÜBERNACHTEN

Elafos ❸❸
Auf dem Profitis Ilias
Tel. 22660 2 24 02
Außergewöhnliches Hotel im Chaletstil auf dem Berg Profitis Ilias mitten im Wald.

Nymph ❸
Südlicher Ortsausgang von Sálakos
Tel. 22410 2 22 06
www.nymph.gr, 4 Z.
Pension in einer alten italienischen Villa (1926) mit viel besuchter Café-Bar. Wer hier übernachtet, wohnt wirklich völlig untouristisch unter Einheimischen und hat schönste Natur fast unmittelbar vor der Haustür.

---

schen Säulen. Die zahlreichen Räume dahinter dienten wahrscheinlich Pilgern als Aufenthaltsräume. Da durch den Bau der Stoa die große Zisterne unbrauchbar geworden war, legte man unterhalb dieser Räume 16 kleinere, untereinander verbundene Zisternen an, um das Wasser von den Dächern zu sammeln. Hinter der Stoa liegen die spärlichen Fragmente des Pallas-Athene-Tempels (22), über dessen Architektur man nur Vermutungen anstellen kann. Vielleicht war es ein Peripteros (Tempel mit ringsumlaufenden Säulenreihen).

UMGEBUNG VON KÁMIROS

Das traditionelle Bergdorf Sálakos breitet sich am Nordhang des Profítis Ilías, 12 km südlich von Kámiros, in schöner Landschaft aus. Die vielen hiesigen **Quellen** – wie z. B. die Nymphi-Quelle – laden zum Spazierengehen ein. Eine selten vorkommende Vierkonchenanlage ist die Kímisis-tis-Theotókou-(Mariä-Entschlafung-)Kirche aus dem 14. Jh. auf dem Friedhof am östlichen Rand des Dorfes.

Sálakos
(Σάλακος)

20 km südlich von Kámiros erhebt sich der 798 m hohe Profítis Ilías. Da sein Gipfel aus militärischen Gründen gesperrt ist, kann man nur bis auf eine Höhe von 780 m gelangen. In dieser Gegend glaubt man

*Profítis Ilías
(Προφίτις Ηλίας)

Mystisch: Sonnenuntergang vom Kastell Kritiniá aus gesehen

sich in ein anderes Land versetzt, jedenfalls nicht auf eine griechische Insel. Die **außergewöhnliche Landschaft** ist von Kiefern, Fichten und Eichen geprägt. Auch die sonstige Flora ist ungewöhnlich und vielfältig; es kommen Alpenveilchen, Pfingstrosen, Erdbeerbäume sowie Orchideen- und Ragwurzarten vor. Auf der Höhe stehen das besondere Hotel Elafos (▶S. 92) und eine Wallfahrtskirche.
Eine der schönsten Wanderungen auf Rhodos ist die von Sálakos auf den Profítis Ilías. Sie geht bei der 50 m vom Hotel Nymfi entfernt gelegenen Bushaltestelle los (zunächst Richtung Nymphenquelle, dann gleich nach rechts abbiegen zum Profítis Ilías) und führt in zwei Stunden auf alten Eselspfaden und schattigen Waldwegen auf den Berg. Vom Gipfelplateau eröffnet sich eine herrliche Aussicht.

Apóllona
(Απόλωνα)

Apóllona (1000 Einw.) am Südhang des Profítis Ilías erhielt seinen Namen von dem Apollo-Tempel, der hier in der Antike stand. Den Besucher erwartet ein kleines **Volkskundemuseum**, das die Ausstattung eines traditionellen Bauernhauses präsentiert. Flexible Öffnungszeiten, man sollte im Kafenío danach fragen.

Soroní
(Σορωνή)

Die lebendige Kleinstadt Soroní an der Westküste (12 km nördlich von Eleoúsa) ist vor allem wegen der **Wallfahrtskirche des hl. Soulás** mit einer heiligen Quelle bekannt. Die Kirche liegt etwa 4 km von Soroní entfernt an der Straße nach Eleoúsa.

Kámiros Skála

Der kleine Fischerhafen (14 km südlich von Kámiros) ist für diejenigen interessant, die zur Insel Chálki übersetzen wollen. Der Ort bietet ansonsten nicht viel – außer guten Fischtavernen und der unvollenendeten Fassade eines lykischen Felsgrabes, die man am besten vom Nordrand des Parkplatzes (hier auch Hinweisschild) aus sieht.

Kritinía
(Κρητηνία)

Zwei Kilometer südlich von Kámiros Skála erhebt sich imposant auf einem Hügel das Kastell Kritinía, die **besterhaltene Johanniterburg auf Rhodos**. Der Großmeister Giovanni Battista degli Orsini ließ sie 1472 errichten, und unter den Großmeistern d'Aubusson, d'Amboise und del Carretto wurde sie in den folgenden Jahren ausgebaut. Ihre Wappen sind an der Außenmauer angebracht. An der höchsten Stelle der Burg, deren Mauern teilweise noch bis zu den Zinnen erhalten sind, steht ein wehrhafter Turm. Hier kann man einen fantastischen Meerblick bis zu den Inseln Alimniá und Chálki genießen. Sehr gut erhalten ist die Ritterkirche Ágios Geórgios mit schönem Quadermauerwerk.

Alljährlich wird an der Burg in den letzten Junitagen an zwei Abenden ein **Mittelaltermarkt** mit viel Kunsthandwerk und einer Art Jahrmarkt veranstaltet.

Kritinía
(Κρητηνία)

Das ruhige **Dorf** Kritinía, das von Kretern gegründet worden sein soll, liegt 5 km südlich von Kámiros Skála in den Bergen oberhalb der Westküste. Die kleine Platía lädt zu einer Rast ein; von der Taverne hat man einen herrlichen Ausblick auf die Küste. Am nördlichen Ortsrand gibt es ein kleines **Heimatmuseum**, in dem Alltagsgegenstände und landwirtschaftliche Geräte des 19. und 20. Jh.s ausgestellt sind. Wenn man von hier die Straße nach Westen geht, erreicht man nach etwa zehn Minuten die **Ágios-Ioánnis-Pródromos-Kirche**. Der Weg dorthin lohnt sich schon wegen der zauberhaften Lage des von zwei mächtigen Zypressen gesäumten, archaisch wirkenden Gotteshauses mit Blick auf das Kritinía-Kastell. Die Kirche, deren Dach mit Steinplatten gedeckt ist, stammt aus dem 13./14. Jahrhundert. Im einschiffigen Innern sind zwei Freskenschichten aus der Bauzeit und dem 15. Jh. erhalten.
Heimatmuseum: tgl. 9.30 – 17.30

> **BAEDEKER TIPP**
>
> ### ! *Gute Tropfen*
>
> In Émbonas stehen eine ganze Reihe von Weinkellereien für Besucher offen. Die größte von ihnen ist die **Weinkellerei Emery.** Geöffnet: tgl. 9.30 – 15.30 Uhr Tel. 22460 2 91 11, www.emery.gr. Ein kleiner Familienbetrieb ist hingegen die **Weinkellerei Alexándris**. Geöffnet: tgl. ca. 10.00 – 17.00 Tel. 22460 4 13
> Einen Besuch wert ist auch die **Émpona View Distillery**, in der der traditionelle Tresterschnaps Soúma gebrannt wird. Es gibt ihn auch in aromatisierten Varianten, z. B. mit Pflaumen-, Orangen- oder Zitronenaroma.
> Geöffnet: tgl. ca. 10.00 – 17.00 Tel. 22460 4 14 94
> www.emponaview.gr

Émbonas (1400 Einw.), die »**Weinhauptstadt**« von Rhodos, an den Hängen des Atáviros, 8 km von Kritinía entfernt, gehört zum Standardprogramm auf den Inselrundfahrten. Die Dorfbewohner leben von der Landwirtschaft; wichtigste Erzeugnisse sind Wein und Tresterschnaps (Soúma). Manche Frauen verkaufen Stick-, Web- und Häkelarbeiten. An der unteren Platía mit Souvenirgeschäften und Lokalen, wo die Ausflugsbusse halten, herrscht entsprechender Trubel. Allerdings gibt es noch einen ländlich geprägten Ortsteil zu entdecken.

Im Zentrum kann man ein **Volkskundliches Museum** besuchen, das in einem original eingerichteten Einraumhaus untergebracht ist.

❶ Mitte Juni – Mitte September meist 11.30 – 14.00 Uhr

Atáviros
(Ατάβυρος)

Wer den kahlen **höchsten Berg von Rhodos** südlich von Émbonas besteigt, wird mit wunderbaren Ausblicken belohnt. Bei besonders gutem Wetter erkennt man sogar das 240 km entfernte Kreta. Im Altertum stand auf dem Gipfel (1215 m) ein Zeusheiligtum, von dem nur noch sehr geringe Reste vorhanden sind. Der Aufstieg, für den weder eine Markierung noch ein Weg vorhanden sind, führt über Geröllfelder und dauert mindestens 3 Stunden. Man sollte Wanderschuhe tragen sowie Verpflegung und Trinkwasser mitnehmen. Ratsam ist, die Tour nicht allein zu unternehmen. An bewölkten Tagen ist der Aufstieg zu gefährlich, weil auf dem Gipfel dann dichter Nebel herrscht.

*Alimiá
(Αλιμιά)

Die heute unbewohnte Insel, südwestlich von Kámiros im Meer gelegen, ist ein einziger herrlicher **Sandbadestrand**. Im Sommer werden Bootsausflüge von Chálki dorthin angeboten. Alimiá war eine U-Boot-Basis der Italiener; die Baracken sind erhalten.

Kolýmbia

D 2

Griechisch: Κολύμπια

Das ehemalige Dorf Kolýmbia an der Ostküste zählt heute zu den wichtigsten Touristenzentren von Rhodos und lockt mit seinen Sand- und Kiesstränden Jahr für Jahr mehr Badeurlauber an.

Junger Touristenort

Anfang der 1980er-Jahre entstanden in dem Ort Hotels. Dabei hat man aus den Fehlern von Faliráki gelernt und errichtete keine Schlaftürme, sondern im Wesentlichen flache Komplexe, die sich oft sogar recht gut in die Landschaft einpassen. Die Lokale und Unterkünfte reihen sich entlang einer schönen Eukalyptus-Allee aneinander. Allerdings hat Kolýmbia wie alle ausgesprochenen Touristenorte nicht viel Atmoshäre.

Kolýmbia erleben

ESSEN
Nissaki ❷❷
Kolymbia Beach
Tel. 22410 5 63 60
Am Meer gelegenes Lokal. Die Küche bereitet Fisch und Meeresfrüchte aus überwiegend regionalem Fang zu. Nach dem Essen kann man den Abend in der Cocktailbar nebenan ausklingen lassen.

Panorama ❷❷
An der Ostküstenstraße Richtung Tsambíka
Schöner Blick auf die Bucht und das Kloster Tsambíka; gute griechische Tavernenkost; herzlich-familiäre Atmosphäre; nicht zu verwechseln mit der nahen Taverne Panoramic!

Eucalyptus ❷
An der Eukalyptusallee
Die Taverne führt Grillspezialitäten, frischen Fisch, sehr preiswerte Menüs und Wein vom Fass auf der Speisekarte.

ÜBERNACHTEN
Lydia Maris ❷❷❷❷
Tel. 22410 5 64 21
www.lydiamaris.gr
Großes All-inclusive-Hotel mit Haupthaus und zweigeschossigen Bungalows, ca. 250–300 m von zwei Stränden entfernt; großer Pool; Garten mit Zitronen-, Oliven- und Pfirsichbäumen, Animationsprogramme. Über Reiseveranstalter meist preisgünstiger zu buchen als individuell.

UMGEBUNG VON KOLÝMBIA

Das 3 km westlich von Kolýmbia gelegene **idyllische Tal** der Eptá Pigés (»Sieben Quellen«) fasziniert durch seine üppige Vegetation mit Platanen und Pinien. Hier ist es immer angenehm kühl, was die Besucher besonders im Sommer zu schätzen wissen. An den Ufern des klaren, von einigen Quellen gespeisten Baches stolzieren ein paar halbwilde Pfauen auf und ab. Attraktion des beliebten Ausflugsortes ist ein 180 m langer und ca. 1,70 m hoher begehbarer dunkler **Tunnel**, wo man durch knöchelhohes Wasser laufen muss. Er wurde in der Zeit der italienischen Besatzung zur Bewässerung der Ebene von Kolýmbia angelegt. Am Ende des Tunnels liegt ein kleiner hübscher See inmitten einer sanft gewellten grünen Landschaft. Wer das idyllische Bild genießen will, ohne nasse Füße zu bekommen, geht über den Hügel, durch den der Tunnel führt.

In der **Taverne** bei den Quellen kann man, beschattet von alten Platanen, eine Rast einlegen. Von der Straße Kolýmbia – Archípoli führt von einem kleinen Parkplatz ein Fußweg hinauf zu den Eptá Pigés.

Eptá Pigés (Επτά Πυγές)

Fährt man auf die Hauptstraße zurück und weiter in Richtung Archípoli, findet man links oberhalb der Straße die moderne **Kirche** Ágios Nektaríos, die innen vollständig mit neuen Fresken im traditionellen

Ágios Nektaríos

Ikonen

Heilige Bilder

Ikonen, die besondere Verehrung bei den Gläubigen genießen und oft mit alten Legenden verbunden sind, stellen einen wesentlichen Teil des Kultes der orthodoxen Glaubenswelt dar.

Die **transportablen Kultbilder** mit den Darstellungen von Heiligen und biblischen Szenen nennt man in der orthodoxen Kirche Ikonen (Bilder). Auch heute noch sind sie neben der Heiligen Schrift ein Grundpfeiler der orthodoxen Glaubenswelt. Man findet die heiligen Bilder außer in Kirchen auch in vielen Wohnungen und Fahrzeugen. Sie werden mit Edelsteinen, kostbaren Vorhängen, Ringen und Uhren geschmückt, auf Reisen mitgenommen und sind das Ziel von Wallfahrten.

Nähe zu den Heiligen

Ikonen bringen den Menschen die Heiligen nahe, weshalb sie große Verehrung genießen. Diese Verehrung gilt nicht der Abbildung, sondern dem Heiligen, den man der Ikone gleichsetzt. In den Kirchen sind die Ikonen nach einem bestimmten Schema an der **Ikonostase** angebracht, einer hohen hölzernen Wand, die den Altarraum vom Gemeinderaum trennt. Auf dem Pult in der Mitte wird jeweils die Ikone des Tagesheiligen oder -festes ausgelegt.

Künstlerische Vorgaben

Die Ikonenmalerei gilt als liturgische Handlung, die ursprünglich nur von Priestern ausgeführt werden durfte. Sie ist hinsichtlich Komposition und Farbgebung sowie der Materialien genau festgelegt, sodass der Maler kaum Freiheit bei der Gestaltung des Bildwerks hat und keinen eigenen Stil entwickeln kann. Der Künstler darf in die Bilder keinen persönlichen Ausdruck bringen und bleibt namenlos. Seine Aufgabe ist die Erhaltung der Tradition. Deshalb gleichen sich viele Ikonen, unabhängig von dem

Marienikone aus dem Kloster Skiádi

Jahrhundert, aus dem sie stammen. Anziehend für den Betrachter ist die einzigartige Farbigkeit der Bilder, die in einem **komplizierten Herstellungsprozess** erreicht wird. Der Farbauftrag erfolgt meist auf Holz mit Mineralfarben und wird mit einer Schicht aus gekochtem Leinöl überzogen. Dies garantiert eine erstaunliche Haltbarkeit, zumal die Ikonen nicht nur betrachtet, sondern auch geküsst, berührt und herumgereicht werden. Viele alte Gründungslegenden ranken sich um **wundertätige Ikonen**.

byzantinischen Stil ausgemalt ist. Geweiht ist die Kirche einem der jüngsten Heiligen der griechisch-orthodoxen Kirche, der von 1846 bis 1920 auf der Insel Ägina lebte und wirkte. Auf dem kleinen Platz mit Erfrischungskiosk unterhalb der Kirche steht eine alte, innen völlig ausgehöhlte Platane.

Das kleine, noch sehr »griechische« Dorf, 8 km westlich von Kolýmbia im Inselinnern, hat von den Touristenströmen bisher nicht viel mitbekommen. Es gibt hier ein paar einfache Tavernen und Kafenía. Auffallend im Ortsbild ist der Glockenturm, der sich in vier Geschossen nach oben verjüngt.

Archípoli (Αρχίπολη)

Fährt man 4 km weiter nach Westen, erreicht man den Ort Eleoúsa. Die Gebäude an der großen, von Pinien bestandenen Platía oberhalb des Dorfes wurden 1943 von den Italienern in einem ungewöhnlichen Kolonialstil errichtet. Teilweise verfallen, haben sie einen eigenartigen Reiz. Am südlichen Ortsausgang Richtung Profítis Ilías lebt in einem schön gefassten Süßwasserteich die **Fischart Gizáni**, die es nur auf Rhodos gibt.

Eleoúsa (Ελεούσα)

Ágios Nikólaos Fountoúkli, **eine der schönsten Kirchen der Insel**, sieht man an der Straße, die von Eleoússa zum Profítis Ilías führt. Ihr Beiname leitet sich von »Fountoúkli« (»Haselnüsse«) ab, denn die hiesigen Hügel waren wohl einst mit Haselnusssträuchern bedeckt. Das Gotteshaus stammt aus dem 14./15. Jh. und war ursprünglich die Hauptkirche eines Klosters, von dem nur noch spärliche Reste erhalten sind. Der zierliche Glockenstuhl wurde in späterer Zeit angefügt.
Der harmonische Bau ist eine Vierkonchenanlage, wobei die östliche Apsis durch einen tonnengewölbten Bauteil verlängert wird. Im Tympanon über dem Nordeingang sieht man die Reste eines Freskos und darüber in die Wand eingelassene Teller. Die Kirche wurde von einem hohen byzantinischen Beamten gestiftet. Der traurige Anlass für diese Stiftung ist den Fresken zu entnehmen: Der Stifter und seine Frau verloren ihre drei Kinder, wahrscheinlich durch die Pest. In der Westkonche sind der Beamte und seine Frau dargestellt, die zusammen das

*Ágos Nikólaos Fountoúkli

Ágios Nikólaos Fountoúkli: harmonischer Bau

Kirchenmodell halten; darüber erscheint der segnende Christus. Gegenüber sieht man die drei verstorbenen Kinder, die von Christus gesegnet werden. Neben der Kirche laden ein Brunnen, Bänke und ein Kinderspielplatz zu einer Rast ein.

*Tsambíka-Strand (Abb. S. 120) Der schöne, feinsandige Tsambíka-Strand wenige Kilometer südlich von Kolýmbia gilt als **einer der schönsten der Insel**. Er ist mit Sonnenliegen und -schirmen, Duschen, Tavernen und Strandbars ausgestattet. Die zum gleichnamigen Kloster gehörende Bucht ist allerdings nicht verbaut.

*Tsambíka (Τσαμπίκα) Das **verlassene Nonnenkloster** Tsambíka (»Feuerschein«) oberhalb des gleichnamigen Strandes spektakulär auf dem gleichnamigen Berg gelegen, ist der Panagía (Muttergottes) geweiht. Über seine Entstehung wird eine **Legende** in verschiedenen Versionen erzählt. Eine davon ist folgende: Ein kinderloses Ehepaar hatte die Hoffnung auf Nachwuchs schon fast aufgegeben. Da sah der Mann drei Nächte hintereinander auf dem Berg einen geheimnisvollen Feuerschein. Er ging hin und fand an der Stelle des Feuerscheins eine Ikone der Muttergottes. Der Mann gelobte der Madonna, ein Kloster für sie zu errichten, wenn seine Frau schwanger würde. Als er nach Hause kam, sagte ihm seine Frau, dass sie ein Kind erwarte. Das Ehepaar bekam ein Mädchen, das es Tsambíka nannte, und der Mann baute das Kloster. Tsambíka und Tsambíkos sind typische rhodische Vornamen geworden. Das Klosterkirchlein ist heute noch eine **Wallfahrtsstätte**, vor allem für junge Frauen, die sich eine glückliche Ehe und Kinder erhoffen. Besonders erfolgversprechend soll die Wallfahrt sein, wenn die Pilgerin sich für die letzte Wegstrecke einen Sack mit einem schweren Stein auf die Schultern packt, wie sie unter einem Muttergottesbild bereitliegen.

Der größte Teil des Weges zum Kloster ist befahrbar, den Rest muss man zu Fuß gehen. Dazu nimmt man den schönen, von Kiefern beschatteten Treppenweg mit 295 Stufen, der in steilem Aufstieg hinaufführt. Diese Mühe lohnt sich vor allem wegen des **grandiosen Ausblicks** auf die Küste, den schönen Tsambíka-Strand und das Hinterland. Durch ein weißes Tor kommt man in den Klosterhof. In der Kapelle ist die Ikone der Muttergottes mit Votivtäfelchen (tamatá) behängt.

Neues Tsambíka-Kloster Das moderne Tsambíka-Kloster steht direkt an der Küstenstraße in südlicher Richtung, etwa 1 km von der Abzweigung zur Wallfahrtskirche entfernt. Die dreijochige Klosterkirche mit Kreuzrippengewölbe, frei stehendem Glockenturm und einer Apsiskonche stammt aus dem 18. Jh. und enthält eine kostbare Ikonostase. Am Geburtstag der Muttergottes, dem 8. September, pilgern viele Menschen, besonders Frauen, zu den beiden Klöstern.

Líndos • ZIELE

** Líndos

D 3

Griechisch: Λίνδος
Einwohnerzahl: 900

Der an der Ostküste auf einem 116 m hohen Felsen traumhaft gelegene Ort Líndos, der schon seit vielen Jahren unter Denkmalschutz steht, ist eine der ganz großen Attraktionen nicht nur von Rhodos, sondern von Griechenland insgesamt.

In der Hochsaison herrscht hier dichtes Menschengedränge, was einen jedoch nicht davon abhalten sollte, den wunderschönen Ort zu besuchen. Zahlreiche Geschäfte, Restaurants, Bars und Nachtklubs halten ein großes Angebot zum Einkaufen, Essen und zur Unterhaltung bereit. Die vielfältige Warenpalette der Geschäfte umfasst Lederwaren, Schmuck, Keramik, Teppiche, Stickereien und Kleidung.
<small>Ort in traumhafter Lage</small>

Líndos zeichnet sich mit seinen niedrigen weißen Häusern, überragt von der mächtigen Akropolis, durch eine hinreißende Lage und ein **außergewöhnlich geschlossenes malerisches Ortsbild** aus. Geht der Besucher von dem belebten Hauptweg zur Akropolis, der vor al-
<small>**Ortsbild</small>

Hinreißender Anblick: der wunderschöne Ort Líndos am Abend

lem von Souvenirläden und Lokalen gesäumt ist, etwas ab, kommt er in stimmungsvolle Gassen. Eine architektonische Besonderheit von Líndos sind die prachtvollen **Kapitänshäuser**, die bis auf das älteste von 1599 aus dem 17. und 18. Jh. stammen, als griechische Kaufleute durch den Handel mit Venedig und den türkischen Häfen zu großem Wohlstand kamen. Wahrscheinlich hat ein Erdbeben um 1610 die frühere Bebauung zerstört. Die Häuser aus naturfarbenen Porossteinmauern, eine reizvolle Mischung von arabischen, byzantinischen und ägäischen Stilelementen, sind vor allem an den Türen und Fenstern mit Reliefs, Zierbändern und figurativen Darstellungen versehen. Die Räume wurden um einen offenen Hof angeordnet, der zur Straßenseite hin geschlossen und mit Chochláki (Kieselsteinen) belegt war. Gegenüber dem Eingang befand sich die Sala, der größte Raum des Hauses, der den Reichtum des Besitzers bezeugen sollte und in dem Gäste empfangen wurden. Er war mit den typisch rhodischen bemalten Keramiktellern geschmückt. Solche Teller kann man heute in Keramikwerkstätten oder Souvenirgeschäften kaufen. In einigen Kapitänshäusern wurden Cafés/Restaurants oder Ferienwohnungen eingerichtet (▶Tipp S. 164). Erst im 19. Jh. wurde es üblich, sie mit weißer Tünche und die Türen mit brauner und blauer Farbe zu streichen.

Geschichte Die Besiedlung von Líndos ist bis ins 3. Jt. v. Chr. nachweisbar. Bereits im 2. Jt. v. Chr. wurde vermutlich in einer Höhle unterhalb des Athena-Lindia-Tempels die **Göttin Lindia** verehrt, deren Name auf eine Herkunft aus Kleinasien schließen lässt. Später wurde der Kult auf den über der Grotte gelegenen Platz auf der Akropolis verlegt, wo man einen Tempel für die Göttin errichtete. Nach der dorischen Einwanderung um 1000 v. Chr. verband sich offensichtlich dieser Kult mit dem mitgebrachten der Göttin Athena zur **Athena Lindia**. Der Ort entwickelte sich zu dem mächtigsten der drei Stadtstaaten von Rhodos, der den ganzen Süden der Insel umfasste. Ab Ende des 8. Jh.s v. Chr. gründeten die Lindier bereits Kolonien, z. B. Gela auf der Insel Sizilien. Líndos war ein bedeutendes See- und Handelszentrum, dessen Blüte in die Herrschaftszeit des Tyrannen **Kleoboulos** (▶Berühmte Persönlichkeiten S. 58) im 6. Jh. v. Chr. fiel.
Infolge der persischen Invasion Anfang des 5. Jh.s v. Chr. setzte der Niedergang der Stadt ein, und mit der Gründung von Rhodos-Stadt 408 v. Chr. verlor Líndos seine politische und wirtschaftliche Bedeutung, blieb jedoch ein wichtiges Kultzentrum. Vom 6. bis zum 13. Jh. gab es auf der Akropolis eine Burg, die von den Johannitern 1312 ausgebaut wurde. 1522 wurde die Akropolis zur türkischen Festung umfunktioniert. Wohlstand erlangte Líndos im 17. und vor allem im 18. Jh. durch die Handelsschifffahrt. Im 19. Jh. setzte allerdings wieder ein Niedergang ein. Heute lebt die Stadt hauptsächlich vom Tourismus.

Lindos

Die Zufahrt zum Ort führt durch einen alten Hohlweg zur **Platia Eleftherias** mit einem mächtigen Feigenbaum, wo der Verkehr endet. Der Platz ist Ausgangspunkt für eine Stadtbesichtigung; Taxis und Linienbusse haben hier ihre Stationen. Nur die kleinen Gefährte, auf denen das Gepäck der Gäste zu den Unterkünften gebracht wird, dürfen durch die Gassen fahren. In den Ortskern von Líndos führt die **Odos Akropoleos**, die von Cafés und Souvenirläden gesäumt wird. Von hier kann man sich mit dem Esel auf die Akropolis hinaufbringen lassen.

Stadtbesichtigung

** AKROPOLIS
❶ Mai–Okt. Mo. 8.30–14.30, Di.–So. 8.00–19.40, Nov.–April Di.–So. 8.30–15.00 Uhr; Eintritt: 6 €

Auf dem Besuchsprogramm für Líndos sollte auf jeden Fall die Akropolis stehen. In beeindruckender Lage sind Überreste vom 2. Jt. v. Chr. bis zum Mittelalter zu sehen. Von dem Felsen genießt man **fantastische Aussichten** auf die Ágios-Pállas-Bucht und die Ágios-Pávlos-Bucht sowie auf den Ort. Bei der Besichtigung sollte man vorsichtig sein, da schon einige gefährliche Stürze vorgekommen sind.

Líndos erleben

AUSKUNFT
Touristeninformationsbüro
Platia Eleftherias
Tel. 22440 3 19 00

AUSGEHEN
Diverse, nachts meist überlaufene Bars und Tavernen ziehen sich die Hauptgasse entlang. Die begehrte Freiluft-Disko Akropolix, die auch nach Mitternacht noch dröhnen darf, liegt an der Straße zum Strand. Die große Freiluft-Disko Amphitheatre Club, 2 km außerhalb an der Straße nach Rhodos-Stadt, bietet einen prächtigen Blick auf den Ort.

Abends trifft man sich in den Bars.

ESSEN

❷ *Ambrosia* ❻❻❻❻
Tel. 22440 3 18 04
Unweit des Aufstiegs zur Akropolis
Das Restaurant bietet vor allem Pasta, Seafood, Spezialitäten vom Grill und viel gesunde, auch vegetarische Küche.

❻ *Mavrikos* ❻❻❻
Platia Eleftherias
Tel. 22440 3 12 32
Traditionsreiches, bei Einheimischen beliebtes Lokal an der zentralen Platía am Ortseingang. Serviert werden sehr gute griechische und internationale Gerichte.

❼ *Symposion* ❻❻❻
Apostolou Pavlou
Tel. 22440 3 12 60
Das Feinschmeckerlokal in einem alten Haus wird zur Top-Klasse in Líndos gezählt. Die Küche bietet Spezialitäten der griechischen, zypriotischen und internationalen Küche, u. a. Hummer, Meeresfrüchte und gute Steaks.

❶ *Agostino's* ❻❻
Tel. 22440 3 12 18
Unterhalb des Parkplatzes Richtung Péfki
Das Lokal bietet einen malerischen Blick über die Dächer des Ortes bis hinüber zur Burg. Geboten wird gute griechische Küche, vor allem die Vorspeisen sind empfehlenswert. Außerdem schmackhafte vegetarische Gerichte.

❸ *Calypso* ❻❻
Tel. 22440 3 16 69
Griechische Gerichte werden im Innenhof oder im Gastraum des alten, schönen Kapitänshauses serviert. Vom Dachgarten hat man einen schönen Blick auf die Akropolis.

❹ *Dimitri's* ❻❻
Das beschauliche Gartenrestaurant unterhalb des Hauptplatzes hat seine Tische im Schatten von Zitronenbäumen gedeckt. Serviert wird gutes Essen zu moderaten Preisen.

❺ *Gatto Bianco* ❻❻
Am Platz gegenüber dem antiken Theater
Tel. 22440 3 16 12
Im wahrscheinlich besten italienischen Restaurant der Insel stehen ausschließlich Italiener an den Kochtöpfen und am

Holzbackofen für die Pizza. Viele Plätze eröffnen einen schönen Blick auf die Akropolis.

ÜBERNACHTEN

In Líndos selbst gibt es wenige Hotels, sondern nur Privatunterkünfte. Die von manchen Reiseveranstaltern unter der Ortsangabe Líndos aufgeführten Großhotels liegen zumeist weit außerhalb des Ortes an der Vlícha-Bucht oder an der Straße nach Péfki.

Alte Dorfhäuser €€ – €€€

Wer in einem der typischen alten Häuser in den Gassen von Líndos wohnen will, bucht am besten über www.owners direct.co.uk oder wendet sich an eines der lindischen Reisebüros an der Hauptgasse ganz in der Nähe der Panagía-Kirche, zum Beispiel an Líndos Sun Tours, Tel. 22440 3 13 33, Internet: www.lindosuntours.gr.

❹ *Melenos Lindos Hotel* €€€€

Etwas oberhalb des Weges zum Pállas Beach am oberen Dorfrand
Tel. 22440 3 22 22
www.melenoslindos.gr

Gut schlafen im Melenos Hotel

Als eines der besten (und teuersten) Hotels der ganzen Insel ist das exklusive Haus Mitglied der Small Luxury Hotels of the World. Über ein Dutzend Jahre hat der gebürtige Lindier Michalis Melenos zusammen mit der griechischen Architektin Anastasía Papaioanou und dem in Líndos wohnenden Künstler Donald Green auf die Gestaltung der Anlage im Stil des 17. Jh.s verwendet. Modernste Technik paart sich hier mit der Arbeit von Kunsthandwerkern aus Líndos, der Türkei und Marokko. Ein Gourmet-Restaurant gehört ebenso zu diesem Luxushotel wie ein lauschiger Garten.

❸ *Melenos Apartments* €€

Nahe dem Parkplatz vor dem antiken Theater
Tel. 22440 3 22 22
www.melenos-apartments.com
Der moderne, aber im traditionellen Stil eingerichtete, kleine Apartment-Komplex mit 12 Wohneinheiten und Restaurant bietet seinen Gästen modernen Komfort mit historischem Flair direkt im Dorf und kostenlose Parkmöglichkeiten. Frühstück kann vor Ort zugebucht werden.

❷ *Electra* €

Tel. 22440 3 12 66
Kleine Pension an der Gasse zum Pallas-Strand. Es gibt keine Verpflegung, aber nette Zimmer mit Meerblick. Garten und Terrasse laden zum Entspannen ein.

❶ *Katholiki* €

Tel. 22440 3 14 45
An der Gasse zum Pallas-Strand
Kleine, sehr einfache Pension in einem 350 Jahre alten Haus mit schönem Innenhof; Kochgelegenheit, keine Verpflegung.

Lindos Akropolis

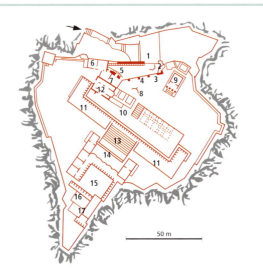

1 Zisternen
2 Byzant. Turm
3 Exedra
4 Schiffsrelief
5 Treppe
6 Rittergebäude
7 Gewölbe
8 Exedra
9 Psithyros-Tempel
10 Unterbau
11 Stoa
12 Burgkirche
13 Freitreppe
14 Propyläen
15 Hof
16 Säulenhalle
17 Tempel der Athena Lindia

Nach dem Kassenhaus führt ein Treppenweg zu einem kleinen Platz mit drei **Zisternen** (1), an dessen Südseite sich ein **byzantinischer Turm** (2) mit Ziegelstücken in den Mauerfugen erhebt. Daneben wurde aus dem Felsen eine **Exedra** (3), ein halbrunder Stufenbau mit Bank, herausgearbeitet, auf dem Weihefiguren standen. Die aus dem 3. oder 4. Jh. n. Chr. stammende Inschrift auf ihrer Rückseite besagt, dass der Priester Aglochartos die Akropolis mit Ölbäumen geschmückt habe. Das **Felsrelief** (4) mit dem Heck einer Triere (Kriegsschiff) rechts daneben wurde zu Ehren des Admirals Hegesandros von Mikion im 2. Jh. v. Chr. geschaffen. Auf dem kleinen Sockel stand wohl die Statue des Admirals von dem Bildhauer Pythokritos, der als Schöpfer der Nike von Samothrake gilt. Geht man die moderne Treppe hinauf zur Akropolis, sieht man links Reste der antiken Treppe (5) und weiter oben eine Treppe aus der Ritterzeit.

Ein gewölbtes Tor führt in das Erdgeschoss des **Rittergebäudes** (6), in dem eine Wendeltreppe ins Obergeschoss leitet. In dem südlich anschließenden **Gewölbe** (7) sind rechts in den Fels Treppenstufen aus archaischer Zeit gehauen. Im Freien trifft man zunächst auf eine **Exedra** (8; 3. Jh. v. Chr.). Die Inschrift darauf besagt, dass der Priester Pamphilidas den berühmten Bildhauer Phyles, Sohn des ebenfalls berühmten Bildhauers Polygnotos, beauftragte, sein Standbild zu schaffen. Keines der Werke von Phyles, der auch auf der Insel Délos arbeitete, ist erhalten. Der **Tempel** (9) weiter hinten aus dem 3. Jh.

n. Chr. ist dem weissagenden Dämon Psithyros geweiht. Die 87 m lange *Stoa (11), der ein Unterbau (10) mit Zisternen vorgelagert wurde, entstand im 3. Jh. v. Chr. und ist eines der großartigsten Bauwerke des Hellenismus in Griechenland. Die byzantinische Johanneskirche (12) neben der Stoa stellt eine Kreuzkuppelkirche (13. Jh.) mit einbeschriebenem lateinischen Kreuz dar.

Eine 21 m breite Freitreppe (13) führt zu den im 3. Jh. v. Chr. erbauten Propyläen (14), in deren Rückwand wiederum fünf Türen in den heiligen Bezirk überleiteten. Dieser besteht aus einem von Säulen umstandenen Hof (15), dem erst im 2. Jh. n. Chr. südlich eine ionische Säulenhalle (16) angegliedert wurde, und dem vergleichsweise bescheidenen, jedoch bedeutenden Tempel der Athena Lindia (17). Dieser wurde anstelle eines Vorgängerbaus (um 700 v. Chr) nach einem Brand 310 v. Chr. in Form eines Amphiprostylos (kleiner Tempel mit Säulenstellung vor beiden Fronten) wiederaufgebaut. Von hier hat man eine fantastische Aussicht auf die wunderschöne runde Ágios-Pávlos-Bucht.

WEITERE SEHENSWÜRDIGKEITEN IN LÍNDOS

Unweit der Platía, auf dem Weg zur Akropolis, liegt die ursprünglich im 14. Jh. erbaute Panagía-Kirche, die der Großmeister Pierre d' Aubusson 1490 restaurieren und erweitern ließ. Die spitztonnige Kreuzkuppelkirche verfügt über eine mächtige achteckige Tambourkuppel. Der frei stehende, klassizistische, fünfgeschossige Glockenturm, der in den drei oberen Geschossen offen ist, datiert auf den Beginn des 19. Jh.s. Der Boden im Kircheninnern besitzt einen schönen Chochláki-Belag. Besonders zu erwähnen sind die wunderschöne, reich geschnitzte vergoldete *Ikonostase einschließlich der Ikonen aus dem 17. Jh. und der ebenfalls geschnitzte Bischofsthron.

*Panagía-Kirche

Die Fresken, die 1779 von einem Maler namens Georgios von der Insel Sými im nachbyzantinischen Stil ausgeführt wurden, zeigen an der Eingangswand das Jüngste Gericht sowie Szenen aus dem Leben Christi und der Muttergottes im Langhausgewölbe. Eine außergewöhnliche Heiligendarstellung ist in der unteren Freskenreihe an der rechten Kirchenwand zu sehen: der hl. Christophoros mit einem Hundekopf. Außerdem ist im Langhaus (2. Reihe von unten) und an der Westwand des Querhauses der seltene Akathistos-Hymnus, ein 24-strophiger Marienhymnus der orthodoxen Kirche, dargestellt. Jede der 24 Strophen, deren Anfangsbuchstaben das griechische Alphabet ergeben, ist mit einem Bild wiedergegeben. Wer sich für sakrale Kunst interessiert, kann sich noch das kleine angegliederte Museum ansehen. Hier sind liturgisches Gerät, alte Bibeln und Ikonen ausgestellt.

Kirche: Mo. – Sa. 9.00 – 15.00, 16.30 – 18.00, So. 9.00 – 15.00 Uhr
Museum: Tgl. 9.00 – 15.00 Uhr; Eintritt: 1,50 €

Ágios Geórgios Chostós

Sehenswert ist in Líndos zudem die Kirche Ágios Geórgios Chostós (»der Eingegrabene«), unweit der Panagía-Kirche unterhalb einer halbhohen Mauer gelegen. Sie ist die **älteste Kirche von Rhodos** und besitzt auch die ältesten Fresken. Das Gotteshaus, dessen Entstehungszeit wohl in das 8. oder 9. Jh. fällt, gehört zum Typus der Kuppelhalle. Besonders interessant im Innern sind die sehr seltenen Fresken aus der Zeit des Ikonoklasmus, des Bilderstreits im 8./9. Jh., denn nach der Aufhebung des Bilderverbots wurden die meisten ikonoklastischen Fresken zerstört. Als Muster fallen vor allem Kreuze sowie florale und ornamentale Verzierungen auf (Schlüssel vormittags im Nachbarhaus rechts zu erhalten).

> **BAEDEKER TIPP**
>
> *Stilvolle Pause*
>
> In der stilvollen Umgebung eines der schönsten Kapitänshäuser von Líndos kann man in der westlich der Souvenirgasse gelegenen Bar »Lindian Captain House« eine Pause einlegen. Vom Dachgarten bietet sich zudem ein herrlicher Blick auf die Akropolis.

Im südöstlichen Teil des Ortes trifft man auf die Reste eines antiken **Theaters** wahrscheinlich aus dem 4. Jh. v. Chr., das aus dem Felshang herausgearbeitet wurde und 1800 Zuschauern Platz bot. Oberhalb der Zuschauerreihen stehen etwa auf der Mittelachse die Reste eines kleinen Gebäudes, das als Dionysos-Tempel gedeutet wird. Das Theater verfügte über eine kreisförmige Orchestra und ein davor liegendes Bühnenhaus.

Das Tetrastoon, die 38 x 31 m große Säulenhalle links vor dem Theater, war als **Aufenthalts- und Festraum** für ebenfalls 1800 Zuschauer ausgelegt. Es besaß vier geschlossene Außenwände und einen großen Hof. Das Theater und das Tetrastoon standen wohl im Zusammenhang mit den dionysischen Festen in Líndos. An der Ostseite des Tetrastoons sieht man die wenigen Fragmente einer frühchristlichen Kirche; später stand hier die Ágios-Stéfanos-Kirche. Bei deren Abriss 1904 fand man die bedeutende **lindische Tempelchronik**, die heute im Kopenhagener Nationalmuseum aufbewahrt wird.

Grab des Archókrates

Das Felskammergrab des Archókrates (um 200 v. Chr.) gehört **zu den bedeutendsten Grabbauten der Insel**. Allerdings ist der südlich der Platía, oberhalb der Häuser gelegene Bau schwer auffindbar und nur mit großer Mühe zu erreichen. Das Grab wies eine imponierende zweigeschossige Blendfassade auf, von der jedoch nur noch wenige Überreste erhalten sind.

Ágios-Pávlos-Bucht: Badeplatz an einem wunderschönen Strand

Auch auf Badefreuden braucht man in Líndos nicht zu verzichten. Unterhalb des Ortes erstreckt sich die sehr schöne, gut besuchte Pállas-Bucht und auf der anderen Seite der Akropolis die fast geschlossene, beeindruckende Ágios-Pávlos-Bucht mit einem kleinen Sandstrand. Hier soll der **Apostel Paulus** an Land gegangen sein, um die Bewohner von Líndos zum Christentum zu bekehren. Zur Erinnerung daran wurde in der Bucht eine Kapelle errichtet.

*Pállas-Bucht, **Ágios-Pávlos- Bucht

Empfehlenswert ist die etwa 90-minütige **Wanderung** (hin und zurück) zum so genannten Grab des Kleoboulos, das man auf einem Kap nördlich der Pállas-Bucht findet, wegen der herrlichen Lage und des guten Erhaltungszustands. Der Rundbau hat allerdings nichts mit dem Tyrannen Kleoboulos zu tun, sondern stammt wahrscheinlich aus hellenistischer Zeit. Er weist einen Durchmesser von 9 m auf. Auf einem runden Sockel erheben sich drei unterschiedlich hohe Quaderschichten bis zu dem etwas hervortretenden Gesims. Der Eingang im Nordwesten führt in die Grabkammer, die von einem so genannten falschen Gewölbe aus vorkragenden Steinlagen bedeckt ist. Auf der rechten Seite erkennt man eine kleine Nische. Die apsisähnliche Ausbuchtung an der hinteren Seite macht deutlich, dass das Grab später als Kirche genutzt wurde.

»Grab des Kleoboulos«

UMGEBUNG VON LÍNDOS

Péfki (Πεύκοι) Die Feriensiedlung Péfki (6 km südwestlich von Líndos) ist Ende der 1980er Jahre entstanden; davor gab es hier nur ein paar Sommerhäuser. In den letzten Jahren kam es zu einem regelrechten Bauboom auf touristischem Gebiet: Hotels, Apartmenthäuser, Geschäfte, Restaurants und Bars entstanden. Der Ort eignet sich gut für einen Badeurlaub, denn die touristischen Highlights von Péfki sind sein **Sandstrand** und viele kleine Badebuchten.

Lárdos (Λάρδος) In der Gegend von Lárdos kommt der inseltypische schwarze Granit besonders häufig vor, weshalb das Dorf, 8 km westlich von Líndos in einer fruchtbaren Küstenebene gelegen, nach diesem Gestein benannt ist. Um die Platía gruppieren sich Kafenía und Tavernen mit einfacher guter Küche. Empfehlenswert zum Baden ist der Sandstrand Glístra (4 km südlich), der noch weitgehend unverbaut ist.

Ipsení (Ιψενή) Das von einigen Nonnen bewohnte **Kloster** Ipsení, wenige Kilometer westlich von Lárdos, wurde im 19. Jh. gegründet. Die Klosterkirche stammt von 1855 und der Glockenturm von 1963. Der Besuch lohnt sich vor allem wegen der schönen waldreichen Landschaft. Es bietet sich die Gelegenheit, Rhodos von einer ganz anderen Seite zu erleben: Man kann die Abgeschiedenheit in einer fast unberührten Landschaft genießen. Dazu lädt vor allem der kleine gepflegte Klosterhof ein, der mit Chochláki-(Kieselstein-)Pflaster belegt sowie mit Orangenbäumen und Blumen bepflanzt ist.
❶ Mai – Okt. 9.00 – 13.30, 17.00 – 20.30, Nov. – Apr. 9.00 – 13.30, 16.30 – 19.00 Uhr

Láerma (Λάερμα) Die 13 km lange, nach Nordwesten verlaufende Straße von Lárdos nach Láerma führt durch eine beeindruckende Landschaft. Láerma (650 Einw.) ist einsam inmitten von Olivenhainen und Getreidefeldern eingebettet. Die meisten Urlauber, die hierher kommen, sind am Kloster Thári interessiert. Das Dorf selbst hat links der Dorfstraße Richtung Kloster vor allem eine gute **Taverne** zu bieten: Im Ingo werden ausgezeichnete Pitaroúdia serviert, eine rhodische Art der Gemüsefrikadellen.

*Thári (Θάρι) Das **Kloster** Thári, das dem Erzengel Michael geweiht wurde, findet man in einem Waldgebiet 4 km südlich von Láerma. Seine Gründung geht auf eine **Legende** zurück: Eine Prinzessin aus Konstantinopel, die an einer unheilbaren Krankheit litt, war nach Rhodos gekommen, um in Einsamkeit zu sterben. Im Traum erschien ihr der Erzengel Michael und sagte: »Echis thari (habe Mut), du wirst gesund.« Nach ihrer Genesung gründete die Prinzessin aus Dankbarkeit das Kloster. Eine kleine Bronzefigur, die Vasilopoula (»Königstochter«), hing frü-

Die Gründung des Klosters Thári geht auf eine Legende zurück.

her in der Klosterkirche und wird heute vom Dorfgeistlichen von Láerma aufbewahrt (auf Anfrage zeigt er sie gern). Sie stammt angeblich aus byzantinischer Zeit, weist aber vielmehr indische Einflüsse auf. Heute leben in dem Kloster wieder Mönche, die auch karitativ tätig sind.

Sehenswert ist die in verschiedenen Bauphasen entstandene **Kirche**, die in dem mit Blumen geschmückten Klosterhof einen hübschen Anblick bietet. Der Altarraum mit einer außen dreiseitig ausgebildeten Apsis geht wahrscheinlich auf das 13. Jh. zurück, während der Kuppelraum mit kurzen Querarmen vermutlich im 14./15. Jh. und das tonnengewölbte Langhaus wohl im 17. Jh. angefügt wurden. Besonders schön ist die Tambourkuppel mit Blendarkaden und konchenförmigen Nischen. Von den **Fresken** in der Kirche stammen die ältesten aus dem frühen 14. Jh., zum größeren Teil jedoch aus dem Jahr 1506 und die restlichen von 1620. Sie zeigen im Langhaus Heilige und Kirchenväter sowie Szenen aus dem Leben Christi. Von der Ausstattung sind außerdem die monumentale Erzengel-Michael-Ikone rechts im Kuppelraum und die prächtig geschnitzte Ikonostase bemerkenswert.

❶ Tgl. meist 8.00 Uhr bis Sonnenuntergang

Griechisch-orthodoxe Kirche

Die Rechtgläubigen

Der christliche orthodoxe Glaube (»rechte Lehre Gottes«) beruft sich unmittelbar auf Jesus Christus. Seine Blüte erlebte er im Byzantinischen Reich, weshalb man auch von der griechischen im Gegensatz zur lateinisch-römischen Kirche spricht. Unterschiede sieht und erlebt man in Griechenland durchaus – man muss nur wissen, worauf man zu achten hat. Einige Beispiele:

▶ **Ikonenverehrung und Marienglaube**
Besonders typisch für die orthodoxe Kirche ist die Ikonenverehrung. Der Betrachter stellt durch sie eine direkte Verbindung zum dargestellten Heiligen und damit indirekt zu Gott her.

Eines der häufigsten Ikonenmotive ist Maria mit dem Kind. Die Marienverehrung tritt vor allem am 15. August beim Fest des Entschlafens Mariä zutage mit den Abendandachten in den zwei Wochen davor.

▶ **Griechische Eigenheiten**

Erst seit **1982** gibt es in Griechenland die standesamtliche Heirat.

Bis **2001** war im Personalausweis die Religionszugehörigkeit festgehalten.

Erst **2008** wurde der verpflichtende orthodoxe Religionsunterricht aufgehoben.

▶ **Einheitsreligion**

97% der Bevölkerung sind Mitglie in der Griechisch-orthodoxen Kirch

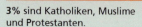

3% sind Katholiken, Muslime und Protestanten.

Wie bekreuzigt man sich richtig in der griechisch-orthodoxen Kirche?

Das Kreuzzeichen hat für orthodoxe Christen einen besonderen Stellenwert, da es ein Gebet darstellt. Die Ausführung weicht zum Teil vom katholischen Kreuzzeichen ab.

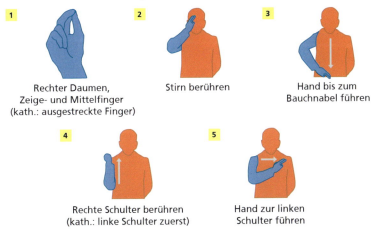

1. Rechter Daumen, Zeige- und Mittelfinger (kath.: ausgestreckte Finger)
2. Stirn berühren
3. Hand bis zum Bauchnabel führen
4. Rechte Schulter berühren (kath.: linke Schulter zuerst)
5. Hand zur linken Schulter führen

Die wichtigsten orthodoxen und katholischen Feiertage im Vergleich

Die orthodoxe Kirche zählt nach dem Julianischen und nicht nach dem Gregorianischen Kalender, sodass manche Feiertage anders fallen. Sie setzen auch andere Schwerpunkte (s. Beispiel 2011). Ostern jedoch ist für beide von zentraler Bedeutung.

| orthodox | katholisch | ▶ Beginn des Kirchenjahres |

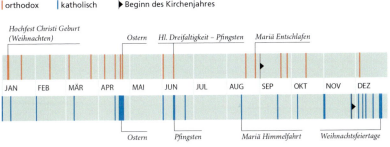

orthodox (oben): Hochfest Christi Geburt (Weihnachten) — Ostern — Hl. Dreifaltigkeit – Pfingsten — Mariä Entschlafen

katholisch (unten): Ostern — Pfingsten — Mariä Himmelfahrt — Weihnachtsfeiertage

Drittgrößte christliche Kirche der Welt

Katholiken **1181 Mio.**

Protestanten **854 Mio.**

Orthodoxe **225 Mio.**

▶ Der orthodoxe Priester

Griechisch-orthodoxe Priester kleiden sich klassisch in ein schwarzes Gewand mit schwarzem Hut. Ihren Bart lassen sie in der Regel stehen; Heirat ist vor der Weihe erlaubt.

Kiotári
(Κιοτάρι)

In Kiotári (10 km südlich von Lárdos) sind in den beiden letzten Jahrzehnten eine ganze Reihe großer All-inclusive-Hotelanlagen entstanden. Weil deren Gäste wenig Geld außerhalb der Hotels ausgeben, hat die Entwicklung neuer Tavernen und Geschäfte mit den steigenden Übernachtungszahlen nicht Schritt gehalten. Groß ist jedoch das Wassersportangebot entlang des langen, zumeist grobsandig-kiesigen Strandes. Bestes Restaurant vor Ort ist die **Taverne Mourella** an der Uferstraße. Anziehungspunkte in der trendig gestylten **Shimbas Beach Bar** sind jede Montagnacht ab 23.00 Uhr die viel besuchten Surferpartys, die meist bis zum Sonnenaufgang dauern.

> **! BAEDEKER TIPP**
>
> *Schmuckes*
>
> Der kleine Schmuckladen Silver Art Shop an der Hauptdurchgangsstraße, an der Rückseite der Taverne Mourella, bietet die Gelegenheit, Ihren schönsten Strandfund sehr preiswert in Silber fassen zu lassen.

*Asklipío
(Ασκλιείο)

Das Dorf Asklipío, das von der Ruine einer Johanniterburg überragt wird, erreicht man 4 km westlich von Kiotári.

Die Hauptsehenswürdigkeit ist die mächtige **Kirche Kímisis tis Theotókou** (»Mariä Entschlafung«) in der Dorfmitte, **eines der bedeutendsten Gotteshäuser von Rhodos**. Der Kirchplatz ist mit einem typisch rhodischen Chochláki-(Kieselstein-)Boden belegt. Das Gotteshaus auf lateinischem Kreuzgrundriss wurde wohl eher im 13. oder 14. Jh. erbaut als 1060, wie über dem Westeingang steht. Im 17./18. Jh. kamen an den Seiten des spitztonnigen Langhauses zwei rechteckige, mit starken Kreuzrippengewölben versehene Räume hinzu. Den Vierungsraum schließt eine Kuppel ab. Im 17. Jh. – zwei Stifterinschriften nennen die Jahreszahlen 1646 und 1677 – wurde der Innenraum ganz mit Fresken ausgemalt. Neben Darstellungen aus dem Leben Christi und der Muttergottes sieht man im südlichen Querarm seltene Szenen aus der Apokalypse. Gezeigt werden beispielsweise die vier Apokalyptischen Reiter und der aus der Tiefe der Erde aufsteigende Antichrist. Den Altarraum trennt eine prächtig geschnitzte Ikonostase ab.

In dem kleinen **Museum** neben der Kirche sind sakrale Gegenstände, Bibeln und Ikonen ausgestellt. Außerdem wird das bäuerliche Leben anhand von landwirtschaftlichen Geräten lebendig.

Von der wahrscheinlich aus dem 15. Jh. stammenden **Burg** auf einem Felsen über dem Dorf sind noch geringe Mauerreste erhalten.

Museum: tgl. 9.00 – 18.00 Uhr; Eintritt: 1 €

Gennádi
(Γεννάδι)

Knapp 4 km von Kiotári entfernt liegt Gennádi, der südlichste Ferienort an der Ostküste. Trotz des langen Sandstrandes hat Gennádi noch keine Touristenströme anziehen können, wodurch der Ort (bisher) recht ruhig und unspektakulär geblieben ist.

Rhodos-Stadt

✦ E 1

Griechisch: Ρόδος
Einwohnerzahl: 57 000

Einst besaß die Hauptstadt der Insel Rhodos eines der Sieben Weltwunder, den monumentalen Koloss von Rhodos, heute kann sich die mittelalterliche Altstadt mit ihren romantischen Gassen mit dem Titel eines UNESCO-Weltkulturerbes schmücken. Und das macht sie mit Recht zu einem touristischen Highlight der Insel.

Rhodos-Stadt nimmt die Nordspitze der Insel ein und ist Verwaltungssitz der Inselgruppe Dodekanes. Das Außergewöhnliche ist die **malerische Altstadt**, die in ihrer baulichen Geschlossenheit einmalig in Griechenland ist. Hier sind Zeugnisse aus mehreren Epochen und Kulturen der rhodischen Geschichte versammelt. Die von einer starken mittelalterlichen Stadtmauer umgebene Altstadt wird im Norden von den eindrucksvollen Bauten der Johanniter geprägt. Zur Atmosphäre tragen aber auch die türkischen Gebäude im Süden der Altstadt bei, vor allem die Moscheen, die besondere Akzente im Stadtbild setzen. **Hauptstadt des Dodekanes**

Die Stadt lässt sich in drei Bereiche unterteilen: Ganz innen, am Handelshafen (Emborikó Limáni) breitet sich die von der Stadtmauer umgebene **Altstadt** aus. Diese kann man wiederum in das Ritterviertel – den nördlichen Teil der Altstadt um die Ritterstraße –, das südliche Türkenviertel und das kleine jüdische Viertel um die Synagoge Kahal Shalom gliedern. In der **Neustadt**, dem Geschäfts- und Touristenviertel, das sich an den Mandráki-Hafen anschließt, liegen Hotels, Läden und der Markt. Der größte Bezirk umfasst das von der Altstadt durch die Stadtmauer und Grünflächen getrennte **Wohngebiet** der Rhodier, das dem in anderen mediterranen Städten gleicht.

Die **Gründung von Rhodos-Stadt** fällt in das Jahr **408 v. Chr.**, als die drei rhodischen Städte Iálissos, Kámiros und Líndos den Synoikismos, den Zusammenschluss zu einem Gesamtstaat, vollzogen. Beim Bau der Stadt musste das leicht abfallende Gelände planiert und terrassiert werden, damit ein rechtwinkliges Straßensystem nach dem Prinzip des **Stadtplaners Hippodamos von Milet** angelegt werden konnte. Die Straßenzüge, von denen einige noch mit den heutigen identisch sind, versah man mit technisch ausgereiften Be- und Entwässerungsleitungen. Die neue Hauptstadt, in topografisch und strategisch äußerst günstiger Lage, war von nun an das politische, wirtschaftliche und kulturelle Zentrum der Insel. Rhodos hatte in seiner Blütezeit im 3./2. Jh. v. Chr. 60 000 bis 80 000 Einwohner. **Geschichte**

Beeindruckend erhebt sich der Großmeisterpalast über die Stadt.

Ein **Erdbeben** (227 v. Chr.) zerstörte große Teile der erst knapp 200 Jahre alten Stadt. Die römische Epoche und ein weiteres schweres Erdbeben 142 n. Chr. waren Ursachen für den Niedergang der Stadt. Warum in frühchristlicher Zeit die Einwohnerzahl des von den Byzantinern befestigten Rhodos rapide sank, ist ungeklärt. Vielleicht lag es an zwei weiteren Erdbeben in den Jahren 345 und 515.

Unter dem Johanniterorden (▶Baedeker Wissen S. 34)

Die antike Stadtanlage blieb bis zur **Zeit der Johanniter** bestehen. Der Orden erhielt dann nur einen Teilbereich dieser Anlage und umgab ihn mit einer Festung. Von 1309 bis 1523 baute er Rhodos zu einer der **stärksten Festungen Europas** aus. Sie galt als eine der schönsten Städte des östlichen Mittelmeers. Rhodos besaß ursprünglich nur eine befestigte Hafenanlage, den Embório-Hafen, der von den Rittern durch Mauern und Wehrtürme sehr verstärkt wurde. Im Mandráki-Hafen befand sich eine Schiffswerft, die bis vor wenigen Jahrzehnten hier ihren Platz hatte.

Den Kern der Stadt bildete der Großmeisterpalast an ihrem höchsten Punkt im Nordwesten. Eine sich von Westen nach Osten ziehende

Innenmauer teilte sie in zwei Bereiche: Der nördliche kleinere Teil der Ritter, **Kolachium** genannt, schloss den Großmeisterpalast, die Herbergen der Landsmannschaften (Zungen), das Hospital und die Wohnhäuser der Ritter ein. Der südliche größere Bereich, **Ville oder Burgus** genannt, bildete das eigentliche Wohnviertel der Rhodier. Neben den Griechen hatten sich auch Handelsherren, Bankiers, Reeder, Handwerker und Soldaten aus ganz Westeuropa in der Stadt niedergelassen. Im Ostteil von Rhodos wohnten die **Juden** (Handwerker, Händler und Ärzte) in einem eigenen Viertel. Das Zentrum des geschäftlichen Lebens bildete die Agora, eine große und breite Straße in der Ville. Rund um die Stadt erstreckten sich die berühmten **Gärten von Rhodos** mit ihren zahllosen Obstbäumen. Im Jahr 1465 unterteilte der Großmeister Raymond Zacosta die Festungsmauern in acht Abschnitte, die bei einer feindlichen Belagerung jeweils von einer Zunge zu verteidigen waren. Trotz der erdrückenden Übermacht konnten die Johanniter den Angriff der türkischen Flotte 1480 zurückschlagen.

1522 jedoch eroberten die Türken unter **Sultan Suleiman** nach einem mörderischen Kampf die Stadt. Da die Griechen daraufhin die Ritterstadt verlassen mussten, bauten sie sich außerhalb, entlang der Reste der antiken Straßen, ihre Häuser, dort, wo sich heute die Neustadt erstreckt.

Türkenherrschaft

✶✶ STADTMAUERN

Ein Spaziergang auf der Stadtmauer ist nur in einem kleinen Abschnitt und zu festgelegten Zeiten möglich, der Zugang dazu liegt beim Großmeisterpalast. Er ist nur Di. und Sa. von 8.00 – 12.00 Uhr möglich (Eintritt: 2 €). Jederzeit zugänglich ist der Wallgraben, dessen Eingänge beim St.-Peter-Turm nahe dem Mandráki-Hafen und beim Akándia-Tor im Osten der Altstadt liegen. Den imposanteren Eindruck von der Mächtigkeit der Festungsanlagen gewinnt man aber ohnehin bei einem Gang auf der Außenseite der Stadtmauern rund um die Altstadt, der größtenteils durch den Wallgraben und meerseitig dann entlang der Uferstraße führt.

Besichtigung

> **? Was sind Zungen?**
>
> BAEDEKER WISSEN
>
> Die Zungen der Ordensritter haben nichts mit dem Körperteil zu tun. Sie bezeichnen die nach nationaler bzw. territorialer Herkunft gegliederten Sektionen des Ordens. Die jeweiligen Zungen der italienischen, englischen, deutschen usw. Ritter besaßen in Rhodos-Stadt eigene Herbergen und Abschnitte der Stadtmauer, die sie zu bewachen hatten.

Als die Johanniter 1309 Rhodos eroberten, veränderten sie die vorhandenen byzantinischen Festungsmau-

ZIELE • Rhodos-Stadt

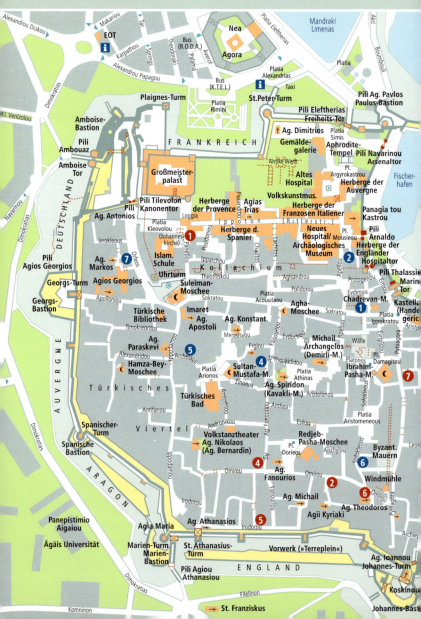

Rhodos-Stadt • ZIELE

Essen
1. Alexis
2. Dinoris
3. Alexis 4 Seasons
4. Marco Polo
5. Symposium
6. Mandala
7. Mama Sofia

Übernachten
1. Nikos Takis
2. Andreas
3. Cava d'Oro
4. Paris
5. Pink Elefant
6. Minos
7. Via-Via

Rhodos-Stadt

AUSKUNFT
EOT
Archiepiskopou Makariou/Papagou 2
Tel: 22410 4 43 30/5/6
eotrodos@otenet.gr
❶ Mo. – Fr. 8.00 – 14.45 Uhr
Infos zu Öffnungszeiten, Bus- und Schiffsverbindungen sowie Stadtpläne keine Zimmervermittlung.

Stadtverkehrsbüro
Platia Rimini
Tel. 22410 3 59 45
❶ Juni – Okt. Mo. – Fr. 8.00 – 15.00 Uhr

AUSGEHEN
Wer dem Nachtleben frönen will, wird in Rhodos-Stadt keine Probleme haben. Bars, Diskos und Nachtklubs mit nimmermüden, trinkfesten Touristen reihen sich vor allem in der Odos Orfanidi in der Neustadt aneinander.

SHOPPING
In den Gassen der Altstadt drängen sich vor allem die Souvenirshops, besonders in der Odos Sokratous, aber auch viele Pelz-, Schmuck- und Ledergeschäfte, wofür die Stadt bekannt ist. In der Neustadt bekommt man in der Néa Agorá alle Arten von Lebensmitteln. Modebewusste sollten sich in der Gegend um die Platia Kiprou umsehen.

ESSEN
❶ *Alexis* ❻❻❻❻
Sokratou 18
Tel. 22410 2 93 47
Das schon vor über 50 Jahren gegründete Fischrestaurant hat stets höchste Qualität gewahrt. Auf der Vorderseite sitzen die Gäste auf einer kleinen Terrasse di-

Das lohnt sich: Fisch bei Alexis

rekt an der lebhaften Odos Sokratous, auf der Rückseite in einem lauschigen Garten.

❸ *Alexis 4 Seasons* ❻❻❻❻
Aristotelou 33
Tel. 22410 7 05 22
www.alexis4seasons.com
Das Restaurant mit Platz für mehrere hundert Gäste auf verschiedenen Ebenen in einem riesigen Garten und auf einer Dachterrasse mit Hafenblick hat sich der kreativen mediterranen Küche verschrieben und serviert vor allem Fisch und Meeresfrüchte auf feinem englischem Porzellan. Kulinarische Ideen sind etwa Jakobsmuscheln in einer weißen Wodka-Sauce oder Krabbenrisotto mit Fenchel und Safran-Ouzo-Sauce.

❷ *Dinoris* ❻❻❻
Platia Mousiou
Tel. 22410 2 58 24
Mehrfach ausgezeichnetes schönes Traditionslokal in einem ehemaligen Pferde-

Gut speisen im Dinoris

stall in der Altstadt. Hier trifft man auch relativ viele Einheimische.

❻ *Mandala* €€€
Sofokleous 38
Tel. 22410 3 81 19
Das kleine, internationale Restaurant in einem besonders stillen Winkel der Altstadt widmet sich der evolutionären Küche und dem Slow Food. Die Gastgeberin ist eine schon lange auf Rhodos lebende Schwedin, die Gäste sind zumeist Rhodier und auf Rhodos lebende Ausländer. Gelegentlich treten hier auch durchreisende Musiker auf, die zumeist World Music machen.

❹ *Marco Polo* €€€
Agio Fanouriou 42
Tel. 22410 2 55 62
Das von einem Künstlerpaar betriebene Restaurant in einem alten türkischen Haus bereitet neben einem erstklassigen Moussaká auch einige Gerichte nach historischen byzantinischen Rezepten zu, z. B. Schweinefilet mit Käse und Feigenmarmelade. Die Gäste sind überwiegend Rhodier und Italiener.

❺ *Symposium* €€€
Archelaou 3
Tel. 22410 2 85 98
Restaurant in einem alten Haus in der Altstadt, wo man im begrünten Innenhof solide griechische Küche und hervorragende rhodische Weine genießen kann.

❼ *Mama Sofia* €€ - €€€
Orfeos 28
Tel. 2240 2 44 49
www.mamasofia.gr
Das sehr freundlich und familiär geführte Restaurant auf drei Etagen mit Plätzen an der Straße und auf einer Dachterrasse serviert eine besonders große Auswahl an Fisch und Meeresfrüchten zu relativ günstigen Preisen sowie üppige Fleisch- und Gemüsegerichte. Das Preis-Leistungs-Verhältnis stimmt hier.

ÜBERNACHTEN
❽ *Grand Hotel Rhodes* €€€€
(▶Karte S. 198
Akti Miaouli 1
Tel. 22410 2 62 84
www.mitsishotels.com, 405 Z.
In der Neustadt an der Küstenstraße gegenüber dem Stadtstrand gelegenes, traditionsreiches Haus in gepflegter Gartenanlage; geräumige Zimmer im eleganten Flügel Summer Palace; großzügiger Swimmingpool; Shopping-Arkade und Nachtklub.

❾ *Ibiscus* €€€€ (▶Karte S. 198
Nissirou 17
Tel. 22410 2 44 21/3
www.rhotel.gr, 207 Z.
Zentrums- und strandnah gelegenes behindertengerechtes Hotel mit gut ausgestatteten Zimmern, teilweise mit Meerblick; Kinderklub.

❶ *Nikos-Takis* €€€
Panetiou 26
Tel. 22410 7 07 73

www.nikostakishotel.com, 8 Z.
Kleines orientalisch inspiriertes Designerhotel zweier Athener Modeschöpfer, deren Kreationen man in der Hotelboutique kaufen kann.

❷ *Andreas* €€
Omirou 28 D
Tel. 22410 3 41 56
www.hotelandreas.com, 14 Z.
Die schöne Lage des 500 Jahre alten Hauses und die Aussicht über die Dächer der Altstadt, die man auch von der Frühstücksterrasse aus genießt, zeichnen die Pension aus.

❸ *Cava d' Oro* €€
Kisthiniou 15
Tel. 224 10 3 69 80
www.cavadoro.com, 13 Z.
Hotel in einem 800 Jahre alten Haus, ruhig an der Stadtmauer, 200 m vom Fähranleger entfernt gelegen.

Urige Pension Andreas

❻ *Minos* €€
Omirou 5
Tel. 22410 3 18 13
www.minospension.com, 15 Z.
Gute Pension mit einfachen, aber hellen Zimmern und herrlichem Ausblick von der Dachterrasse.

❹ *Paris* €€
Fanouriou 88
Tel. 22410 2 63 56
www.paris-hotel-rhodes.gr, 14. Z.
Zentral und ruhig, gegenüber einer Kirche gelegenes Hotel mit großem hübschem begrüntem Innenhof.

❼ *Via-Via* €€
Pythagoras 45/Lisipiou 2
Tel. 22410 7 70 27
www.hotel-via-via.com, 8 Z.
Kleine, ruhig gelegene, hübsche Pension einer flämischen Inhaberin, die ein üppiges Frühstücksbuffet bereithält. Es verfügt über einfache Zimmer und eine schöne Dachterrasse.

❺ *Pink Elephant* €
Irodotou 42
Tel. 22410 2 24 69
www.pinkelephantpension.com, 10 Z.
Beliebte kleine Pension mit ansprechendem Innenhof und Garten.

ern zunächst nur geringfügig. Nachdem aber der türkische Großangriff 1480 nur mit größter Mühe zurückgeschlagen werden konnte und ein schweres Erdbeben im folgenden Jahr große Schäden verursachte, ließ **Großmeister Pierre d'Aubusson** (1476 – 1505; ▶Berühmte Persönlichkeiten S. 55) die Festungsmauern fast vollständig erneuern. Zudem erforderten die aufkommenden Feuerwaffen neue, wehrtechnisch ausgereifte Befestigungen. Bei der Errichtung der Stadtmauern arbeiteten italienische und französische Festungsbaumeister mit. Dabei wurden die hohen Mauern abgetragen und bis zu den Kronen hinauf bis auf 12 m verbreitert, um so Kanonenkugeln standzuhalten. Zudem konnten dadurch auf den Mauerkronen Geschütze platziert werden. In den Gräben wurden teilweise **Terrepleins**, Vorwerke, angelegt, so dass zwei Gräben entstanden.

Die gesamte Nordwestecke der Ritterstadt baute man als zusammenhängenden Befestigungsteil, der auch die Westseite des Großmeisterpalastes sicherte. Südwestlich des Palastes steht das Ágios-António-Tor mit dem Relief des Heiligen über dem Eingang und dem Wappen des Großmeisters Jean de Lastic (1437 – 1454). Es durchbricht eine in Ost-West-Richtung verlaufende Mauer, die am Kanonentor beginnt, das der Zugang vom Großmeisterpalast zu den Befestigungen ist. Der vom Ágios-António-Tor nördlich verlaufende Zwischenwall schließt mit der so genannten Batterie der Olivenbäume ab, von der eine Brücke über den zweiten inneren Graben zum Großmeisterpalast führt.

Ágios-António-Tor

Geht man nach Westen auf einer Brücke über den ersten inneren Graben und durch einen mehrfach abgewinkelten, tunnelartigen Tordurchgang, kommt man zu dem von zwei mächtigen halbrunden Türmen flankierten Amboise-Tor. Es zeigt über dem Eingang in einer Nische ein Relief eines Engels, der die Wappen des Johanniterordens

Amboise-Tor

Amboise-Tor: wehrhafter Zugang in die Altstadt

Highlights in Rhodos-Stadt

▶ **Stadtmauern**
Die starken Mauern und trutzigen Tore der Stadtmauer aus dem 15. Jh. umschließen die Altstadt.
Seite 173

▶ **Altstadt**
Romantische Gassen führen durch die mittelalterliche Altstadt, die in ihrer baulichen Geschlossenheit einmalig ist.
Seite 173

▶ **Archäologisches Museum**
Antike Schätze im ehemaligen Hospital aus der Johanniterzeit.
Seite 184

▶ **Ritterstraße**
Das geschlossene Bild einer Straße mit Herbergen der Ordensritter aus dem 15. Jahrhundert
Seite 187

▶ **Großmeisterpalast**
Die imposante Residenz der Großmeister des Johanniterordens aus dem 14. Jh. kann man besichtigen.
Seite 189

▶ **Mandráki-Hafen**
Treffpunkt für Einheimische und Touristen.
Seite 197

---

und des Großmeisters Emery d' Amboise (1505 – 1512) hält. Südlich des Tores beginnt der Mauerabschnitt der deutschen Ritter. Dessen Ende wird markiert von der nicht zugänglichen **Ágios-Geórgios-Bastion** mit dem gleichnamigen Tor und einem viereckigen Turm, dessen Außenmauer mit einem schönen Relief des hl. Georg als Drachentöter verziert ist.

Für die sich anschließende Verteidigungsmauer waren die Ritter der Auvergne zuständig. Sie wird im Süden begrenzt vom **Turm der Spanier**, erbaut 1489 von d' Aubusson, wie sein Wappen bezeugt. Er wird von einer Bastion gesichert. Der folgende Mauerabschnitt unterstand den Rittern von Aragonien.

Die Südwestecke der Stadtmauer bildet das **Ágios-Athanásios-Tor**, das von dem mächtigen runden Marienturm ergänzt wird. Die Toranlage besaß drei Zugänge und Zugbrücken. Der Eroberer von Rhodos, Sultan Suleiman, ließ die Anlage 1531 zumauern, damit kein anderer Eroberer die Stadt an ihrer »verwundbarsten Stelle« mehr betreten könnte.

Marienturm Dem 1441 erbauten Marienturm, einer polygonalen Bastion, sind zwei Gräben vorgelagert. Der nächste Mauerabschnitt, der von den englischen Rittern verteidigt wurde, ist durch einen Graben mit einem Terreplein (Vorwerk) geschützt und mit vier kleinen eckigen Türmen versehen.

Rhodos-Stadt • ZIELE

Eine zweibogige Brücke führt zur Johannes-Bastion mit dem **Koskinou-Tor**. Oberhalb des Tores sind der Schutzheilige Johannes der Täufer und die Wappen des Ordens und von d'Aubusson zu sehen. Eine weitere Brücke leitet in die Bastion aus der Zeit des Großmeisters Zacosta (1461 – 1467). Im Innern erhebt sich auf einer spornartigen Bastion ein älterer quadratischer Turm. Eine Kapelle des Schutzheiligen steht nördlich des Turms, eine andere an der Innenseite der Stadtmauer.

Johannes-Bastion

Anschließend verläuft der den Rittern der Provence zugeteilte Mauerabschnitt, der mit drei kleinen Türmen gesichert und mehrfach abgewinkelt zum mächtigen imponierenden Turm der Italiener (1517) führt. Der Turm wird von einer starken **Rundbastion** umgeben, auf der Geschütze standen. Im Innern der Bastion führt eine Rampe mit Schießscharten spiralförmig in den Graben, um den Feind dort bekämpfen zu können.
Der Stadtmauer nach Norden folgend, kommt der Besucher am **Italien-Tor** vorbei zum italienischen Verteidigungsabschnitt. An der breiten Mühlenmole sieht man das **Agía-Ekateríni-Tor**. Man geht nun der Mauer entlang weiter bis zum mächtigen **Marine-Tor**, das mit einem Hochrelief geschmückt ist, auf dem Maria mit dem Christuskind, Petrus und Johannes der Täufer dargestellt sind. Das Tor wird von zwei mächtigen Türmen flankiert, die von dreiteiligen Gurtgesimsen gegliedert sind.

Turm der Italiener

Am **Arsenal-Tor** vorbei kommt man zur polygonalen Ágios-Pávlos-Bastion mit dem gleichnamigen runden Turm, an dem man in einer Nische ein Relief des Paulus, ferner die Wappen von Papst Sixtus IV. und von d'Aubusson erkennt. Östlich der Bastion auf der Molenspitze sieht man die Fundamente des **Naillac-Turmes**, benannt nach seinem Erbauer, dem Großmeister Philibert de Naillac (1396 – 1421), und 1863 durch ein Erdbeben zerstört.

Ágios-Pávlos-Bastion

** RITTERVIERTEL

Trotz der vielen Besucher in der Saison hat sich die denkmalgeschützte Altstadt eine außergewöhnliche Atmosphäre bewahrt. Der nördliche Teil der Altstadt war einst das Ritterviertel, das durch Mauern vom griechischen Teil der Stadt abgeschirmt war. Die Distanz zu den Griechen – vor allem auch zu den weiblichen – sollte wohl durch die Anordnung verschärft werden, dass die Ritter nur mindestens in Zweiergruppen und auf dem Pferd ihre Mauern verlassen durften. Vor allem die Ritterstraße (Odos Ippoton) mit ihren hervorragend erhaltenen Gebäuden vermittelt einen faszinierenden Eindruck einer fremden, längst vergangenen Welt.

Geschlossenes Bauensemble

ZIELE • Rhodos-Stadt

Platia Simis — Der Simi-Platz am nördlichen Eingang zur Altstadt wird vom Eleftherías-Tor und vom Arsenal-Tor erschlossen. Der Name dieses Tores deutet darauf hin, dass sich hier einst Waffenkammern befanden. Auf dem Platz sind Überreste – Stylobat (oberste Tempelstufe) und Architekturfragmente – eines dorischen **Aphrodite-Tempels** (3. Jh. v. Chr.) erhalten.

Museen für Moderne Griechische Kunst — Das Museum für Moderne Griechische Kunst ist in drei Gebäuden untergebracht. Die **Gemäldegalerie** (an der Westseite des Simi-Platzes) und das **Nestorídio Melathrón** an der Platia Charitou bieten die seltene Möglichkeit, sich einen Überblick über die griechische Kunst des 19. und 20. Jh.s zu verschaffen. Das Zentrum für Gegenwartskunst (▶Odos Sokratous S. 195). präsentiert zeitgenössische Kunst.
Gemäldegalerie: Mo.–Fr. 9.00–14.00 Uhr
Nestorídio Melathrón: Di.–Sa. 9.00–14.00 Uhr
www.mgamuseum.gr; Gesamtticket für alle drei Museen: 3 €

Platia Argyrokastrous — Nach Süden geht der Simi-Platz in die stimmungsvolle kleine Platia Argyrokastrous über. Besonders hübsch ist der **Brunnen**, der aus einem frühchristlichen Taufbecken und einer zierlichen Säule aus der Agía-Iríni-Kirche bei Arnítha zusammengesetzt ist.

In der Dämmerung entfaltet der Agyrokastrou-Platz sein ganzes Flair.

Rhodos-Stadt • ZIELE

Das Alte Hospital an der Westseite des Argyrokastrou-Platzes ließ Großmeister Roger de Pins Mitte des 14. Jh.s erbauen. In dem von Zinnen bekrönten Gebäudeteil war einst der Haupteingang im Erdgeschoss, später wurden eine Freitreppe und ein gesonderter Zugang ins Obergeschoss gebaut, wo die Apsis der Hospitalkapelle ein wenig hervortritt. Der linke Flügel des Hospitals mit einem breiten Bogen im Erdgeschoss und einer dreibogigen Arkade im Obergeschoss ist ein Anbau des 20. Jh.s. Heute ist hier das **Archäologische Institut** untergebracht.

Altes Hospital

Das Museum für Dekorative Kunst an der Südseite des Argyrokastrou-Platzes zeigt **Keramik, Webarbeiten, Stickereien und Schnitzereien von den Dodekanes-Inseln** aus türkischer Zeit. Auch typisch rhodische Teller sind ausgestellt, mit denen die Wände der Häuser geschmückt waren. Außerdem werden prächtige Trachten und Möbel des 18. Jh.s präsentiert. Besonders schön ist eine Truhe mit reichem Schnitzdekor auf rotem Grund. Die Gläser und Fayencen stammen vor allem aus Venedig. Der Sperveri ist ein Vorhang, der das Brautbett verhüllte, das Abataros ein hohes hölzernes Podest, das als Schlafstelle für die ganze Familie und als Aufbewahrungsort für Vorräte diente. Schließlich kann man noch den nachgebildeten Wohnraum eines rhodischen Hauses mit Kamin und Webstuhl besichtigen.
❶ Di.–So. 8.30–14.40 Uhr; Eintritt: 2 €

Museum für Dekorative Kunst

Die Ostseite des Argyrokastrou-Platzes wird von der Ende des 15. Jh.s errichteten Herberge der Ritter der Auvergne. die von strenger, schmuckloser Gestalt ist, eingenommen. Im Untergeschoss befinden sich gewölbte Magazinräume und im Obergeschoss eine Loggia mit Arkaden. Der Haupteingang befindet sich hinter dem gewölbten Bogen auf der linken Seite. Besonders romantisch ist der Innenhof rechts davon.

Herberge der Ritter der Auvergne

Geht man vom Argyrokástrou-Platz durch den Torbogen, kommt man zur kleinen hübschen Platia Mousieou (»Museumsplatz«) mit Chochláki-(Kieselstein-)Boden, an dem die **byzantinische Kirche** Panagía tou Kástrou steht. Sie wurde vielleicht schon im 11. Jh., aber sicher im 13. Jh. als Kreuzkuppelkirche erbaut. Zu Beginn der Ritterzeit widmete man das Gotteshaus für den römisch-katholischen Ritus um. Von 1319 bis 1346 wurde es zu einer dreischiffigen Basilika mit gotischem Kreuzrippengewölbe umgebaut. Im westlichen Teil des Mittelschiffes sind noch einige Freskenfragmente vorhanden. In türkischer Zeit verwandelte man die Basilika in eine Moschee, deren islamische Bauteile später wieder abgerissen wurden. Die Kirche, die bisher auch ein Byzantinisches Museum beherbergte, ist bis auf Weiteres wegen Sanierung geschlossen.

Panagía tou Kástrou

Weitere Gebäude

An der südlich zum Hafen führenden Straße sieht man links das Wohnhaus des Ritters Guillaume de Melay und rechts die **Herberge der englischen Ritter**, die 1493 errichtet und im 19. Jh. vollkommen zerstört wurde. Die Italiener ließen die Herberge 1919 nach Vorlagen von 1826 wiederaufbauen. Das Neue Hospital an der Westseite der Platia Mousieou beherbergt heute das sehenswerte Archäologische Museum (►S. 184. Über die beeindruckende Ritterstraße (Odos Ippoton, ► S. 187) gelangt man zum Großmeisterpalast (► S. 189).

Uhrturm (Abb. S. 5)

Südlich des Großmeisterpalastes, an der Odos Odfeos, steht ein Uhrturm, der 1852 auf den Grundmauern eines Festungsturms aus dem 13. Jh. erbaut wurde. Dieser war Teil der Befestigung, der die Ritterstadt von der griechischen Bevölkerung trennen sollte. Man kann den Turm besteigen; von oben hat man einen Ausblick auf die Altstadt – allerdings nur durch vier kleine Fenster.

❶ In der Saison tgl. 9.00 – 22.00 Uhr;
Eintritt: 5 € inklusive Erfrischungsgetränk

*Ágios Geórgios

Eine der schönsten Kirchen von Rhodos ist die im ausgehenden 14. Jh. entstandene Vierkonchenanlage Ágios Geórgios südwestlich vom Uhrturm. Typisch rhodisch ist die Nischengestaltung am Tambour, der durch 20 schmale Ausbuchtungen gegliedert ist. Auch im Innern zeigt der Tambour eine schöne Nischengliederung. Die Konchenarme sind innen halbkreisförmig und außen dreiseitig ausgebildet. 1447 kam die Kirche zu einem Kloster, wahrscheinlich der Franziskaner. Aus dieser Zeit stammen die beiden Anbauten: im Westen ein Narthex und im Norden eine offene Vorhalle mit Kreuzgewölbe. Die Türken nutzten die Kirche als Medresse (Koranschule), die den Beinamen Hurmalc (»bei den Dattelbäumen«) führte. Daran erinnern Reste einer Kibla-Wand mit einem Mihrab (Gebetsnische).

❶ Nur von außen zu besichtigens

* ARCHÄOLOGISCHES MUSEUM

❶ Mai – Okt. Mo. – Fr. 8.00 – 21.00, Sa. 9.00 – 14.30,
Nov. – April Mo. – Fr. 8.00 – 21.00 Uhr

Neues Hospital

Das Neue Hospital an der Westseite der Platía Mouseíou ist **eines der schönsten und besterhaltenen Gebäude aus der Ritterzeit**. Laut Inschrift über dem Haupteingang wurde mit seinem Bau 1440 unter dem Großmeister Jean de Lastic begonnen. Wohl aus Geldmangel zogen sich die Bauarbeiten bis 1489 hin, obwohl das Gebäude bereits 1485 in Betrieb genommen wurde.

Das Neue Hospital, das nach dem Großmeisterpalast zweitgrößte Gebäude des Ritterordens, verfügt über ein weiträumiges Erdgeschoss mit Gewölben, die einst als Ställe für Reit- und Tragetiere sowie als Lagerräume genutzt wurden. Über dem Haupteingang tritt als dreiseitiger Erker mit spätgotischen Fenstern die Kapelle aus der massiven, nur mit Gurtgesimsen verzierten Wand des Krankensaales hervor. Zur Ritterstraße hin gliedern symmetrisch angeordnete Fenster und Torbögen die Fassade. An der Westecke ist ein Portal in spätgotischem Flamboyantstil eingelassen.

Durch den kreuzrippengewölbten gotischen **Torweg** gelangt man in den schlichten doppelgeschossigen **Arkadenhof**. Im Bogengang des Erdgeschosses stützen sich die mächtigen Kreuzrippengewölbe auf massive Säulenbündel. Ins Auge fällt im Hof die Löwenplastik mit Stierkopf in den Pranken, die einst ein hellenistisches Grabmal schmückte. Die Steinkugelpyramide erinnert daran, dass von Katapulten Steingeschosse auf die Gegner geschleudert wurden. Eine große Treppe führt zu den Ausstellungsräumen im Obergeschoss.

Innenhof

Beeindruckend in seinen Ausmaßen (51 m lang, 12 m breit, 8 m hoch) ist der durch eine Arkadenreihe zweigeteilte **ehemalige Krankensaal (Saal I)**. Unklar ist der Zweck der kleinen Zellen in den Längswänden; sie könnten statische Entlastungsfunktion haben oder als Isolierräume für die Kranken gedient haben. Einst der Pflege von verwundeten Rittern und Söldnern dienend, birgt der gotische Saal in gedämpftem Licht heute eine Fülle von an den Wänden aufgerichteten **Grabplatten** vom 14. bis zum 16. Jh. mit plastischen Darstellungen von Verstorbenen.

Museum

Hauptsächlich **Reliefplastik** der Spätantike wird heute im **ehemaligen Speisesaal (Saal II)** des Hospitals ausgestellt, darunter marmorne Grabstelen mit Reiterdarstellungen, ein Weiherelief mit fünf Männern und fünf Knaben im Beisein eines Sklaven, der das Opfertier zum Altar führt, sowie eine Urne mit den Porträts eines Ehepaares. In der **ehemaligen Küche (Saal III)** des Hospitals sind **archaische Skulpturen** zu sehen, darunter Teile eines verzierten Weihwasserbeckens (7. Jh. v. Chr.) aus Kámiros sowie Figurenfragmente von Kouroi (6. Jh. v. Chr.). Als Grab- oder Weihestatue war der stets nackt dargestellte Kouros das Idealbild körperlicher Vollkommenheit und Lebenskraft, sterblich wie die Menschen und unsterblich wie die Götter zugleich.

Aus der Epoche der Klassik hat sich noch eine viel beachtete ***Grabstele von Krito und Timarista** (um 410 v. Chr.) mit einem sehr feinfühlig gearbeiteten Relief erhalten, das den bewegenden Abschied der Tochter Krito von ihrer Mutter Timarista zeigt. Während Krito mit ihrer Rechten die Mutter noch

Grabstele von Krito und Timarista

einmal berühren möchte, zeigt die Verstorbene im Blick und in Hand- und Fußstellung, dass sie gedrängt ist, diese Welt zu verlassen. Auf einer anderen Grabstele erscheint ein jugendlicher Krieger an eine Säule gelehnt in Betrachtung seines Helms über die Vergänglichkeit des Heldenlebens nachsinnend. Beachtenswert ist zudem der Marmorkopf einer Frau im reifen Alter mit lebensnahen Gesichtszügen, von einem zarten Schleier umspielt.

Im **Lichthof** stehen vor allem stark beschädigte **Einzelstatuen, Grabstelen, Grabaltäre und Tierfiguren** aus hellenistischer und römischer Zeit, darunter ein kurioser kleiner Grabstein für einen Hund, Delfine als Seelentiere sowie ein Rundaltar mit der Wiedergabe eines Totenmahls. Außerdem hat man einen **Grabtempel**, gerahmt von zwei Zypressen, mit einem Tropaion (männlicher Oberkörper mit Brustharnisch, um den sich die Totenschlange windet), aus der Nekropole von Rhodos rekonstruiert.

Saal IV: Zu den rhodischen Bildhauerarbeiten der hellenistischen und römischen Epoche zählen mehrere ausdrucksvolle **Porträtköpfe**, die lebensgroße Grabfigur eines Kindes, die aus dem Hafenwasser geborgene große Kultstatue einer Aphrodite, die ihre Nacktheit zu bedecken versucht, außerdem eine **Nymphe oder Aphrodite**, die in komplizierter Bewegung ihren rechten Fuß auf einen Felsen stützt. Ein weiteres Meisterwerk und eines der berühmtesten Stücke des Museums ist der ****Marmorkopf des Sonnengottes Helios** (1. Hälfte 2. Jh. v. Chr.; ▶Abb. S. 45), der Schutzgottheit von Rhodos, wahrscheinlich aus dem ihm geweihten Tempel der Stadt stammend. Wehendes Haar, gedankenvoller Blick und halb geöffnete Lippen lassen vermuten, dass er gerade mit der Lenkung des Vierergespanns am Sonnenwagen beschäftigt ist. Löcher im Haar legen nahe, dass einst goldene Strahlen aus Metall sein Haupt umkränzten. Unter etlichen fragmentierten hellenistischen wie römischen Statuen in **Saal V** ragt die fast unversehrte kleine kauernde ***Aphrodite** aus Marmor hervor (um 100 v. Chr.), die, in ihrem Haar spielend, den Betrachter mit ihren Reizen betören will.

Die kauernde Aphrodite

In den **Sälen 1 bis 8** sind die **Gefäßfunde**, meist Grabbeigaben, der Grabungen von Iálissos und in den **Sälen 9 bis 15 Keramikfunde** aus der Nekropole von Kámiros ausgestellt. Es sind nie alle Räume gleichzeitig geöffnet.

In einem von der Straße (Ecke Museumsplatz/Ritterstraße) aus zugänglichen Saal werden **archaische Pitharia** (große Tongefäße) aus der Zeit zwischen 625 und 525 v. Chr. präsentiert, in denen die Toten in Hockstellung begraben wurden.

** RITTERSTRASSE

Die beeindruckende mittelalterliche Ritterstraße (**Odos Ippoton**), die auf der Trasse einer antiken Straße verläuft, ist in ihrem hervorragenden Erhaltungszustand und ihrer Geschlossenheit einmalig. Hier befinden sich die **Herbergen der verschiedenen Zungen**, der landsmannschaftlichen Rittergemeinschaften des Johanniterordens, wo die Ritter zusammen aßen, Besprechungen abhielten und offiziellen Besuch empfingen. Sie wohnten allerdings nicht in den Herbergen, sondern in Privaträumen in der Ritterstadt. In osmanischer Zeit lebten hier wohlhabende Kaufleute und andere reiche Türken, die vergitterte Holzerker, die die Frauen zum Schauen nutzten, an die Fassaden bauen ließen. Die Italiener entfernten diese Anbauten wieder und renovierten die alten Herbergen.

Mittelalterliches Ritterleben

Wenn man die Ritterstraße hinaufgeht, sieht man am Beginn, gegenüber der Nordfassade des Archäologischen Museums, zwei Gebäude, deren Zweck nicht bekannt ist. Daneben steht die 1519 vollendete **Herberge von Italien** mit einem spitzbogigen, in einen Innenhof führenden Tor. An der von einem Gurtgesims gegliederten Fassade ist zwischen den oberen Fenstern das von einem Kielbogen eingefasste Wappen des Großmeisters Fabrizio del Carretto angebracht. Das folgende Gebäude mit zwei unterschiedlichen Fassadenteilen lässt sich keiner Zunge zuordnen.

Gebäude an der Ritterstraße

Die Ritterstraße vermittelt ein anschauliches Bild von den Johannitern.

Das prächtigste Gebäude der Ritterstraße ist die anschließende, wohl 1492 erbaute **Herberge der französischen Ritter**, die sich in der Fassadengestaltung durch zwei abgestufte Gurtgesimse der leicht ansteigenden Straße anpasst. Das spitzbogige Portal ist oben von einem rechteckigen Rahmen eingefasst, in dem links das Wappen des Ordens und rechts das des Großmeisters Emery d' Amboise eingemeißelt ist. Zwischen den beiden im oberen Bereich durch einen gemeinsamen Rahmen verbundenen Fenstern sind auf einer Platte links das Wappen von Frankreich mit den drei Lilien und der Königskrone sowie der Jahreszahl 1495 und rechts das des Großmeisters Pierre d' Aubusson mit Kardinalshut zu sehen.

Kleiner Palast Gegenüber der Herberge steht ein Ende des 15. Jh.s erbauter kleiner Palast, dessen Portal im katalanischen Stil darauf hindeutet, dass er den Rittern aus Aragon oder Kastilien zugeordnet war. In der kleinen Gasse am oberen Ende der Herberge von Frankreich findet man ein dieser Zunge zuhöriges Gebäude, **Haus von Djijim** genannt, das 1510 im Renaissancestil errichtet wurde. Die kleine, 1499 erbaute **Ágios-Dimítrios-Kapelle** am Ende der Gasse mit außen dreiseitiger Apsis nimmt die Stelle eines Dionysos-Tempels ein, der wahrscheinlich zu dem berühmten Dionysos-Heiligtum gehörte.
Kleiner Palast: Di. – So. 11.00 – 14.30 Uhr

Agá-Tráda-Kirche Weiter der Ritterstraße folgend, kommt man an zwei Gebäuden vorbei, deren Funktion nicht geklärt ist, zur Agía-Triáda-Kirche. Das Gotteshaus, das wahrscheinlich aus der Zeit des Großmeisters Raymond Béranger (1365 – 1374) stammt, schmückt ein Baldachin mit einer nicht originalen Marienskulptur. Über dem spitzbogigen Mittelportal erkennt man ein päpstliches sowie das englische und französische Wappen. In türkischer Zeit wurde in der Südostecke des Innern eine nach Mekka ausgerichtete Gebetsnische eingebaut.

Weitere Ritterherbergen Es folgt das so genannte **Wohnhaus des Küsters**, an dem zwischen den Gewölben im Untergeschoss ein Wappen angebracht ist. Im Obergeschoss sind zwischen zwei Fenstern ferner fünf Wappen kreuzförmig angeordnet. Ein Schwibbogen überspannt hier die Ritterstraße und leitet zu einem Gebäudetrakt, der zu der westlich anschließenden **Herberge der Ritter von Aragon** gehört. Das Gebäude ziert ein Türbogen im katalanischen Stil. Gegenüber steht die **Herberge der Ritter der Provence**, die bei der Explosion der Ágios-Ioánnis-Kirche 1856 zerstört wurde. Über einem spitzbogigen Portal sieht man in einem kreuzförmigen Rahmen in der Mitte das Wappen von Frankreich, links das Ordenswappen, rechts das Wappen von del Carretto und unten das von Flotta aus Toulouse. Es gibt bisher keine Informationen darüber, wo die Herberge der deutschen Ritter lag. Das Ende der Ritterstraße bildet ein quergestelltes Gebäude mit

Durchgang. Links stand früher die dem **hl. Johannes geweihte Hauptkirche des Ordens**, die im 14. Jh. erbaut wurde. Im Jahr 1856 flog sie durch einen Blitzschlag in die Luft, weil hier noch große Mengen Schießpulver von der Belagerung des Jahres 1522 deponiert waren, was man vergessen hatte. Dabei wurden auch Teile der Stadt zerstört und der Großmeisterpalast stark beschädigt. Die Italiener ließen die Johanneskirche nach alten Zeichnungen originalgetreu am Mandráki-Hafen wiederaufbauen. Überreste der zerstörten Johanneskirche grub man in neuester Zeit aus.

* GROSSMEISTERPALAST
❶ Mai – Okt. Mo. 13.30 – 19.40, Di. – So. 8.30 – 19.40, Nov. – April Di. – So. 8.30 – 15.00 Uhr; Eintritt: 6 €

Das Stadtbild wird dominiert vom imposanten Großmeisterpalast, der auf der höchsten Stelle der mittelalterlichen Stadt errichtet wurde und mit den Befestigungsanlagen verbunden ist. Die vermutlich aus dem 8. Jh. stammende Festung ließen die Johanniter im 14. Jh. zum Großmeisterpalast ausbauen. Diese **Residenz der Großmeister** war gleichzeitig Regierungssitz des von dem Orden gegründeten souveränen Staates Rhodos. Nach starker Beschädigung durch das Erdbeben von 1481 wurde der Großmeisterpalast unter Großmeister Pierre d'Aubusson renoviert. Die Türken nutzten den Palast später als Gefängnis. Große Schäden hinterließ die Explosion des Pulvermagazins

Ehemaliger Regierungssitz der Johanniter

Trutziger Eingangsbereich des Großmeisterpalastes

in der Johanneskirche 1856. Die Italiener ließen in den 1930er-Jahren den Großmeisterpalast nicht originalgetreu wiederaufbauen, wobei die erhaltenen Baureste, die unteren Teile der Außenmauern, der Haupteingang mit den zwei Türmen und Teile der Großmeisterwohnung, miteinbezogen wurden. Der rekonstruierte Palast, der als Residenz für den italienischen König und Mussolini vorgesehen war – allerdings niemals von ihnen genutzt wurde –, spiegelt in seiner Monumentalität den Geschmack des Faschismus wider.

Gesamtbild Trotz der umstrittenen, historisch fragwürdigen Rekonstruktionen imponiert der Großmeisterpalast durch seine **grandiose Außenanlage**. Besonders beeindruckend ist der große schlichte Innenhof. Die Innenraumgestaltung ist allerdings nicht gelungen, da sie nach dekorativen und weniger nach denkmalpflegerischen Gesichtspunkten vorgenommen wurde. Die wahllose Ansammlung von Möbeln und Kunstwerken aus verschiedenen Jahrhunderten vermittelt kein authentisches Bild der Repräsentations- und Wohnräume der Ritter.

Rundgang Von der Loggia am Kleoboulos-Platz kommt man rechts durch ein Gittertor zum **südlichen Vorhof** des Großmeisterpalastes. Gleich links hinter dem Tor steht ein Gebäude, in dem einst der Bischof von Rhodos wohnte. An seiner Fassade ist eine Emailletafel mit einem Auszug aus dem Buch »De bello Rhodio« von Jakob Fontano angebracht, in dem der Kampf der griechischen Bevölkerung während der türkischen Belagerung 1522 geschildert wird.
Das **Hauptportal** des Palastes, das von zwei halbrunden Türmen mit auskragenden Zinnen flankiert wird, führt in den **Innenhof**, dessen harmonischer Gesamteindruck vor allem von der nördlichen Fassade mit den Bogenstellungen im Untergeschoss und der darüber liegenden Loggia bestimmt wird. Diese Bögen sind mit Statuen des 2. und 1. Jh.s v. Chr. größtenteils von der Insel Kos versehen. Auf einem Podest in der Südwestecke des Hofes stehen zwei Säulen aus einer frühchristlichen Kirche und daneben ein Sarkophag, ebenfalls aus dieser Zeit. In der **Eingangshalle** befindet sich rechts der breiten, ins Obergeschoss führenden Freitreppe die **Palastkapelle** mit Kreuzrippengewölbe, in der eine Kopie der Statue des hl. Nikolaus (15. Jh.) des italienischen Bildhauers Donatello zu sehen ist.

Erdgeschoss, Untergeschoss In der thematisch gegliederten Ausstellung (Räume 1 – 6) werden mit musikalischer Untermalung einige **Aspekte der Lebensweise auf Rhodos vom 4. Jh. bis 1522**, dem Jahr der Eroberung durch die Türken, illustriert. Die Themenpalette umfasst Wirtschaft, Alltagsleben, Militärgeschichte, Verwaltung von Staat und Kirche, kulturelles und religiöses Leben.
Eine weitere, ansprechend gestaltete Ausstellung, die im nördlichen Bereich des Erdgeschosses (Räume I – VII) und im Untergeschoss

Rhodos-Stadt • ZIELE

Verschiedene Kunstepochen sind im Großmeisterpalast vertreten.

(Räume VIII – XII) verteilt ist, präsentiert **2400 Jahre der frühen rhodischen Geschichte**, und zwar von der neolithischen Zeit bis zur Gründung von Rhodos-Stadt (408 v. Chr.). Das religiöse und Alltagsleben werden anhand von Weihegaben, Keramik und Glasgefäßen veranschaulicht. In den Räumen im Untergeschoss sind Keramik, Statuetten, Bronzen, Glasgefäße und Münzen ausgestellt. Besonders interessant sind die **Nachbildungen des Koloss von Rhodos** aus verschiedenen Zeiten (Raum IX).

Der weitere Rundgang durch den Palast führt die Freitreppe hinauf ins Obergeschoss. Man sollte beachten, dass nur ein Teil der Räume zugänglich ist. Über einen Vorraum gelangt man in den so genannten **Trophäensaal** mit drei Bogenstellungen, die auf Säulen mit spätantiken Kapitellen (Ende 4. Jh.) ruhen. In einer Ecke steht eine Trophäe auf einem Marmoraltar (1. Jh. v. Chr.) mit einem Relief, auf dem Dionysos und tanzende Mänaden dargestellt sind. Auf einem der Mosaike wird eine fein gearbeitete Jagdszene gezeigt.

Obergeschoss

Im nächsten Saal fällt der Blick auf die Kopie der berühmten **Laokoon-Gruppe**; das heute in den Vatikanischen Museen in Rom ausgestellte späthellenistische Original wurde von den rhodischen Bildhauern Agesandros, Athanodoros und Polydoros geschaffen (▶Baedeker Wissen S. 46).

Ein Medusa-Mosaik und chinesische Vasen sind im folgenden kleinen Saal zu sehen. Auch der **Saal mit Kreuzrippengewölben** ist mit einem Mosaik geschmückt und zudem mit wertvollen Renaissancebänken versehen. Die so genannte Kanzlei ist mit kostbaren Möbeln des 16. Jh.s ausgestattet. Weiter geht es in den **Arkadensaal**, den größten Raum des Palastes, der durch zwei von Säulen gestützten Bögen in drei Schiffe geteilt wird. Besonders schön ist das frühbyzantinische Mosaik mit geometrischen Mustern von der Insel Kos. In der Nordwestecke des Palastes befinden sich der Musik- und der Speisesaal, die meistens verschlossen sind. Das rhodische **Mosaik** aus dem 3. Jh. n. Chr. im folgenden Saal zeigt einen Thyrsos, den Stab des Dionysos, und im anschließenden Raum ist auf einem Mosaik ein Mischwesen, auf dem eine Nymphe reitet, dargestellt. Der Saal in der Nordostecke ist mit einem Delfinmosaik versehen. Das Mosaik im Flur an der Südostecke zeigt den Kampf Poseidons mit dem Giganten Polybotes.

Es folgen Räume, in denen Gegenstände des Johanniterordens wie Kleidung und Orden ausgestellt sind; außerdem werden in einem Raum Porträts der Großmeister präsentiert. Im folgenden Saal ist ein Mosaik mit den neun Musen (3./2. Jh. v. Chr.) zu sehen. Den Abschluss des Rundgangs bilden Räume, die mit Chorgestühl aus der Renaissance ausgestattet sind.

TÜRKISCHES VIERTEL

Suleiman-Moschee

Den Teil der Altstadt südlich der Ritterstraße bildet das türkische Viertel. Die Suleiman-Moschee am westlichen Ende der Sokratou-Straße wurde 1808 anstelle eines Vorgängerbaus erbaut, den Suleiman der Prächtige nach der Eroberung von Rhodos (1522) errichten ließ. Die islamischen Gotteshäuser sind nach Mekka, also nach Südosten, ausgerichtet und folgen damit nicht dem rechtwinkligen Straßenraster der Stadtanlage. Im Vorgarten steht ein Reinigungsbrunnen. Die Moschee besitzt eine Vorhalle mit Arkaden und sieben Kuppeln, das Portal ist mit einer Marmoreinfassung im Renaissancestil geschmückt. Im Innern befindet sich an der Südostwand der Mihrab (Gebetsnische), daneben steht der Mimbar (Predigtkanzel). Noch nicht zugänglich. – Neben der Moschee werden Ausgrabungen der byzantinischen Festung und der Johanneskirche durchgeführt.

Hafiz-Ahmed-Agha-Bibliothek

Die türkische Hafiz-Ahmed-Agha-Bibliothek gegenüber der Moschee geht auf das frühe 13. Jh. zurück und wurde 1794 neu gegründet. Bei der Besichtigung kommt man zunächst in einen kleinen, malerischen, blumengeschmückten Innenhof. Die Bibliothek verwahrt **kostbare türkische, persische und arabische Handschriften**, darunter handgeschriebene Koranausgaben.
❶ Mo.–Sa. 9.30–16.00 Uhr

Das Herz der Stadt: der Ippokratous-Platz

Die Sokratou, die, einer antiken Straße folgend, von der Suleiman-Moschee zum Ippokratou-Platz führt, ist **eine der schönsten und beliebtesten Einkaufsstraßen** von Rhodos, wo immer reges Treiben herrscht. Die Palette des Warenangebots reicht von Pelzen über Schmuck bis Textilien, Lederwaren und Keramik. Die **Agha-Moschee** ragt durch ihre Ausrichtung nach Mekka mit einer Ecke in die Straße hinein. Ein **altes Kafenío** (Nr. 76), das allen Modernisierungsbestrebungen widerstanden hat, bereichert das Ensemble.
Das **Zentrum für Gegenwartskunst** (Nr. 179) bietet in Wechselausstellungen der zeitgenössischen griechischen Kunst ein Forum.
❶ Di. – Sa. 10.00 – 14.00 Uhr

*Odos Sokratous

Der von den Türmen des Marinetors überragte schöne Platz am östlichen Ende der Sokratou-Straße ist pulsierendes Zentrum und **beliebtester Treffpunkt der Altstadt**, der von vielen Tavernen und Cafés belebt wird. Beherrschend auf dem Platz ist die **Kastellania** (1503), die der Marktverwaltung diente und wo das Handelsgericht tagte. Heute hat hier die Stadtbibliothek ihren Sitz. Eine Freitreppe führt auf eine Terrasse; das Fenster darüber wird von einem mit französischen Lilien verzierten Fensterkreuz unterteilt. An der Südseite des Gebäudes brachte man drei tierkopfförmige Wasserspeier an.

*Platia Ippokratous

Man sieht sie überall: Tavli spielende Männer.

Ibrahim-Pasha-Moschee	Die renovierte Ibrahim-Pasha-Moschee südlich des Ippókratou-Platzes, die 1531 erbaut wurde, ist das **älteste islamische Gotteshaus** der Stadt. Davor steht noch der zugehörige hübsche Reinigungsbrunnen, und gegenüber wurden antike Baureste freigelegt. Das Gebäude wird heute wieder als Moschee genutzt.
Ágios Spíridon	Die von einem Minarett überragte Kirche Ágios Spíridon westlich der Moschee geht vermutlich auf das 11. Jh. zurück. Ursprünglich bestand sie nur aus dem dreijochigen heutigen Mittelschiff mit außen dreiseitiger Apsis. In späterer Zeit wurde der Bau um ein Nord- und Südschiff erweitert. Die Türken gestalteten die Kirche in eine Moschee um, indem sie im Südostteil schräg eine Kiblawand mit zwei Gebetsnischen einzogen.
Sultan-Mustafa-Moschee	Hält man sich weiter westlich, kommt man zu der reizvollen **Platía Ariónos**, die noch türkisches Flair ausstrahlt. An dem Platz fällt die Sultan-Mustafa-Moschee ins Auge, ein dreistufig gegliederter, kubischer Bau mit einer zurückversetzten Kuppel, die um das Jahr 1770 entstand.
Türkisches Bad	Im ehemaligen türkischen Bad – heute das Städtische Bad – gibt es Kalt- und Warmwasserbecken, allerdings kein Dampfbad und keine Massage wie im türkischen Hamam. Das Bad wurde möglicherweise

gleichzeitig mit der Moschee erbaut. Im Kuppelinnenraum leiten Trompen mit Stalaktitendekor zum Kuppelrund über, der Boden ist mit antiken Marmorplatten ausgelegt.
❶ Di. – Sa. 10.30 –16.50 Uhr; Eintritt: 5 €

Die Agía-Paraskeví-Kirche an der Ipodamou-Straße stammt wahrscheinlich aus dem 14. Jh. und weist einen kreuzförmigen Grundriss, einen außen zwölfeckigen Tambour und leicht spitztonnenartige Gewölbe auf. Sie wurde von den Türken als Moschee unter dem Namen Takedji Djami (»Moschee des Hutmachers«) genutzt. **Agía Paraskeví**

Ebenfalls auf das 14. Jh. datiert die Ágios-Fanoúrios-Kirche im Süden der Altstadt. Den Westarm, der später verlängert wurde, zieren im Innern tiefe, von Rundbögen überwölbte Nischen. Auf dem am besten erhaltene **Fresko** in einer Nische sind die zwei Stifter, einer mit Kirchenmodell, und zwei Kinder sowie die Stifterinschrift (1335/1336) dargestellt sind. Die übrigen Fresken sind in relativ schlechtem Zustand. **Ágios Fanoúrios**

Die Redjeb-Pascha-Moschee an der Platia Dorieos wurde mit Bauteilen aus byzantinischer und Johanniterzeit errichtet. Die Vorhalle weist kielbogenförmige Arkaden auf. Leider ist die 1588 errichtete Moschee, **eines der ältesten türkischen Baudenkmäler** der Stadt, in schlechtem Zustand und nicht zugänglich. **Redjeb-Pascha-Moschee**

An der interessanten Kirche Agía Triáda auf dem Grundriss eines lateinischen Kreuzes am Panagiotou-Rodiou-Platz sind mehrere Baustufen erkennbar. Sie stammt wahrscheinlich aus dem 15. Jahrhundert. Dem Altarraum, in dem noch Spuren der Ikonostase zu erkennen sind, schließt sich südlich ein kleiner Raum an, der als Prothesis (linke Seitenapsis) oder Diakonikon (rechte Seitenapsis) diente. Später wurde dem nördlichen Querarm ein quadratischer Raum mit gotischem Rippengewölbe angefügt. Die Fresken gehen auf das 15. Jh. zurück. Der Stumpf eines Minaretts erinnert daran, dass die Kirche in türkischer Zeit als Moschee genutzt wurde. **Agía Triáda**

An dem Platz sieht man einen weiteren Sakralbau, die Agía Ekateríni (14./15. Jh.). Ihr unregelmäßiger trapezförmiger Grundriss lässt darauf schließen, dass die Katharinenkirche in eine Lücke eingepasst wurde. Nur das mittlere der drei Schiffe weist eine Apsis auf, während Nord- und Südschiff über Nischen verfügen. Die **qualitätvollen Fresken** stammen aus der Entstehungszeit der Kirche. **Agía Ekateríni**

Das zweigeschossige Hospiz St. Katharina der italienischen Ritter weiter nördlich wurde 1392 von Fra Domenico d' Allemagna erbaut und 1516 vom Ordensadmiral Costanzo Operti fertiggestellt. Es **Hospiz St. Katharina**

diente als **Pilgerherberge der italienischen Ritter**. Im Zweiten Weltkrieg wurde der östliche Teil durch die Alliierten zerstört, aber von 1986 bis 1999 restauriert. An der Fassade des Obergeschosses ist u. a. das Rad als Attribut der hl. Katharina angebracht.
❶ Di. – Sa. 8.30 – 15.00 Uhr; Eintritt: frei

Panagía tou Boúrgou

Die Ruinen der gotischen **Kirche** Panagía tou Boúrgou (14. Jh.) befinden sich westlich des Katharinenhospizes. An der Ostseite der Ruine sind noch drei Apsiden mit Kreuzrippengewölbe nebst einer südlich anschließenden Seitenkapelle erhalten.

JÜDISCHES VIERTEL

*Platia Martirion Efreon

Noch etwas weiter westlich kommt man zu der malerischen Platia Martirion Efreon (»Platz der hebräischen Märtyrer«), benannt nach den Juden von Rhodos, die kurz vor Kriegsende in deutsche Konzentrationslager deportiert wurden. Der Platz ist als stimmungsvollere Alternative zum Ippókratou-Platz zu empfehlen. In der Mitte steht der hübsche moderne Seepferdchen-Brunnen. Auf dem Becken, dessen Kassettenfelder mit Meerestieren geschmückt sind, stehen drei bronzene Seepferdchen.

Palast der Admiralität

An der Nordseite des Platzes steht der so genannte Palast der Admiralität (15. Jh.), dessen Bezeichnung wohl mit der Lage in Hafennähe zusammenhängt. Wahrscheinlich war es aber der **Palast des Metropoliten**, worauf die Taube – Symbol des Heiligen Geistes – oberhalb des Portals hinweist. Im Erdgeschoss sieht man fünf gewölbte Eingänge, die einst zu Vorratsräumen führten, und ganz rechts ein spitzbogiges Portal mit rippenartigen Rahmen.

Kahal-Shalom-Synagoge

Die im Zentrum des einstigen Judenviertels gelegene Kahal-Shalom-Synagoge in der Dosiadou-Straße wurde wahrscheinlich im 16. Jh. erbaut. Rechts des Einganges ist eine Gedenktafel angebracht für die 1673 Juden, die in deutsche Konzentrationslager deportiert wurden. Von den 6000 rhodischen Juden zu Beginn des Zweiten Weltkrieges sind 4000 emigriert. Heute leben nur noch wenige Familien in Rhodos. Die Synagoge ist ein **Mahnmal der jüdischen Geschichte** – ein Mitglied der jüdischen Gemeinde zeigt sie Besuchern.
❶ Mo. – Fr., So. 10.00 – 15.00 Uhr; Eintritt frei

Jüdisches Museum

In dem kleinen jüdischen Museum daneben sind Dokumente aus der Zeit der Verfolgung durch die Nationalsozialisten und von Emigranten ausgestellt. Empfehlenswert ist ein **Gang durch die Gassen** des Judenviertels. Man entdeckt dabei eindrucksvolle Architekturelemente und romantische Innenhöfe.

Rhodos-Stadt • ZIELE

NEUSTADT

Ein Besuch des antiken Mandráki-Hafens nördlich der Altstadt fesselt durch das Hafen-Flair und das geschäftige Markttreiben. Er ist **Treffpunkt** für Einheimische und Touristen. Hier legen Jachten und Segelschiffe an, von hier starten die **Ausflugsboote** nach Líndos, Kos und Sými. Der Name »Mandráki« (»Schafpferch«) kommt wahrscheinlich daher, dass der Hafen Schiffe wie in einem Pferch umschließt. Die Einfahrt wird von den auf Säulen platzierten Figuren von Hirsch und Hirschkuh, den Wappentieren der Insel, flankiert. Sie sollen daran erinnern, dass einst diese Tiere die Schlangen von der Insel vertrieben. An der Hafenfront dominieren die von den Italienern errichteten monumentalen öffentlichen Gebäude mit venezianischen, gotischen und arabischen Bauelementen, die von der imperialen Architektur Italiens geprägt sind. Mandráki wird auch der Bezirk hinter dem Hafen genannt. Hier fahren die Linien- und Überlandbusse ab, und hier ist der große Taxistand.

*Mandráki-Hafen

Die ungewöhnliche polygonale Néa Agorá (»Neuer Markt«) an der Südseite des Mandráki-Hafens ist im orientalischen Stil gestaltet und verfügt über einen großen Innenhof. Hier gibt es **Geschäfte, Tavernen und Kafenía**. In dem pavillonartigen Gebäude in der Mitte des Hofes findet täglich vormittags außer sonntags ein kleiner **Fischmarkt** statt, und in den Restaurants hier kann man einfach, gut und preiswert essen. Unter den Arkaden zur Hafenseite hin gibt es eine

*Néa Agorá

Der Großmeisterpalast bewacht heute noch den Mandráki-Hafen.

ZIELE • Rhodos-Stadt

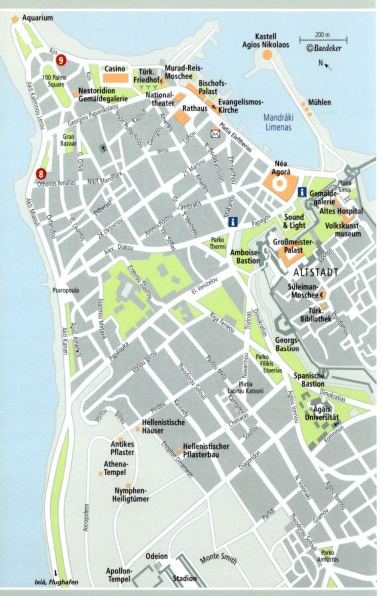

Rhodos-Stadt • ZIELE

Reihe von Cafés, die von morgens bis spät in die Nacht voll besetzt sind. Sie haben die größte Eisbecher- und Tortenauswahl der Insel. Hier gibt es zudem die beliebten Süßigkeiten Ekmak, Baklavás und Kataífi. Am Kiosk zwischen den Cafés werden internationale Zeitungen und Zeitschriften verkauft.

Die Spitze der Mole des Mandráki-Hafens, auf der **drei Windmühlen** wahrscheinlich aus dem 15. Jh., aneinandergereiht sind, wird von der Festung Ágios Nikólaos eingenommen. Der Rundturm, der 1467 zum Schutz des Hafens errichtet wurde, konnte bei der Belagerung der Stadt durch die Türken 1480 trotz heftigster Kämpfe nicht eingenommen werden. Wohl nach dieser Belagerung ließ Großmeister Pierre d' Aubusson die Bastion anfügen. Hier soll der **Koloss von Rhodos**, eines der antiken sieben Weltwunder, gestanden haben (▶Baedeker Wissen S. 200).

Festung Ágios Nikólaos

Die Evangelismós-Kirche an der Eleftherias-Straße ist das **Gotteshaus des Metropoliten von Rhodos**. Sie ist eine Rekonstruktion der 1856 durch eine Explosion zerstörten Johannes-Ordenskirche (14. Jh.), die gegenüber dem Großmeisterpalast ihren Platz hatte und deren Überreste zurzeit ausgegraben werden. Nachdem die dreischiffige Basilika nach dem Zweiten Weltkrieg dem orthodoxen Ritus übergeben worden war, malte man den Innenraum mit traditionellen byzantinischen Fresken aus.
Der Evangelismós-Kirche schließt sich das **Regierungsgebäude** im venezianischen und maurischen Stil an, das teilweise an den Dogenpalast in Venedig erinnert.

Evangelismós-Kirche

Am nördlichen Ende der Eleftherias-Straße trifft man auf die Murad-Reis-Moschee mit einem ornamentierten Minarett. Sie ist nach Admiral Murad Reis benannt, der die Eroberung von Rhodos unter Sultan Suleiman leitete.

Murad-Reis-Moschee

Daneben breitet sich ein stimmungsvoller türkischer Friedhof des 16. Jh.s aus, auf dem neben einfachen Gräbern auch große Grabbauten (Türben) für vornehme Verstorbene angelegt sind. Hier sollen ein Pascha, ein Großwesir und ein persischer Schah sowie der Dichter Achmed Efendi begraben sein, der wegen seiner kritischen Schriften im 18. Jh. vom Sultan nach Rhodos verbannt wurde.

Türkischer Friedhof

Das Aquarium, Sitz der Hydrologischen Station des nationalen Zentrums für Meeresforschung, ist in einem Pavillon am Kap Kolumbornou, an der Nordspitze der Insel untergebracht. Im Keller gibt es ein meeresbiologisches Museum und in den Fels eingelassene Aquarien. Hier kann man Fische und andere **Meerestiere aus griechischen Gewässern** beobachten, darunter Muränen, Rochen, Brassen

Aquarium

Koloss von Rhodos

Sie zählte zu den sieben Weltwunder des Altertums: die gigantische Statue des Sonnengottes Helios. Die Rhodier stellten sie 292 v. Chr. am Hafen ihrer Hauptstadt als Siegesdenkmal auf, nachdem sie ihre Insel 305 v. Chr. gegen die gewaltige Übermacht des Diadochen Demetrios Poiokretes verteidigen konnten.
Der Koloss stürzte schon 223 v. Chr. bei einem Erdbeben ein, die Reste wurden im 7. Jh. nach Syrien gebracht und eingeschmolzen.

❶ Die Statue

32 m hoch soll sie gewesen sein – laut den antiken Schriften des Plinius und des Philon von Byzanz – und auf einem 10 m hohen Sockel gestanden haben. Der Kopf allein muss demnach 4,30 m hoch, der erhobene Arm etwa 10 m lang gewesen sein. Errichtet wurde sie innerhalb von 12 Jahren unter Leitung des Erzgießers Chares von Líndos.

❷ Das Gerüst

Eisenstangen wurden tief im Fundament verankert. Ein korbartiges Geflecht mit Querversteifungen bildete wohl das Gerüst. Darum herum wurde eine 1 – 2 cm dicke Bronzehaut gelegt. 45 t Eisen und 75 bis 150 t Bronze wurden verbaut. Im Innern waren Steine als Ballast aufgetürmt. Wahrscheinlich schichtete man jeweils um ein fertig gestelltes Bronzeteil Erde auf, um darauf stehend den Guss des nächsten Stückes des Kolosses durchzuführen.

❸ Die Strahlenkrone

Die Haare des Sonnengottes und seine Strahlenkrone waren vergoldet. Ankommende Schiffe sollen sie so schon von Weitem im Sonnenlicht schimmern gesehen haben. Jeder Strahl besaß eine Länge von etwa 1,70 m.

❹ Die Nase

Um sich nochmals einen Begriff von den Ausmaßen des Kolosses zu machen: Allein die Nase soll 90 cm lang gewesen sein.

❺ Der Standort

Lange hat man diskutiert und gestritten, wo er wohl gestanden haben mag: Manche vermuteten ihn gar mitten in der Altstadt, eine These, die heute widerlegt ist. Aber ob er am Kriegshafen (dem heutigen Mandráki-Hafen) oder dort auf der Mole gestanden hat – was die wahrscheinlichste These ist – lässt sich schwer beweisen. Denn bis heute hat man keine Überreste gefunden.

Helios fährt in seinem Sonnenwagen den Himmel entlang.

Der makedonische König Demetrios belagerte im 3. Jh. Rhodos vergeblich. Als Siegesdenkmal für die erfolgreiche Abwehr haben die Rhodier die Statue des Sonnengottes geschaffen.

Das tatsächliche Aussehen des Kolosses ist unbekannt, weshalb er unterschiedlich dargestellt wird. Einige Beispiele:
– Holzstich (1886) von Ferdinand Knab (oben)
– Souvenirteller (rechts)
– Kupferstich nach einer Zeichnung von Johann Bernhard Fischer von Erlach, entstanden um 1700 (Umschlagklappe)

© Baedeker

Seesterne und Meeresschildkröten. Im angegliederten **Museum** werden Sammlungen von Muscheln, Schwämmen und Korallen sowie präparierte Fische gezeigt.

● Tgl. 9.00 – 20.30, Nebensaison tgl. 9.00 – 16.30 Uhr; Eintritt: 5,50 €

Akropolis Die Akropolis im Südwesten der Stadt gehört sicher nicht zu den touristischen Höhepunkten, ergänzt jedoch das historische Gesamtbild von Rhodos. Sie liegt auf dem Berg Ágios Stéfanos, der auch **Monte Smith** genannt wird nach einem englischen Admiral zur Zeit Napoleons. Vom Parkplatz kommt man zunächst zum **Stadion** aus dem 3. Jh. v. Chr., dem sich nach Nordwesten im rechten Winkel ein **Theater** anschließt. Beide Bauten sind nahezu vollständig von den Italienern rekonstruiert worden. Vom Marmortheater sind nur die Orchestra und drei Sitze und vom Stadion nur einige Reihen in der Mitte der Kurve erhalten. Im Stadion wurden einst die Wettkämpfe der Alier, das größte Fest der antiken Rhodier zu Ehren von Helios, ausgetragen. Heute werden hier gelegentlich klassische Tragödien gespielt, und im Theater finden Konzerte statt.
Vom **Apollo-Pythios-Tempel** weiter oben wurden einige Säulen nebst Architrav und Sima wiederaufgebaut. Im nördlichen Teil der Akropolis entdeckte man an der westlichen Odos Pindou tiefer gelegene Gänge, Räume und Gräben, die zu einem unterirdischen hellenistischen **Nymphaion** (eine den Nymphen geweihte Brunnenanlage) gehören. Auf der Höhe sind nur noch wenige Reste des **Tempels von Athena Polias und Zeus Polieus** erhalten.
● Frei zugänglich.

Rodíni-Park Der Rodíni-Park, die »grüne Lunge« von Rhodos-Stadt und ein beliebtes Ausflugsziel der Einheimischen, erstreckt sich in einem tief eingeschnittenen Tal im gleichnamigen Vorort, gut 3 km südlich des Stadtzentrums. Hier befand sich wohl einst die berühmte rhodische Rhetorikschule. Zwischen Pinien, Platanen, Oleander und Zypressen fließt ein kleiner Bach mit Wasserfällen und aufgestauten Teichen. **Hirsche** und Hirschkühe, die Wappentiere der Insel, und kretische **Wildziegen** werden in einem Gehege gehalten, **Pfauen** spazieren frei herum. Am schönsten ist das Tal im Frühjahr. Viele Familien kommen am Rosenmontag zum traditionellen Picknick, das die Fastenzeit eröffnet, in den Park.

Ptolemäergrab Oberhalb des Rodíni-Tals befinden sich auf einem Plateau mehrere **Felsgräber**, darunter das bekannte so genannte Ptolemäergrab (3. Jh. v. Chr.), dessen Name eine Erfindung der Reisenden des 19. Jh.s ist; die Einheimischen nennen es »koufió vounó« (»hohler Berg«). Nur die Nordseite des Grabes ist noch einigermaßen erhalten. 21 Halbsäulen gliedern die Fassade. Das Innere besteht aus einem Vor- und einem Hauptraum, die mit mehreren Nischen ausgestattet sind.

Rhodos-Stadt • ZIELE

UMGEBUNG VON RHODOS-STADT

Bis zum Zweiten Weltkrieg hatte Rhodos neben Sonne, Meer und Kultur noch eine Attraktion zu bieten: die Kallithéa-Thermen, ein **Thermalbad** in schöner Lage an einer kleinen Bucht. Es wurde in den 1920er-Jahren von dem italienischen Architekten Pietro Lombardi erbaut. Im feinen Kurort Kallithéa, 15 km südlich von Rhodos-Stadt an der Ostküste gelegen, kurierten reiche Herrschaften ihre Krankheiten wie Rheuma, Diabetes sowie Nieren- und Blasenleiden. Während des Zweiten Weltkrieges wurde das Bad bombardiert; der größte Teil der Bauten ist aber erhalten. Nach einer umfangreichen Restaurierung erstrahlt die Anlage wieder in altem Glanz und verbreitet ein **märchenhaft-orientalisches Flair**. Sie bietet einen stimmungsvollen Rahmen für Konzerte und Veranstaltungen.

*Thérmes Kallithéa (Θέρμες Καλιδέα)

❶ Tgl. 8.00–20.00 Uhr; www.kallitheasprings.gr; Eintritt: 3 €

Die Thermen befinden sich am Ende einer von Felsen gesäumten **Bucht**, über Leitern gelangt man ins Wasser. Unter Palmen stehen die Tische einer Café-Bar. Die Bucht nebenan besitzt einen künstlichen Sandstrand.

Badebuchten

Kallithéa-Thermen: Hier kurten einst wohlhabende Gäste.

Kolossalstatuen

Giganten

Der Koloss von Rhodos war in der Antike ein monumentaler Gigant. Trotz der damals begrenzten technischen Mittel erreichte er fast die Größe der Freiheitstatue ohne deren Sockel. Im Vergleich mit neueren Statuen aus Asien ist er jedoch nur ein Zwerg unter den Riesen.

▶ **Koloss von Rhodos**
Kolossalstatuen gab es schon lange bevor sie als solche bezeichnet wurden, etwa in Ägypten oder Mesopotamien. Das griechische »koloss« bedeutet nur »Figur«. Als Bezeichnung für eine riesige Statue taucht der Begriff tatsächlich erst mit dem Koloss von Rhodos auf.

Baubeginn	Anfang 3. Jh. v. Chr.
Bauzeit	ca. 12 Jahre
Höhe	ca. 30–35 m
Material	Bronze & Stein

▶ **Es geht noch größer:**
Kolossalstatuen weltweit

Mensch	Zeusstatue des Phidias	Koloss von Rhodos	Cristo Redentor	Christus König
12 m		30–35 m	38 m	52 m
	Olympia	Rhodos	Rio de Janeiro	Świebodzin
	440 v. Chr.	3. Jh. v. Chr.	1931, Brasilien	2010, Polen

▶ Die Sieben Weltwunder der Antike

- Tempel der Artemis in Ephesos
- Mausoleum von Halikarnassos
- Hängende Gärten der Semiramis von Babylon
- Pyramiden von Gizeh
- Leuchtturm von Alexandria
- Zeusstatue des Phidias in Olympia
- Koloss von Rhodos

▶ Zeusstatue des Phidias

Wie der Koloss von Rhodos zählte die Zeusstatue von Olympia zu den Sieben Weltwundern. Das Werk des Bildhauers Phidias wurde um 360 n. Chr. nach Konstantinopel gebracht, wo es 465 einem Brand zum Opfer fiel.

Baubeginn	440 v. Chr.
Bauzeit	ca. 10 Jahre
Höhe	ca. 12 m
Material	Holz, Gold & Elfenbein

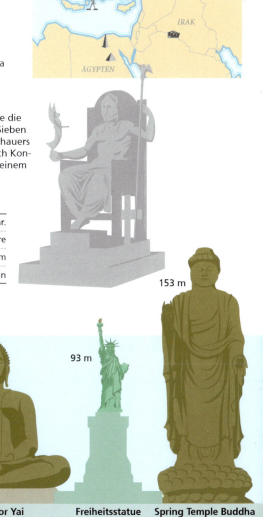

67 m	92 m	93 m	153 m
Siegessäule	**Luang Por Yai**	**Freiheitsstatue**	**Spring Temple Buddha**
Berlin	Wat Muang	New York	Lushan
1873, Deutschland	2009, Thailand	1886, USA	2002, China

ZIELE • Rhodos-Stadt

Koskinoú
(Κοσκιού)

Das **hübsche Dorf** Koskinoú (10 km südlich von Rhodos), das früher hauptsächlich von Türken bewohnt war, empfiehlt sich als Stippvisite von der Hauptstadt aus. Bemerkenswert im Ortsbild sind die vielen Wohnhäuser mit klassizistischen Portalen, die in schattige Innenhöfe mit Chochláki-Böden führen. Abends sitzt man ruhig in der Taverne am Hauptplatz des alten Ortskerns.

Iálissos
(Ιάλσοσ)

Das 10 km südwestlich von Rhodos gelegene Iálissos (7200 Einw.), das früher Triánda hieß und heute wieder den antiken Namen führt, bildet zusammen mit Íxia die **größte Hotelzone** der Insel und ist ein beliebtes Urlaubszentrum. In der Antike beherrschte es als mächtiger Stadtstaat den gesamten Inselnorden. Iálissos war schon immer ein bevorzugter Wohnort für wohlhabende Bürger, wovon noch die klassizistischen Villen zeugen. Heute ist der Ort sehr stark vom Tourismus geprägt: Unzählige Hotels und Restaurants reihen sich aneinander. An den erschlossenen Stränden gibt es zahlreiche Wassersportmöglichkeiten. Wenn man von der Hauptkirche in der Ortsmitte etwa 500 m in westlicher Richtung geht, erreicht man die **Ágios-Nikólaos-Kirche** aus dem frühen 16. Jahrhundert. Die Fresken aus der gleichen Zeit zeigen deutlich westliche Einflüsse.

Kremastí
(Κρεμαστή)

Im **Urlaubsstädtchen** Kremastí (3 km westlich von Iálissos) erwarten den Besucher zahlreiche Tavernen, Cafés und Restaurants. Zentraler Treffpunkt ist das Kafenío neben dem klassizistischen Verwaltungsgebäude. Die Attraktion des Ortes bildet die große, der **Panagía Kremastí** (»Hängende Muttergottes«) geweihte Kirche am östlichen Ortseingang. Ihr Beiname wie auch der Ortsname gehen auf eine Legende zurück: An einem Olivenbaum hing eines Tages eine Ikone der Muttergottes. Genau an dieser Stelle hat man ihr daraufhin eine Kirche gebaut. Die Ikone ist auf jeden Fall sehenswert.
Kremastí ist der einzige Ort auf Rhodos, der am Rosenmontag einen **Karnevalsumzug** veranstaltet. Dann ziehen Narren in bunten Kostümen durch das Städtchen. Noch berühmter ist das große **Fest der Muttergottes** (15. August), die größte Kirchweih des Dodekanes. Neun Tage lang wird gefeiert, und lange Gottesdienste finden statt.

Pastída
(Παστίδα)

In dem kleinen Binnendorf Pastída (4 km südlich von Krematí) gibt es ein privates **Bienenmuseum**, das sich der Geschichte und der Technik der griechischen Imkerei widmet. Im angeschlossenen Museumsladen kann man Bienenhonig des Betreibers und andere regionale Produkte erwerben.
❶ Mo.–Sa. 8.30–15.00 Uhr; www.mel.gr; Eintritt: 2 €

Maritsá
(Μαριτσά)

Sehr gute **Tavernen** und das obligatorische Kafeníon sind das Plus des großen Dorfes Maritsá (8 km südlich von Kremastí). Außerdem besitzt es einige sehenswerte Kirchen.

Wenn man die Straße von Kremastí nach Maritsá fährt, trifft man etwa 2 km vor dem Dorf auf die **Ágios-Geórgios-Kirche** aus dem 15. Jh. mit teilweise erhaltenen Fresken aus der gleichen Zeit.

Um die **Ágios-Nikólaos-Kirche** zu erreichen, nimmt man die Straße nach Kalamon, überquert nach etwa 1 km eine kleine Brücke und folgt dem Weg links einige Hundert Meter. Die Erbauungszeit der Kirche ist wahrscheinlich das 13./14. Jahrhundert. Die schönen Fresken datieren auf das Jahr 1435, wobei noch eine ältere Freskenschicht vorhanden ist. Geht man den zuvor beschriebenen Weg zur Ágios-Nikólaos-Kirche weiter, kommt man zu einer Quelle. Unweit vor der Quelle findet man links des Weges eine Kirchenruine aus mittelbyzantinischer Zeit und Reste einer frühchristlichen Basilika. Der Ort wird immer noch als Heiligtum genutzt, worauf die von den Gläubigen hierher gebrachten Öllampen hinweisen.

** Sými (Insel)

✴ außerhalb

Griechisch: Σύμη
Größe: 63 km²
Einwohnerzahl: 2500

Sými gilt als eine der malerischsten Inseln der Ägäis – kein Wunder, dass sie ein beliebtes Ausflugsziel von Rhodos-Stadt ist. Der gleichnamige wunderschöne Hauptort mit seinen alten Steinhäusern und das große Kloster Panormítis sind die Hauptattraktionen des Eilands.

Sými erhebt sich unweit der türkischen Küste steil und karg aus dem Meer und ist von vielen kleinen und zwei größeren Inseln – im Norden Nímos und im Süden Séskli – umgeben. Seine **Küste** wird von zahlreichen tiefen Buchten und weit hinausragenden Halbinseln gegliedert. Zu den Stränden an der Südküste fährt täglich ein Badeboot von Pédi aus. Den zentralen Teil der Insel nimmt eine wellige Hochfläche ein; die höchste Erhebung ist der Vígla mit 616 m. Tagsüber tummeln sich vor allem im sehenswerten Hafenbereich von Sími-Ort die Tagestouristen; erst abends wird es ruhig und idyllisch. Die Bewohner haben ihre Küste nicht mit gesichtslosen Hotelbunkern verbaut. Sie setzten vielmehr ihre alten Häuser instand oder bauten nur neue, die sich in das Ortsbild einpassten. Heute zahlt sich diese Vorgehensweise aus.

Unverbaute Insel

> **BAEDEKER TIPP !**
>
> *Eine Nacht im Kloster*
>
> Eine schöne Wanderung führt von Sými-Ort in den Süden der Insel zum Kloster Panormítis. Dort kann man übernachten und am nächsten Tag mit dem Ausflugsboot zum Hauptort zurückkehren.

Symi

Geschichte Die Abhängigkeit von Rhodos prägte die Geschichte Sýmis. Von der Antike bis zur Neuzeit war Sými berühmt wegen seines **Schiffsbaus**. Auch die türkischen Besatzer schätzten die hier hergestellten Schiffe, was der Insel Privilegien und großen Wohlstand verschaffte. Ein weiterer wichtiger Wirtschaftszweig war die **Schwammfischerei**. Bis in die 1950er-Jahre war das Tauchen nach Schwämmen zwar lebensgefährlich, aber auch sehr gewinnbringend. Mit dem Aufkommen des Synthetikschwamms in den 1950er-Jahren und einer Pilzepidemie, die die Schwämme vernichtet, ging es mit dem lukrativen Gewerbe bergab. Auf Sými setzte eine starke Emigration ein, bis der Tourismus als neue Einnahmequelle erschlossen wurde. Seit den 1970er-Jahren profitiert nun die Insel von der wachsenden Zahl der Urlauber auf Rhodos, die meist einen Tagesausflug hierher unternehmen.

Sými erleben

AUSKUNFT
www.symi-travel.com

ANFAHRT
Täglich mehrmals per Fähre (ca. 2 St. Fahrtdauer), Ausflugsboot oder Katamaran (schneller und teurer) vom Mandráki-Hafen/Rhodos-Stadt. Abfahrt: zwischen 9.00 und 10.00, Rückfahrt zwischen 15.00 und 16.00 Uhr.

ESSEN
Georgios €€

Die Taverne liegt an der Platía im Ortsteil Chorió, der Oberstadt. Man sitzt im Schatten einer weinbewachsenen Pergola und lässt sich ursprüngliche griechische Gerichte schmecken.

Meraklis €

Tel. 22460 7 10 03

Die Taverne findet man in einer schmalen Straße, die vom Hafenbecken abzweigt. In familiärer Atmosphäre kommen typisch griechische Gerichte zu moderaten Preisen auf den Tisch.

ÜBERNACHTEN
Aliki €€€€

Tel. 22460 7 16 65

www.simi-hotel-aliki.gr, 15 Z.

Das Aliki, eine der teuersten Adressen auf Sými, ist gleich hinter dem Uhrenturm gelegen und in einem klassizistischen Haus mit Dachterrasse untergebracht. Stilvoller Komfort in den Zimmern; vielfältige Kursangebote für die Hotelgäste.

Albatros €€

Tel. 22460 7 17 07

www.albatrosymi.gr, 5 Z.

Freundliches, familiär geführtes Hotel, südlich des Hafens gelegen, das im ländlichen Stil gehalten ist. Es empfiehlt sich nach Zimmern mit Meerblick zu fragen.

Kokona €€

Tel. 22460 7 14 51, 10 Z.

Das 100 m vom Hafen entfernte, familiär geführte Hotel bietet geräumige Zimmer und ein schönes Ambiente. Die Lage ist angenehm ruhig.

SEHENSWERTES AUF SÝMI

****Sými-Stadt**

Besonders sehenswert auf Sými ist der gleichnamige Hauptort, der als **einer der schönsten Orte Griechenlands** gilt. Die weißen und erdfarbenen Häuser, die sich am Ende einer tiefen Bucht den Hang hinaufziehen, bieten einen bezaubernden Anblick. Schon von Weitem entdeckt man den 1881 erbauten Uhrturm am Kai. Die Stadt besteht aus zwei Teilen, die inzwischen zusammengewachsen sind. In **Giálos**, dem unteren Stadtteil am Hafen, erwarten den Besucher viele Cafés, Restaurants und Geschäfte, in denen neben Souvenirs auch Gewürze und Schwämme verkauft werden. Man entdeckt noch viele prächtige Herrenhäuser (Archontiká) aus dem 19. Jh., die im

Sými-Stadt zählt zu den schönsten Orten in Griechenland.

Zug des wachsenden Tourismus renoviert wurden. Vom Ortszentrum am hinteren Ende der Bucht führt eine mehrere Hundert Stufen zählende Treppenstraße, die Kalí Stráta (»Gute Straße«), hinauf zur ruhigeren Oberstadt, der **Chorió**. Von hier hat man einen herrlichen Ausblick auf den Hafen. In der Chorió sollte man einen Blick in die Alte Apotheke (Symotikon Farmakion) werfen. Außerdem kann man ein wirklich hübsches, kleines **Museum** (ausgeschildert) besuchen, das Trachten, Münzen und archäologische Fundstücke ausstellt. Auf dem Burgfelsen stand in der Antike die Akropolis und im 13. Jh. eine Johanniterburg. Heute nimmt den Platz eine Panagía-Kirche ein.

Nimbório Wenige Kilometer nordwestlich breitet sich die ruhige Sommersiedlung Nimbório, ehemals ein kleines Fischerdorf, in einer Bucht mit Kiesstrand aus. Für Touristen sorgen Tavernen und Unterkünfte für das leibliche Wohl. In der Ruine einer frühchristlichen Basilika sind noch schöne Mosaiken erhalten.

Fast alle Ausflugsschiffe nach Sými halten auch an dem dem Erzengel Michael geweihten **Kloster Panormítis** (18. Jh.) in der gleichnamigen Bucht im Süden der Insel. Es ist **eine der bedeutendsten Wallfahrtsstätten des Dodekanes**, wo mehr als 500 Personen in sehr einfachen Verhältnissen übernachten können. Zentrum der Verehrung ist die reich geschnitzte vergoldete Ikonostase mit der Ikone des Erzengels Michael. An Pfingsten und dem Michaelstag (8. November) kommen große Pilgerscharen hierher Beeindruckend ist der blumengeschmückte Innenhof mit den ihn umgebenden weißen Arkaden. Das kleine **Museum** zeigt ein Sammelsurium hauptsächlich kirchlicher Schätze.

> **? BAEDEKER WISSEN**
>
> *Schwämme*
>
> Die zur Hautreinigung beliebten, goldgelben Schwämme sind eigentlich schwarzgrüne, schmierige Ballen, die aus dem Meer gefischt werden. Die organischen Teile des Tieres müssen erst entfernt werden, nur das Skelett des Schwammes, das zuvor mit Chemikalien gesäubert und mit Chlor gebleicht wird, kommt dann in den Handel. In dieser Form schätzte dann aber sogar die schönheitsbewusste Pharaonin Kleopatra die Schwämme.

PRAKTISCHE INFORMATIONEN

Wie kommt man am Besten nach Rhodos? Wo kann man sich gut über die Insel informieren? Was heißt »Danke!« auf Griechisch? Lesen Sie es hier nach!

Anreise und Reisevorbereitung

ANREISEMÖGLICHKEITEN

Mit dem Flugzeug Im Sommerhalbjahr wird Rhodos von einigen Flughäfen in den deutschsprachigen Ländern aus direkt angeflogen. So bedienen Airberlin, Lufthansa und Tuifly beispielsweise die Strecken von Berlin, Frankfurt und München nach Rhodos. Von Österreich und der Schweiz gibt es Verbindungen mit Austrian bzw. Swiss nach Rhodos. Im Winter ist meist ein Umsteigen in Athen oder Thessaloníki notwendig. Der **Flughafen von Rhodos**, benannt nach dem antiken rhodischen Olympiasieger Diagoras, liegt 16 km südlich der Inselhauptstadt beim Ort Parádissi in der Nähe des Meeres. Taxis halten unmittelbar vor dem Terminal.

Mit Bahn und Autofähre Es besteht eine Zugverbindung von München nach Thessaloníki und weiter nach Athen (Fahrtdauer: ca. 50 St.). Informationen zu den Fährverbindungen nach Rhodos erhält man in Reisebüros, Automobilklubs, bei der Griechischen Fremdenverkehrszentrale und im Internet (▶Adressen S. 215).

EIN- UND AUSREISEBESTIMMUNGEN

Reisedokumente Griechenland ist Mitglied des Schengener Abkommens zwischen EU-Staaten, das den Grenzübertritt ohne Personenkontrollen vorsieht. Deutsche, österreichische und Schweizer Staatsbürger benötigen bei einem Aufenthalt bis zu drei Monaten einen gültigen **Personalausweis** oder **Reisepass**. Kinder bis zur Vollendung des 12. Lebensjahres brauchen einen eigenen Kinderreisepass; ein Eintrag im Pass der Eltern genügt nicht mehr. Kinderreisepässe kön maximal bis zur Vollendung des 16. Lebensjahres benutzt werden, spätestens ab dann müssen auch Jugendliche einen Reisepass oder Personalausweis besitzen.

> **Hinweis**
> Gebührenpflichtige Servicenummern sind mit einem Stern gekennzeichnet: *0180 ...

Fahrzeugpapiere Der nationale Führerschein und der Fahrzeugschein werden anerkannt. Obligatorisch sind das ovale Nationalitätskennzeichen oder das Eurokennzeichen. Empfehlenswert ist zusätzlich die grüne internationale Versicherungskarte.

Tiere Für die Einfuhr von Hunden und Katzen ist der **EU-Heimtierausweis** notwendig. Er muss dem entsprechenden Tier eindeutig durch

Anreise und Reisevorbereitung • PRAKTISCHE INFOS

FLUGGESELLSCHAFTEN

Airberlin
www.airberlin.com
Tel. *0180 5 73 70 00

Lufthansa
www.lufthansa.de
Tel. *0180 5 80 58 05

Tuifly
www.tuifly.com
Tel. *0900 10 00 20 00

Austrian
www.austrian.com
Tel. 05 17 66 10 01

Swiss
www.swiss.com
Tel. 8 48 70 07 00

FLUGHAFEN

Diagoras
16 km südwestlich von Rhodos-Stadt

Verbindungen in die Stadt
Linienbusse verbinden den Flughafen täglich von 6.00 bis 23.45 Uhr etwa halbstündlich mit der Stadt Rhodos; die Haltestelle befindet sich an der Hauptstraße, 200 m vom Terminal entfernt.

BAHNVERKEHR

Deutsche Bahn
www.bahn.de
Tel.*0180 59 99 66 33

FÄHRVERKEHR

Fährpläne
www.greekferries.gr
www.gtp.gr

einen eingepflanzten Mikrochip zuzuweisen sein, und wird von den meisten Tierärzten ausgestellt. Mehr Infos unter www.bmelv.de.

Waren für den privaten Gebrauch dürfen eigentlich ohne Beschränkung in das EU-Land Griechenland eingeführt werden. Es gelten aber gewisse **obere Richtmengen**: 800 Zigaretten, 400 Zigarillos, 200 Zigarren, 1 kg Rauchtabak, 10 l Spirituosen, 20 l Zwischenerzeugnisse, 90 l Wein und 110 l Bier. Die Einfuhr von Pflanzen und Funkgeräten ist grundsätzlich verboten. Reisende unter 18 Jahren dürfen weder Tabakwaren noch Spirituosen, Jugendliche unter 15 Jahren auch keinen Kaffee einführen.

<small>Einreise nach Griechenland aus EU-Ländern</small>

Für Reisende aus Nicht-EU-Ländern, z. B. Schweizer Staatsbürger, liegen die Freimengengrenzen für Personen über 18 Jahren bei 200 Zigaretten oder 100 Zigarillos oder 50 Zigarren oder 250 g Rauchtabak, ferner bei 2 l Wein und 2 l Schaumwein oder 1 l Spirituosen mit mehr als 22 Vol.-% Alkoholgehalt oder 2 l Spirituosen mit weniger als 22 Vol.-% Alkoholgehalt, 50 g Parfüm und 1/4 l Eau de Cologne, 500 g Kaffee oder 200 g Pulverkaffee, 100 g Tee oder 40 g Tee-Extrakt. Abgabenfrei sind für See- und Flugreisende ferner Geschenkartikel bis zu einem Wert von 430 € und für Bahn- und Autoreisende von 300 €. Für Kinder unter 15 Jahren gilt unabhängig vom Verkehrsmittel ein Grenzwert von 175 €.

<small>Einreise nach Griechenland aus Nicht-EU-Ländern</small>

Ausfuhrbestimmungen — Ein Ausfuhrverbot besteht grundsätzlich für Antiquitäten und Kunstgegenstände. Kopien antiker Vorlagen können jedoch frei ausgeführt werden.

Wiedereinreise in die Schweiz — Abgabenfrei sind für Personen ab 17 Jahren 200 Zigaretten oder 50 Zigarren oder 250 g Rauchtabak, 2 l bis zu 15 Vol.-% Alkoholgehalt und 1 l mit mehr als 15 Vol.-% Alkoholgehalt, ferner Geschenke im Wert bis 300 CHF.

KRANKENVERSICHERUNG

Krankenversicherung — Mit der **Europäischen Krankenversichertenkarte** (European Health Insurance Card, EHIC) können EU-Bürger die Gesundheitsdienste anderer EU-Länder in Anspruch nehmen. In Notfällen kann man sich an jeden Arzt und an jedes Krankenhaus wenden. Wird die EHIC nicht akzeptiert, sind die Rechnungen zu bezahlen und der Krankenkasse zu Hause vorzulegen. Der Abschluss einer **Auslandsreisekrankenversicherung** ist zu empfehlen, da viele griechische Ärzte nur Privatpatienten behandeln und eine Rückholung von den gesetzlichen Krankenkassen nicht bezahlt wird. Schweizer Staatsbürger müssen ihre Krankheitskosten selbst tragen.

Auskunft

AUSKUNFT IN DEUTSCHLAND
Griechische Zentrale für Fremdenverkehr (GZF)
Neue Mainzer Str. 22
D-60311 Frankfurt am Main
Tel. 069 25 78 27-0
info@gzf-eot.de

AUSKUNFT IN ÖSTERREICH
In Österreich
Opernring 8
A-1010 Wien
Tel. 01 512 53 17-8
grect@vienna.at

AUSKUNFT AUF RHODOS
▶ Reiseziele von A bis Z

INTERNET
www.visitgreece.gr
Websites des griechischen Tourismusamtes für ganz Griechenland

www.rodosisland.gr
Homepage der rhodischen Hoteliervereinigung und der Rhodos Tourism Promotion Organisation

www.insel.rhodos-urlaub.de
Gute kommerzielle Website über Rhodos mit vielen Detailinformationen und Fotos

www.rhodos-info.de
Private, aber sehr informative und umfangreiche Homepage mit vielen Fotos

zu allen Sehenswürdigkeiten, außerdem Hotel- und Restaurantempfehlungen

www.rodos.com
Infos auf Englisch zu Hotels, Mietwagen, Sehenswürdigkeiten und Sportmöglichkeiten

www.rodosnet.gr
Viele Adressen von Hotels, Restaurants, Shopping, Veranstaltern, Mietwagenverleih, aber alphabetisch und nicht nach Ortschaften geordnet (englischsprachig)

BOTSCHAFTEN UND KONSULATE

Griechische Botschaft in Deutschland
Jägerstr. 55, D-10117 Berlin
Tel. 030 2 06 26-0
www.griechische-botschaft.de

Griechische Botschaft in Österreich
Argentinierstraße 14
A-1040 Wien
Tel. 01 5 05 15-0
www.griechische-botschaft.at

Griechische Botschaft in der Schweiz
Weltpoststrasse 4
CH-2463 Bern 15
Tel. 031 3 56 14 14
www.greekembassy.ch

Konsulat der Bundesrepublik Deutschland auf Rhodos
Amerikis 55, GR-85100 Rhodos
Tel. 22410 3 71 25
dgiortso@otenet.gr

Konsulat der Republik Österreich auf Rhodos
Iroon Olitechníou 21
GR-85000 Rhodos
Tel. 22410 7 57 38
savvaspap@hotmail.com

Konsulat der Schweiz auf Rhodos
c/o Hellenic Island Services
Grigoriou Seferi 108
GR-85100 Rhodos
Tel. 22410 7 36 90/30
rhodos@honorarvertretung.ch

Mit Behinderung

Die Zahl der behindertengerecht ausgestatteten Hotels, die zudem überwiegend zu den oberen Kategorien gehören, ist auf Rhodos noch gering. Der offizielle Hotelführer der griechischen Hotelkammer, den man bei der Griechischen Zentrale für Fremdenverkehr (▶ Auskunft) bekommt, enthält Hinweise auf solche Unterkünfte.

Elektrizität

Das griechische Stromnetz führt im Regelfall 220/230 Volt Wechselspannung. Europanorm-Gerätestecker sind verwendbar.

220/230 Volt

Etikette

Bekleidungsregeln

Wer vom Tourismus lebt, dessen Toleranz wird auf harte Proben gestellt. So ergeht es auch den Bewohnern von Rhodos. Sie drücken ein, manchmal auch beide Augen zu, wenn ihre Gäste die Grenzen des guten Benehmens überschreiten. Aber man sollte um diese Grenzen wissen. Ob man (und vor allem frau) mit spärlicher Bekleidung ein **Café** betritt, muss jeder mit sich selbst ausmachen. Den guten Sitten widerspricht es jedenfalls selbst in Ferienorten.

Wesentlich strenger sind die Bekleidungsregeln in **Kirchen und Klöstern**. Wenn Frauen mit nackten Schultern oder kurzen Röcken ein Gotteshaus betreten, rufen ihnen die am Eingang sitzenden alten Damen oder Priester hinterher. Sie bieten Tücher an, mit denen sich die Frauen bedecken können. Bei Männern sind die Regeln nicht ganz so eindeutig formuliert, doch Muscle-Shirts und Shorts sind auch nicht passend für einen Kirchenbesuch. Aber eigentlich gilt es als unangemessen, halbnackt an der Kirche aufzutauchen und sich auf diese Notlösung zu verlassen. Ansonsten ist man in Sachen Religion immer auf der sicheren Seite, wenn man sich am Verhalten der Einheimischen orientiert.

Halt! Die Sitten des Landes beachten!

Fotografieren ist in der Regel unproblematisch. Nur wenn man einen Einheimischen zum Hauptmotiv der Aufnahme auserkoren hat, macht es sich gut, durch ein paar Gesten dessen Einverständnis einzuholen. Verboten ist das Fotografieren von militärischen Anlagen.
Fotografieren

Daumen und Zeigefinger zum Kreis geformt bedeutet nicht, dass alles in Ordnung ist. In Griechenland ist dies eine Beschimpfung. Und nicht vergessen: **Kopfnicken bedeutet nein**, wer mit dem Kopf schüttelt, ist einverstanden.
Gesten

Seit dem Jahr 2010 ist das Rauchen in Restaurants, Kneipen und Cafés verboten.
Rauchen

Und immer heißt es: **Geduld** mitbringen. Die einen amüsiert es als liebenswertes Merkmal einer orientalisch angehauchten Lebensphilosophie, die anderen empört es als unzumutbar: die **Unpünktlichkeit** der Einheimischen. Und Rhodos liegt dem Orient noch näher als alle anderen Regionen Griechenlands! Man sollte jede Uhrzeit als relativ betrachten und jede Abmachung auch.
Selbst die Öffnungszeiten kleinerer Museen oder Fahrpläne von Überlandbussen können gelegentlich darunter leiden, dass der Pförtner gerade heute ein Familienfest feiert oder der Fahrer einen guten alten Bekannten wiedergetroffen hat. Da nützt es nichts, zu zetern und auf offizielle Tafeln zu verweisen. Da bleibt nur, die Dinge zu nehmen, wie beziehungsweise wann sie kommen.
Lebensphilosophie

Geld

Der Euro ist in Griechenland das offizielle Zahlungsmittel. Wechselkurs für die Schweiz: 1 € = 1,11 CHF, 1 CHF = 0,77 €.
Euro

Die einfachste Art, Geld abzuheben, sind die **Bankomaten**, die man zumindest in den Städten findet. Auf Rhodos werden die international gängigen Kreditkarten von Banken, größeren Hotels, Geschäften und Restaurants der gehobenen Kategorie akzeptiert.
Bankautomaten

Ist eine Bank- oder Kreditkarte verloren gegangen oder gestohlen worden, sollte man sie unverzüglich sperren lassen. Es gibt eine einheitliche Notfall-Nummer für Bank- und Kreditkarten sowie Handys: **Tel. aus Griechenland (0049) 11 61 16**. Aus dem Ausland ist der Anruf gebührenpflichtig.
Verlust von Bank- und Kreditkarten

Die Banken sind im Allgemeinen geöffnet: Mo. – Do. 8.00 – 14.00, Fr. 8.00 – 13.30 Uhr. Sie und die Postämter tauschen Geld um.
Banken

Gesundheit

Apotheken Man erkennt die Apothcken an dem runden Schild mit Kreuz über dem Eingang und an der Aufschrift ΦAPMAKEION (Farmakíon). In Rhodos-Stadt gibt es zahlreiche Apotheken, die im Allgemeinen die meisten ausländischen Arzneien führen. Auch in den anderen größeren Orten sind Apotheken vorhanden. Die **Öffnungszeiten** sind: von Mo. bis Fr. von 8.30 bis 14.30 und von 16.00 (oder etwas später) bis 19.30, Sa. 8.30 bis 16.00 Uhr. Im Zentrum von Rhodos-Stadt gibt es auch Apotheken, die mittags durchgehend geöffnet sind bzw. Rund-um-die-Uhr-Service anbieten, außerdem eine internationale Apotheke (Adresse s. u.). An jeder Apotheke findet man Hinweise auf die nächste Apotheke, die Notdienst hat. Auch in englischsprachigen Anzeigenblättern ist der Notdienstplan veröffentlicht.

Krankenversicherung ▶ S. 216

Erste Hilfe
Tel. 1 66

Allgemeines Krankenhaus (Jenikó Nossokomío) in Rhodos-Stadt
Leoforos Georgiou Papandreou Menkavli
Tel. 22410 8 00 00

Krito Rodos Medical Centre
Ioannou Metaxa 3
Tel. 22410 3 80 08
Verschiedene Fachärzte sind rund um die Uhr für Patienten erreichbar. Man spricht Englisch und Deutsch.

Außenstelle in Faliráki:
Emou
Tel. 22410 8 66 66

Internationale Apotheke
Rhodos-Stadt
A. Diakou 22 – 24
Tel. 22410 7 53 31

Literaturempfehlungen

Anthony Goodman, Peter Schmidt: Die Mauern von Rhodos. Bastei-Lübbe 2004.
Roman über die Belagerung von Rhodos durch den 25-jährigen, machtbesessenen Sultan Suleiman den Prächtigen im Jahr 1522. Im Innern der bedrängten Stadt bereiten sich 500 Ritter unter der Führung des legendären Großmeisters Philippe de L' Isle Adam darauf vor, der Übermacht der 100 000 türkischen Krieger zu trotzen.

Wolfram Hoepfner: Der Koloss von Rhodos und die Bauten des Helios. Verlag Zabern 2003.
Fachbuch über die antiken Zeugnisse, die die bis heute ungelösten Fragen nach Aussehen, Standort und Konstruktion des Kolosses von Rhodos klären sollen.

Homer: Odyssee
Liegt in verschiedenen deutschen Übersetzungen vor, die »klassische« ist die von Johann Heinrich Voss.

Michael Losse: Die Kreuzritter von Rhodos: Bevor die Johanniter zu Maltesern wurden. Jan Thorbecke Verlag 2008.
Die spannend erzählte, mehr als 200-jährige Geschichte des Johanniterordens auf Rhodos.

Gerd Thiel: Rhodos. Die schönsten Tal- und Höhenwanderungen.
Über 40 ausgewählte Wanderungen an den Küsten, im Hinterland und in den Bergen der Insel. Bergverlag Rother (2013).

> **BAEDEKER TIPP** ❗ *Literarische Einstimmung*
>
> Eine poetische Einstimmung auf Rhodos ist der Roman »Leuchtende Orangen – Insel des Helios« von Lawrence Durrell von 1964 (Rowohlt Tb 1998). Der britische Dichter (1912–1990) lebte nach dem Zweiten Weltkrieg zeitweise auf der Insel.

Medien

Deutschsprachige Zeitungen und Zeitschriften sind auf Rhodos normalerweise ab morgens oder mittags am Kiosk (períptero) oder in Souvenirläden erhältlich.

Deutschsprachige Presse

Museen

Die Museen und archäologischen Stätten haben unterschiedliche Öffnungszeiten, die im Teil »Reiseziele von A bis Z« dieses Reiseführers genannt sind. Im Allgemeinen sind die Museen etwa zwischen 8.30 und 15.00 Uhr geöffnet, viele am Wochenanfang (meist montags, z. T. auch dienstags) geschlossen. Einen halben Tag geöffnet sind sie am 6. Januar, am Rosenmontag, Karfreitag, Karsamstag, Ostermontag, 1. Mai, Pfingstsonntag, 15. August und 28. Oktober. **Geschlossen** sind die meisten archäologischen Stätten und Museen am 1. Januar, 25. März, Ostersonntag, 1. Mai und an den Weihnachtsfeiertagen.

Öffnungszeiten

Notrufe

NOTDIENSTE IN GRIECHENLAND

Notruf
Tel. 1 12

Erste Hilfe
Tel. 1 66

Krankenhaus
▶ S. 2 20

Feuerwehr
Tel. 1 12

Notruf des ADAC
Tel. 21 09 60 12 66
Der deutschsprachige Notruf in Athen ist ganzjährig erreichbar.

Touristenpolizei
Rhodos-Stadt:
Papagou/Makariou
Tel. 22410 2 33 29
Die mehrsprachigen Mitarbeiter sind die richtigen Ansprechpartner für alle Urlauber, die Probleme mit Hoteliers, Tavernenbesitzern oder Taxifahrern haben.

NOTDIENSTE IN DEUTSCHLAND

ADAC-Notrufzentrale München
Tel. aus Griechenland:
0049 89 22 22 22 (24 Std.)

ADAC-Ambulanzservice München
Tel. aus Griechenland:
00 49 89 76 76 76
Erreichbar ist der Beratungsdienst täglich von 8.00 bis 20.00 Uhr und in der Hauptsaison von 7.00 bis 20.00 Uhr. Der Telefonarzt des ADAC gibt Patienten Medikamentenempfehlungen bei leichteren Beschwerden und kann in ernsten Fällen den Rücktransport nach Deutschland veranlassen. Bei Bedarf nennt er auch deutschsprachige Ärzte in den betreffenden Regionen.

ACE-Notrufzentrale Stuttgart
Tel. aus Griechenland:
0049 180 2 34 35 36

Deutsche Rettungsflugwacht Stuttgart
Tel. aus Griechenland:
0049 711 70 10 70

DRK-Flugdienst Bonn
Tel. aus Griechenland:
0049 228 23 00 23

Post · Telekommunikation

Postämter Die griechischen Postämter unterstehen der staatlichen Postverwaltung Elliniká Tachidromía (ELTA). Die griechischen Postkästen sind gelb. Das **Hauptpostamt** in Rhodos-Stadt (Mandráki-Hafen, Platia

LÄNDERVORWAHLEN
Von Deutschland, Österreich und der Schweiz
nach Griechenland: Tel. 0030

Von Griechenland
nach Deutschland:
Tel. 0049

nach Österreich:
Tel. 0043
in die Schweiz:
Tel. 0041

TELEFONAUSKUNFT
Für In- und Ausland
Tel. 11888

Dimarchiou) ist zu folgenden Zeiten geöffnet: Mo. – Fr. 8.00 – 20.00 Uhr, Sa. 8.00 – 15.00 Uhr, in anderen Orten im Allgemeinen: Mo. bis Fr. 8.00 – 15.00 Uhr. In den Dörfern gelten in der Regel noch kürzere Öffnungszeiten.

Das Porto für eine **Ansichtskarte** oder ein **Normalbrief** ins europäische Ausland kostet **0,71 €**. Briefmarken sollte man bei der Post kaufen, da an anderen Stellen, z. B. am Kiosk, an Hotelrezeptionen und in Souvenirläden, mehr berechnet wird. *Porto*

Mobiltelefone (griech. Kimiló) sind auf Rhodos weit verbreitet, die Netzabdeckung ist auch in entlegenen Regionen sehr gut. Sie wählen sich automatisch über Roaming in das entsprechende Partnernetz ein. Wer viel per Handy telefonieren will, kann sich in den Telekommunikationsgeschäften in der Stadt eine griechische Sim-Card mit eigener griechischer Nummer für wenig Geld kaufen, wobei der Personalausweis vorgelegt werden muss. Die größten Telekommunikationsgesellschaften des Landes sind Cosmote, die auch das Festnetz betreibt, Vodafone und Wind. **Telefonzellen** sind zahlreich. Um sie zu benutzen, benötigt man eine Telefonkarte, die an Kiosken und in vielen Supermärkten erhältlich ist. *Telefonieren*
Fast alle griechischen **Telefonnummern** sind zehnstellig. Auch bei Ortsgesprächen ist immer diese zehnstellige Nummer zu wählen. Telefonnummern im Festnetz beginnen mit einer 2, im Mobilnetz mit einer 6.

Preise und Vergünstigungen

Die Preise für **Übernachtungen** unterscheiden sich in der Hauptsaison kaum von denen mitteleuropäischer Reiseziele. In den Monaten Mai, Juni und Oktober liegen sie unter den Preisen für die Hochsaison. **Freien Eintritt in Museen** haben Personen unter 18 und Schüler

BAEDEKER WISSEN

? *Was kostet wie viel?*

Benzin: 2 €
Einfaches Essen: bis 10 €
Tasse Kaffee: 2,50 €

▸ Preise für Restaurants S. 70
▸ Preise für Hotels S. 91

bzw. Studenten mit einem entsprechenden Ausweis. **Reduzierten Eintritt** (in der Regel die Hälfte) zahlen EU-Bürger, die älter sind als 65 Jahre. Von November bis März ist zudem an jedem Sonntag der Eintritt frei, dies gilt auch für den ersten Sonntag im April, Mai, Juni und Oktober. Ein **Ticket-Package** wird für vier Museen in Rhodos-Stadt, darunter der Großmeisterpalast und das Archäologische Museum, angeboten.

Reisezeit

Sonneninsel — Rhodos liegt in der **mediterranen Klimazone** mit einer ausgeprägten sommerlichen Trockenzeit mit subtropischen Temperaturen und einem verhältnismäßig milden Winter. Man zählt auf der Insel pro Jahr rund **260 Sonnentage**. Zwölf Stunden am Tag scheint die Sonne in den Monaten Juni, Juli und August.

Nebensaison — Die Vor- und die Nachsaison, also die Monate April/Mai und September/Oktober, sind für Besichtigungen, Rundreisen oder Wanderungen klimatisch am angenehmsten. Von März bis Mai dauert der berühmte **rhodische Frühling**. Die Temperaturen sind dann mild, und die Natur steht in herrlicher Blüte.

In dieser Zeit hat man mit dem **Schirokko** zu rechnen, einem heißen, kräftigen Südwind, der vom afrikanischen Kontinent zur Insel herüberweht.

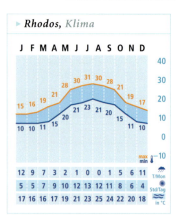

▸ *Rhodos, Klima*

Der rhodische **Sommer** beginnt bereits Ende April bzw. im Mai und dauert bis zum Oktober. Von Mitte Juni bis Anfang September ist es sehr heiß und trocken, damit die ideale Zeit für Badeferien. Von Juni bis September fällt so gut wie kein Niederschlag; es herrscht ausgesprochene Dürre. Doch selbst im Sommer weht an der Westküste ein heftiger Wind, was bei hohen Temperaturen angenehm ist. Gelegentlich – vor allem im Juli und August – kann der Wind Sturmstärke erreichen und weht dann auch über Nacht oder gar mehrere Tage lang.

Sprache

Die Transkription vom Griechischen ins Deutsche ist problematisch, da es keine verbindlichen Richtlinien dafür gibt. Um in diesem Reiseführer Einheitlichkeit zu erreichen, erfolgt die Umschrift nach einer auch von der UNO verwendeten Transliterationstabelle. Die Betonung des Wortes ist durch den Akzent zu erkennen.

Transkription

Meist findet man auf Rhodos Einheimische, mit denen man sich auf Englisch verständigen kann. Deutschkenntnisse sind durch heimgekehrte Gastarbeiter häufig geworden. Das **Neugriechische** unterscheidet sich wesentlich vom **Altgriechischen**, obwohl die Zahl jener Wörter, die seit den Zeiten des Dichters Homer unverändert geschrieben werden, immer noch erstaunlich groß ist. Doch auch bei diesen sind die Abweichungen der Aussprache von der deutschen Schulaussprache des Altgriechischen zu berücksichtigen. Im Hauptteil des Sprachführers wird in der zweiten Spalte die tatsächliche Aussprache möglichst genau wiedergegeben, die Umschrift wird daher nicht verwendet.

Verständigung

Bei den Satzzeichen unterscheiden sich vom Lateinischen nur das griechische Fragezeichen, das dem deutschen Strichpunkt entspricht (? = ;), und der Strichpunkt, der im Griechischen als Punkt über der Zeile (·) geschrieben wird.

Satzzeichen

Sprachführer Griechisch

GRIECHISCHES ALPHABET

Buchstaben	Umschrift	Aussprache
Α α (alfa)	a	a
Β β (wita)	v	w
Γ γ (ghamma)	g	gh, vor e und i: j
Δ δ (dhelta)	d	dh (wie in engl. »that«)
Ε ε (epsilon)	e	kurzes e
Ζ ζ (sita)	z	stimmhaftes s
Η η (ita)	i	i
Θ θ (thita)	th	th (wie in engl. »thing«)
Ι ι (iota)	i	i
Κ κ (kappa)	k	k
Λ λ (lamvda)	l	l
Μ μ (mi)	m	m
Ν ν (ni)	n	n
Ξ ξ (xi)	x	ks

Ο ο (omikron)	o	o
Π π (pi)	p	p
Ρ ρ (rho)	r	r
Σ σ, ς (sigma)	s	stimmloses s
Τ τ (tav)	t	t, nach d: d
Υ υ (ipsilon)	y	i
Φ φ (fi)	f	f
Χ χ (chi)	ch	vor a, o, u wie in »ach«; vor e, i wie in »ich«
Ψ ψ (psi)	ps	ps
Ω ω (omega)	o	o

BUCHSTABENKOMBINATIONEN

αι	e	e
αυ	av	aw (vor stimmhaftem Konsonant oder Vokal)
αυ	af	af (vor stimmlsm. Kons.)
γγ	ng	ng
γκ	g	g (am Wortanfang, selten im Wortinneren)
γκ	ng	ng (im Wortinneren)
ει	i	i
ει	j	j (unbetont, zwischen Konsonant und Vokal)
ευ	ev/ef	ev/ef (entspr. αυ)
μβ	mv	mw
μπ	b	b (am Wortanfang, selten im Wortinneren)
μπ	mb	mb (im Wortinneren)
ντ	d	d (am Wortanfang, selten im Wortinneren)
ντ	nt	nd (im Wortinneren)
οι	i	i
ου	ou	u

DAS ALLERWICHTIGSTE

Ja / Nein	nä / óchi	Ναί / Όχι
Vielleicht	'issos	Ίσως
Bitte	paraka'lo	Παρακαλώ
Danke (sehr)	äfchari'sto (pol'i)	Ευχαριστώ (πολύ)
Entschuldigung!	si'njomi!	Συγγνώμη!
Bitte? Sie wünschen?	o'ristä?	Ορίστε;
Ich verstehe Sie nicht.	ðä sass katala'wäno.	Δε σας καταλαβαίνω.
Bitte wiederholen Sie es.	na to ksana'pite, paraka'lo.	Νά το ξαναπείτε, παρακαλώ.

Sprache • PRAKTISCHE INFOS

Sprechen Sie...	mi'late ...	Μιλάτε ...
... Deutsch?	jermanik'a?	γερμανικά;
... Englisch?	angglik'a?	αγγλικά;
Ich spreche nur wenig Griechisch.	mi'lo 'mono ligo ellinika*a.	Μιλώ μόνο λίγο ελληνικά.
Können Sie mir bitte helfen?	bo'ritä na mä woi'θisätä, paraka'lo?	Μπορείτε να με βοηθήσετε, παρακαλώ;
Ich möchte ...	'θälo ...	Θέλω ...
Haben Sie ...?	'ächätä ...?	Έχετε ...;
Wie viel kostet es?	'posso ko'stisi?	Πόσο κοστίζει;
Wie viel Uhr ist es?	ti 'ora 'inä?	Τι ώρα είναι
Heute/Morgen	'simära/'awrio	Σήμερα / Αύριο

GRÜSSEN

Guten Morgen!	kali'mära (su / sas)!	Καλημέρα (σου / σασ)!
Guten Tag!	kali'mära! / 'chärätä!	Καλημέρα / Χαίρετε!
Guten Abend!	kali'spära!	Καλησπέρα!
Gute Nacht!	kali'nichta!	Καληνύχτα!
(allgemeiner Gruß)	'jassas!	Γειά σας!
Hallo! Grüß dich!	'jassu!	Γειά σου!
Wie geht es Ihnen / dir?	ti 'kanete / 'kanis?	Τι κάνετε / κάνεις;
Danke.	äfchari'sto. äs'sis/äs'si?	Ευχαριστώ.
Und Ihnen / dir?		Εσείς / Εσύ;
Auf Wiedersehen!	a'dio!	Αντίο!
Tschüss!	'jassu!	Γειά σου!

ZAHLEN

0	mi'ðän	μηδέν	10	'ðäka	δέκα
1	'äna	ένα	11	'ändäka	ένδεκα
2	'ðio	δύο	12	'ðoðäka	δώδεκα
3	'tria	τρία	13	ðäka'tria	δεκατρία
4	'tässära	τέσσερα	14	ðäka'tässära	δεκατέσσερα
5	'pändä	πέντε	15	ðäka'pändä	δεκαπέντε
6	'äksi	έξι	16	ðäka'äksi	δεκαέξι
7	ä'fta	εφτά	17	ðäkaä'fta	δεκαεφτά
8	o'chto	οχτώ	18	ðäkao'chto	δεκαοχτώ
9	ä'näa	εννέα	19	ðäkaä'näa	δεκαεννέα
20	'ikossi	είκοσι	100	äka'to	εκατό
21	'ikossi 'äna	είκοσι ένα	200	ðia'kosja	διακόσια
22	'ikossi 'ðio	είκοσι δύο	1000	'chilia	χίλια
30	tri'anda	τριάντα	2000	'ðio chi'ljaðäs	δύο χιλιάδες
40	sa'randa	σαράντα	10000	'ðäka chi'ljaðäs	δέκα χιλιάδες
50	pä'ninda	πενήντα	1/2	to / 'äna	το / ένα
60	ä'ksinda	εξήντα		'ðäftäro	δεύτερο

70	äwðo'minda	εβδομήντα	1/4	to / 'äna 'tätarto	το / ένα τέταρτο
80	og'ðonda	ογδόντα			
90	änä'ninda	ενενήντα			

AUSKUNFT UNTERWEGS

links / rechts	aristä'ra / ðäks'ja	αριστερά / δεξιά
geradeaus	ef'θia	ευθεία
nah / weit	ko'nda / makri'a	κοντά / μακριά
Ist das die Straße nach…?	'Ine af'tos o 'dromos ja…?	Είναι αυτός ο δρόμος γιά;
Bitte, wo ist …?	Parakaló, pú ínä …?	Παρακαλώ, πού είναι …;
Wie weit ist es nach …?	'posso ma'kria 'inä ja …?	Πόσο μακριά είναι γιά…;
Wie komme ich nach (zu) …?	Pos θa 'pao ja (sto/stin) …?	Πώς θα πάω γιά (στο / στην) …;
Ich möchte … mieten.	'θälo na ni'kjasso …	Θέλω να νοικιάσω …
… ein Auto	'äna afto'kinito	ένα αυτοκίνητο
… ein Fahrrad	'äna po'ðilato	ένα ποδήλατο
… ein Boot	'mia 'warka	μία βάρκα

WICHTIGE AUFSCHRIFTEN

ΑΝΔΡΩΝ	Herren	ΓΥΝΑΙΚΩΝ	Damen
ΕΙΣΟΔΟΣ	Eingang	ΕΞΟΔΟΣ	Ausgang
ΑΝΟΙΧΤΟ	Offen	ΚΛΕΙΣΤΟ	Geschlossen
ΤΑΧΥΔΡΟΜΕΙΟΝ	Post	ΤΡΑΠΕΖΑ	Bank

TANKEN

Wo ist bitte die nächste Tankstelle?	'pu 'inä, paraka'lo, to e'pomäno wensi'naðiko?	Πού είναι, παρακαλώ, το επόμενο βενζιναδικό;
Ich möchte … Liter …	θälo … 'litra …	Θέλω … λίτρα …
… Benzin.	… wän'sini.	… βενζινη.
… Diesel.	… 'disäl.	… ντίζελ.
… bleifrei / verbleit.	… a'moliwði / mä 'mo liwðo	… αμόλυβδη / με μόλυβδο.
Volltanken bitte.	jä'mistä paraka'lo.	Γεμίστε παρακαλώ.
Prüfen Sie bitte den Ölstand.	äksä'tastä, paraka'lo, ti 'staθmi tu lað'ju.	Εξέταστε, παρακαλώ, τη στάθμη του λαδιού.

PANNE UND UNFALL

Ich habe eine Panne.	'äpaθa zim'ja.	Έπαθα ζημειά.
Können Sie mir bitte einen Abschleppwagen schicken?	θa bo'russatä na mu 'stilätä 'äna 'ochima ri'mulkissis?	Θα μπορούσατε να μου στείλατε ένα όχημα ρυμούλκησης;
Wo ist hier in der Nähe eine Werkstatt?	'pu i'parchi ä'ðo kon'da 'äna sinär'jio?	Πού υπάρχει εδώ κοντά ένα συνεργείο;
Hilfe!	wo'iθja!	Βοήθεια!
Achtung / Vorsicht!	proso'chi!	Προσοχή!

Sprache • PRAKTISCHE INFOS

Rufen Sie bitte schnell …	ka'lästä, paraka'lo, 'grigora	Καλέστε, παρακαλώ, γρήγορα …
… einen Krankenwagen.	… 'äna asθäno'foro.	… ένα ασ☐ενόφορο.
… die Polizei.	… tin astino'mia.	… την αστυνομία.
… die Feuerwehr.	… tin piroswästi'ki ipirä'sia.	… την πυροσβεστική υπηρεσία.
Geben Sie mir Ihren Namen und Anschrift.	'pästä mu to 'onoma kä ti ðiäfθin'si sas.	Πέστε μου το όνομα και τη διεύ☐υνσή σας.

EINKAUFEN

Wo finde ich …?	pu θa wro …?	Πού ☐α βρω …;
eine Apotheke	'ena farma'kio	ένα φαρμακείο
eine Bäckerei	'ena artopo'lio	ένα αρτοπολείο
ein Lebensmittelgeschäft	'ena ka'tastima tro'fimon	ένα κατάστημα τροφίμων
den Markt	tin ajo'ra	την αγορά

ARZT

| Können Sie mir einen guten Arzt empfehlen? | bo'ritä na mu siss'tissätä 'änan ka'lo ja'tro? | Μπορείτε να μου συστήσετε έναν καλό γιατρό; |
| Ich habe hier Schmerzen. | 'ächo 'ponnus ä'ðo. | Έχω πόνους εδώ. |

BANK

| Wo gibt es hier eine Bank? | 'pu 'inä ä'ðo mja 'trapäsa? | Πού είναι εδώ μια τράπεζα; |
| Ich möchte … Schweizer Franken in Euro wechseln. | 'θälo na a'lakso … älwäti'ka 'franga sä evró. | Θέλω να αλλάξω … ελβετικά φραγκα σε υρώ. |

POST

Was kostet …	'posso ko'stisi …	Πόσο κοστίζει …
… ein Brief	… 'äna 'gramma	… ένα γραμμα
… eine Postkarte	… mja 'karta	… μια κάρτα
… nach Deutschland / Österreich / Schweiz?	… ja ti järma'nia / afs'tria / elwe'tia?	… γιά τη Γερμανία / Αυστρία / Ελβετία;
Eine / zwei Briefmarken, bitte.	'äna/'ðio grammat'osimo/ grammat'osima, paraka'lo.	Ένα/δύο γραμματόσημο / γραμματόσημα, παρακαλώ.

ÜBERNACHTEN

Können Sie mir bitte … empfehlen?	bo'ritä na mu si'stissätä …, paraka'lo?	Μπορείτε να μου συστήσετε …, παρακαλώ;
… ein Hotel	… 'äna ksänoðo'chio	… ένα ξενοδοχείο
… eine Pension	… 'mia pan'sjon	… μία πανσιόν
Ich habe bei Ihnen ein Zimmer reserviert.	'äðo sä sas 'äklissa 'äna ðo'matjo.	Εδώ σε σας έκλεισα ένα δομάτιο.

PRAKTISCHE INFOS • **Sprache**

Haben Sie noch ein Zimmer frei ...	'ächätä a'komi 'äna ðo'matjo ä'läfθäro ...	Έχετε ακόμη ένα δομάτιο ελεύθερο ...
... für eine Nacht?	... ja mja 'nichta?	... γιά μια νύχτα;
... für zwei Tage?	... ja 'ðio 'märäs?	... γιά δύο μέρες;
... für eine Woche?	... ja mja wðo'maða?	... γιά μια βδομάδα;
Was kostet das Zimmer mit ...	'posso ko'stisi to do'matjo mä ...	Πόσο κοστίζει το δομάτιο με ...
... Frühstück?	... proi'no?	... πρωινό;
... Halbpension?	... 'mäna 'jäwma?	... μένα γεύμα;

ESSEN GEHEN

Wo gibt es hier ein gutes Restaurant?	pu i'parchi ä'ðo 'äna ka'lo ästia'torio?	Πού υπάρχει εδώ ένα καλό εστιατόριο;
Gibt es hier eine gemütliche Taverne?	i'parchi ä'ðo ta'wärna mä 'anäti at'mosfära?	Υπάρχει εδώ μια ταβέρνα με άνετι ατμόσφαιρα;
Reservieren Sie uns bitte für heute Abend einen Tisch für 4 Personen.	kra'tistä mas ja 'simera to 'wraði 'äna tra'päsi ja 'tässära 'atoma, paraka'lo.	Κρατήστε μας για σήμερα το βράδυ ένα τραπέζι για 4 άτομα, παρακαλώ.
Ich möchte bitte bezahlen.	θä*alo na pli'rosso, paraka'lo.	Θέλω να πληρώσω, παρακαλώ.
Bitte alles zusammen.	'ola mas'i, parakal'o.	Όλα μαζί, παρακαλώ.
Wir möchten getrennt bezahlen.	θa θ'ä*alame na pli'rosume chorist'a.	Θαθέλαμε να πληρώσουμε χωριστά.
Messer	ma'chäri	μαχαίρι
Gabel	pi'runi	πηρούνι
Löffel	ku'tali	κουτάλι

SPEISEKARTE

προινώ	proin'o	**Frühstück**
καφές (σκέτο)	ka'fäs ('skäto)	(ungesüßter) Kaffee
καφές με γάλα	ka'fäs me 'jala	Kaffee mit Milch
καφές φίλτρου	ka'fäs 'filtru	Filterkaffee
τσάι με λεμόνι	'tsai mä lä'moni	Tee mit Zitrone
τσάι από βότανα	'tsai a'po 'wotana	Kräutertee
σοκολάτα	soko'lata	Schokolade
χυμό φρούτου	chi'mo 'frutu	Fruchtsaft
αυγό μελάτο	aw'jo mä'lato	weiches Ei
ομελέτα	omä'läta	Omelett
αυγά μάτια	aw'ja 'matja	Spiegeleier
αυγά με μπέικον	aw'ja mä 'bäiken	Eier mit Speck
ψωμί / ψωμάκι	pso'mi/pso'maki	Brot/Brötchen
τοστ	tost	Tost
κρουασάν	krua'san	Hörnchen, Croissant

φρυγανιές	frigan'jäs	Zwieback
βούτυρο	'wutiro	Butter
τυρί	ti'ri	Käse
λουκανικό	lu'kaniko	Wurst
ζαμβόν	sam'bon	Schinken
μέλι	'mäli	Honig
μαρμελάδα	marmä'laða	Marmelade
γιαούρτι (με καρύδια)	ja'urti (mä ka'riðja)	Joghurt (mit Walnüssen)

ορεκτικά / σούπες — orektik'a / 'supes — Vorspeisen / Suppen

ποικιλίαελιές	ä'ljäs	Oliven
φέτα	'fäta	weißer Schafskäse
μελιτζάνα σαλάτα	mäli'dsana sa'lata	Auberginensalat
ντολμαδάκια	dolma'ðakja	gefüllte Weinblätter (kalt)
γαρίδες	ga'ridäs	Garnelen
γίγαντες	'jigandäs	große weiße Bohnen
σαγανάκι	saga'naki	gebratener Käse
σκορδαλιά	skorðal'ja	Püree aus Kartoffeln, Knoblauch und Öl
σπανακόπιτα	spana'kopita	Spinattasche
ταραμοσαλάτα	taramosa'lata	Fischrogenpüree
τζατζίκι	za'ziki	Joghurtcreme mit Gurke und Knoblauch
τυρόπιτα	ti'ropita	Käsetasche
κοτόσουπα	ko'tosupa	Hühnersuppe
κοτόσουπα αυγολέμονο	ko'tosupa awgo'lämono	Hühnersuppe mit Zitrone und Ei
ψαρόσουπα	psa'rosupa	Fischsuppe
ζωμός κρέατος	so'mos 'kräatos	Fleischbrühe
τοματόσουπα	toma'tosupa	Tomatensuppe
λαχανόσουπα	lacha'nosupa	Gemüsesuppe
φασολάδα	faso'lada	Bohnensuppe
μαγειρίτσα	maji'ritsa	Ostersuppe

σαλάτες — sa'lates — Salate

(ν)τοματοσαλάτα	tomatosa'lata	Tomatensalat
αγγούρι	an'guri	Gurke
χοριάτικι (σαλάτα)	chor'jatiki (sa'lata)	Dorfsalat
μαρούλι σαλάτα	ma'ruli sa'lata	Kopfsalat
λαχανοσαλάτα	lachanosa'lata	Krautsalat
πατατοσαλάτα	patatosa'lata	Kartoffelsalat
άγρια χόρτα	'agria 'chorta	Wildkräutersalat
λαδολέμονο	laðo'lämono	Öl-Zitronen-Sauce

PRAKTISCHE INFOS • Sprache

ψάρια	ps'arja	Fischgerichte
αστακός	asta'kos	Hummer
γαρίδες	ga'ridäs	Garnelen
χταπόδι	chta'poði	Oktopus
μπαρμπούνι σχάρας	bar'buni 'ßcharas	Rotbarbe vom Grill
γλώσσα τηγανητά	'glossa tijani'ta	Seezunge gebraten
μύδια	'miðia	Muscheln
καλαμαράκια	kalama'rakja	kleine Tintenfische
μπακαλιάρος φούρνου	bakal'jaros 'furnu	Stockfisch aus dem Ofen
σολομός	solo'mos	Lachs
κακαβιά	kakaw'ja	Bouillabaisse
καραβίδες	kara'wiðes	große Scampi
χριστόψαρο	chris'topsaro	Petersfisch
σκουμπρί	skum'bri	Makrele
τσιπούρα	tsi'pura	Dorade
φαγκρί	fan'gri	Zahnbrasse
τόνος	'tonnos	Tunfisch
ξιφίας	ksi'fias	Schwertfisch

φαγητά με κρέας	fajit'a mä kr'äas	Fleischgerichte
άρνι ψητό	ar'ni psi'to	Lammbraten
άρνι στο φούρνο	ar'ni sto 'furno	Lammfleisch aus dem Ofen

Tja, wenn man jetzt auf Griechisch fragen könnte!

βοδινό φιλέτο	woði'po fi'läto	Rinderfilet
γαλοπούλα ψητή	galo'pula psi'ti	Pute gebraten
γύρος	'jiros	Fleisch vom Drehspieß
κατσίκι	kat'siki	Zicklein
κεφτέδες	kef'tedes	Hackfleischbällchen
κοτόπουλο ψητό	ko'topulo psi'to	Brathuhn
κουνέλι	ku'näli	Kaninchen
μιξτ γκριλ	'mikst 'gril	Gemischtes Grillfleisch
μοσχάρι κοκκινιστό	mos'chari kokkini'sto	Kalbfleisch geschmort
μοσχάρι ψητό	mos'chari psi'to	Kalbsbraten
μπόν φιλέ	bon fi'lä	Filet
μπριζόλες χοιρινές	bri'soläs chiri'näs	Schweinekotelett
μπιφτέκι	bi'ftäki	Hacksteak vom Grill
παιδάκια αρνίσια	pai'ðakja ar'nisia	Lammkotelett
παστίτσιο	pa'stitsjo	Makkaroniauflauf mit Fleischfüllung
σουτζουκάκια	sudsu'kakja	Hackfleischröllchen
σουβλάκι(α)	su'wlaki	Fleischspieß(e)

λαχανικά — **lachanik'a** — **Gemüsegerichte**

ντολμάδες	dol'maðäs	Gefüllte Weinblätter
λάχανο	'lachano	Weißkraut
αγγινάρες	angi'naräs	Artischocken
μελιτζάνες γεμιστές	mäli'dsanäs jämi'stäs	Gefüllte Auberginen
ντομάτες γεμιστές	to'matäs jämi'stäs	Gefüllte Tomaten
πιπεριές γεμιστές	pipär'jäs jämi'stäs	Gefüllte Paprikaschoten
τουρλού	tur'lu	Bunter Gemüseeintopf
φασολάκια	faso'lakja	Grüne Bohnen
μουσακάς	mussa'kas	Auberginen-Hackfleisch-Kartoffel-Auflauf
μπαμιές	'bamjäs	Okraschoten
πιπεριές τηγανητές	pipär'jäs tigani'täs	gebratene Paprika
κολοκυδάκια	koloki'ðakja	Zucchini
φασόλια	fa'solja	weiße Bohnen
πατάτες τηγανητές	pa'tatäs tigani'täs	Pommes frites
σπανακορύζο	spana'koriso	Spinat mit Reis

επιδόρπια — **epid'orpia** — **Nachspeisen**

φρούτα	'fruta	Obst
παγωτό	pagot'o	Eis(creme)
μπακλαβάς	bakla'was	Blätterteig in Sirup mit Nussfüllung
μπουγάτσα	bug'atsa	Blätterteigtasche, gefüllt mit Vanillecreme

κρέμα	'kräma	Grießpudding
ρυζόγαλο	ri'sogalo	Reispudding
σταφύλια	sta'filia	Trauben
καρπούζι	kar'pusi	Wassermelone
πεπόνι	pä'poni	Honigmelone
ροδάκινο	ro'ðakino	Pfirsich
μήλο	'milo	Apfel
αχλάδι	ach'laði	Birne
μούσμουλα	'musmula	Mispel

Αλκοολούχα ποτά — **alkool'ucha pot'a** — **Alkoholische Getränke**

άσπρο κρασί	'aspro kra'si	Weißwein
κόκκινο κρασί	'kokkino kra'si	Rotwein
ρετσίνα	rä'tsina	geharzter Wein
χύμα	'chima	Wein vom Fass
ξερό	kse'ro	trocken
ημίγλυκο	i'migliko	halbsüß
ούζο	'uso	Anisschnaps
τσίπουρο	'tsipuro	Tresterschnaps
(μια) μπύρα	(mja) 'bira	(ein) Bier

μη αλκοολούχα ποτά — **mi alkool'ucha pot'a** — **Alkoholfreie Getränke**

φραππέ	frap'pä	kalter Nescafé mit festem Schaum
ελληνικος καφές	elini'kos ka'fäs	griechischer Mokka
τσάι	tsai	Tee
πορτοκαλάδα	portoka'laða	Orangenlimonade
λεμονάδα	lämo'naða	Zitronenlimonade
(μια καράφα) νερό	(mja ka'rafa) ne'ro	(ein Krug) Wasser
μεταλλικό νερό	metalli'ko ne'ro	stilles Mineralwasser
σόδα	'soda	Mineralwasser mit Kohlensäure

Verkehr

Straßenverkehr Auf Rhodos gelten weitgehend die internationalen Verkehrsregeln. Verkehrssündern drohen drastische Geldbußen. Fremdsprachenkundige Polizeibeamte tragen eine Armbinde mit der Aufschrift »Tourist Police«. In den Städten ist das Hupen untersagt. Sicherheitsgurte sind während der Fahrt anzulegen. In hell erleuchteten Ort-

Ganz geruhsam: Vorwärtskommen mit einer ES (Eselstärke)

schaften wird nachts lediglich mit Standlicht gefahren, und das Schild »Vorfahrtsstraße« bedeutet auch Parkverbot. Die **Alkoholgrenze** beträgt 0,5 Promille für Autofahrer und 0,2 Promille für Motorradfahrer.

Für Pkws, auch mit Anhänger, (und Motorräder über 100 cm³) gelten folgende **Geschwindigkeitsbegrenzungen**: innerorts 50 km/h (40 km/h), auf Landstraßen 90 km/h (70 km/h) und auf Autobahnen 120 km/h (90 km/h). Wer zu schnell fährt, muss mit einer hohen Geldbuße und evtl. mit Führerscheinentzug rechnen; unter Umständen werden sogar die Kennzeichen vom Fahrzeug entfernt.

Es gibt bleifreies Super und bleifreies Super Plus (98 Oktan) sowie Dieselkraftstoff, selten Autogas. Die Mitnahme von **Benzin** in Kanistern ist verboten.

Der Automobil- und Touringclub von Griechenland (ELPA) betreibt einen Verkehrsdienst mit Streifenwagen (OVELPA), der ausländischen Fahrern Hilfe leistet: gelbe Wagen mit der Aufschrift »Assistance Routière«. Die **Pannenhilfe** ist kostenpflichtig. ADAC-Mitglieder erhalten Sondertarife.

PRAKTISCHE INFOS • **Verkehr**

PANNENHILFE
ELPA
Notruf-Tel. 1 04 00
(rund um die Uhr erreichbar)
Rhodos-Stadt:
Karpathou 34
Tel. 22410 2 43 77

MIETWAGEN
Reservierung in Deutschland
Avis:
Tel. *0180 5 21 77 02
www.avis.de

Europcar:
Tel. *0180 55 80 00
www.europcar.de

Hertz:
Tel. *0180 535 35 35
www.hertz.de

Sixt:
Tel. *0180 5 25 25 25
www.sixt.de

BUSVERKEHR
KTEL
Tel. 22410 2 77 06, www.ktel.org

RODA
Tel. 22410 2 74 62

TAXIS
Taxiruf in Rhodos-Stadt
Tel. 22410 6 47 34/12

FÄHRVERBINDUNGEN
Hafenamt in Rhodos-Stadt
Tel. 22410 2 22 20

Greek Travel Pages
www.gtp.gr

Miet-fahrzeuge
Außer den internationalen Mietwagenfirmen – insbesondere in Rhodos-Stadt und am Flughafen, aber auch in Faliráki, Ixiá, Líndos und Iálissos – bieten **einheimische Mietwagenfirmen** Fahrzeuge an, darunter auch Cabrios, Jeeps, Motorräder, Mopeds und Fahrräder. Bedingung für das Mieten eines Kraftfahrzeugs ist in der Regel der Besitz eines nationalen Führerscheins und, wenn man die hohe Kaution vermeiden will, eine Kreditkarte. Im Mietvertrag sollte man genau die Versicherungsleistungen überprüfen, damit es am Schluss keine bösen Überraschungen gibt.

Taxis
Taxis halten auf Zuruf oder Winken am Straßenrand. Die Autos mit gelbem Taxi-Schild auf dem Dach sind mit einem Taxameter ausgestattet. In Rhodos-Stadt stehen sie in größerer Zahl am Riminiplatz. Auf dem Land verkehrt das Dorftaxi (agoraíon), das im Allgemeinen nicht mit Taxameter ausgestattet ist. Informationen sind im Kafeníο erhältlich. Die **Preise** für Taxifahrten auf Rhodos sind günstiger als in Deutschland. Zusätzliche Gebühren werden berechnet bei Fahrtantritt am Flughafen, für jedes Gepäckstück, für Nachtfahrten nach 24.00 Uhr und für Fahrten außerhalb von Ortschaften. Sonderzuschläge muss man auch an Ostern und Weihnachten bezahlen. Vor Ausflügen mit dem Taxi sollte der Fahrpreis ausgehandelt werden.

Zu allen größeren Orten auf der Insel Rhodos bestehen gute Linienbusverbindungen. Busfahrpläne sind bei der Griechischen Fremdenverkehrszentrale vor Ort erhältlich. Den Ostteil der Insel – z. B. Faliráki und Líndos – erreicht man mit den weiß-beigen Überlandbussen der Gesellschaft **KTEL**. Die Abfahrtsstelle ist an der Néa Agorá auf der Höhe der Gallias-Straße. In den Westteil der Insel, u. a. zum Flughafen, nach Petaloúdes, Kámiros, Kritinía oder nach Émbonas, gelangt man mit den blau-weißen Überlandbussen von **RODA**, die in der Papagou-Straße, ebenfalls an der Néa Agorá, starten.

Busverkehr

Busausflüge, z. B. Stadtrundfahrten in Rhodos, Exkursionen oder Inselrundfahrten, organisieren die örtlichen Reisebüros. Angeboten werden beispielsweise Fahrten nach Líndos, Kámiros, Filérimos und zum Petaloúdes-Tal. Ferner gibt es thematische Ausflüge wie eine Tour zu den Bergen der Insel, eine Kirchen- und Klöstertour, Naturfahrten sowie Kunstfahrten zu Malerei und Keramik.

Organisierte Busausflüge

Emborikós in Rhodos-Stadt ist der Haupthafen von Rhodos, wo alle internationalen und innergriechischen Linien anlegen. Verbindungen bestehen zu den anderen Inseln des Dodekanes, zu Kreta, den Kykladen und weiteren ägäischen Inseln. Außerdem werden Fahrten nach Marmaris und Fethiye in der Türkei angeboten. Man hat die Wahl zwischen Fähren, Katamaranen und Tragflügelbooten, die zwar erheblich schneller, aber auch viel teurer sind. Ausflugsboote, z. B. nach Sými, warten im Mandráki-Hafen auf Fahrgäste.
Fahrpläne erhält man entweder bei der Griechischen Zentrale für Fremdenverkehr (▶ S. 216) oder unter der Internetadresse der Greek Travel Pages (▶ S. 215). Auf Rhodos gibt das Informationsbüro an der Platia Rimini in Rhodos-Stadt Schiffsfahrpläne aus, außerdem kann man sich beim Hafenamt erkundigen. Fahrkarten erhält man in den Reisebüros und Agenturen am Hafen sowie direkt am Kai.

Fähren

Zeit

In Griechenland ist es ganzjährig eine Stunde später als in Mitteleuropa (MEZ + 1 St.). Von Ende März bis Ende Oktober gilt die Sommerzeit (MESZ + 1 St.).

Register

A
Afántou **122**
Agía Agáthi **135**
Agía Triáda **124**
Ágios Geórgios Lórima **136**
Ágios Geórgios o Várdas **127**
Ágios Ioánnis, Moní (Chálki) **139**
Ágios Nektaríos **153**
Ágios Nikólaos Fountoúkli **155**
Ágios Theódoros **134**
Ágios Thomás **130**
Akramítis **128**
Alexander der Große **29**
Alimiá **152**
Althaimenes **145**
Anreise **214**
Anthony-Quinn-Bucht **142**
Apolakkiá **125**
Apóllona **150**
Apollonios Rhodios **30, 55**
Apotheken **220**
Archángelos **132**
Archípoli **155**
Arnítha **128**
Asklipío **170**
Atáviros **152**
Aubusson, Pierre d' **55**
Auskunft **214**
Ausreisebestimmungen **214**

B
Badeurlaub **95**
Bahnverbindungen **212**
Bankautomaten **217**
Banken **217**
Behindertenhilfe **217**
Bekleidungsregeln **218**
Bevölkerungsentwicklung **18**
Bilderstreit **47**
Botschaften **217**
Busverkehr **237**

C
Chálki **137**
Charáki **134**
Chares von Líndos **55**

D
Diadochenkriege **29**
Dodekanes **11**

E
Einraumkapelle **47**
Einreisebestimmungen **214**
Elektrizität **217**
Eleoúsa **155**
ELPA **235**
Émbonas **151**
Eptá Pigés **155**
Eratosthenes von Kyrene **11**
Erdbeben **11**
Erdgeschichte **11**
Erste Hilfe **222**
Essen **63**
Etikette **218**
Euro **219**

F
Fähren **237**
Fahrzeugpapiere **214**
Faliráki **140**
Faliráki Waterpark **140**
Fáva **66**
Feiertage **75**
Féraklos **132**
Ferienhäuser **91**
Ferienwohnungen **91**
Feste **75**
Filérimos **143**
Fische **17**
Fischerei **24**
Fotografieren **219**
Fourni, Kap **128**
Frigana **15**

G
Gennádi **170**
Geologie **11**
Gesten **219**
Gesundheit **220**
Getränke **65**
Gleichberechtigung **19**
Golf **100**
Griechisches Alphabet **227**

H
Handwerk **24**
Helios **200**
Hexapolis **27**
Höchstgeschwindigkeiten **235**
Hotels **89**

I
Iálissos **206**
Ikonen **154**
Ikonografisches Programm **47**
Ikonoklasmus **47**
Internet **216**
Ipsení **166**
Istríos **129**
Íxia **206**

J
Jachtcharter **101**
Joghurt **64**
Johanniter **33, 34**

K

Kafenío 22
Kallithéa-Thermen 203
Kámiros (Ausgrabungsstätte) 145
Kámiros (Kloster) 136
Kámiros Skála 150
Kap Foúrni 128
Kattaviá 131
Keramik 88
Keramikherstellung 41
Kímisis tis Theotókou 170
Kinder 81
Kiotári 170
Kirche 23, 168
Kleoboulos 56
Koloss von Rhodos 30, 44, 55, 58, 200, 204
Kolossalstatuen 204
Kolýmbia 154
Konsularische Vertretungen 217
Korallen 18
Koskinou 206
Krankenversicherung 216
Kremastí 206
Kreuzkuppelkirche 45
Kritinía (Kastell) 151
Kritinía (Ort) 15
Kulturfestivals 75
Kunstgeschichte 43

L

Lachaniá 130
Ladikó-Bucht 142
Láerma 166
Ländervorwahlen 223
Landschaftsbild 14
Landwirtschaft 24
Laokoongruppe 31, 46
Lárdos 166
Líndos 157

Literaturempfehlungen 220
Loryma 135

M

Málona 136
Maritsá 207
Másari 138
Maßkleidung 88
Medien 221
Meerestiere 17
Mesanagrós 129
Metropoliten 23
Mietwagen 236
Monólithos 127
Moscheen 49
Mountainbiking 100
Museen 221
Musik 52

N

Nationalfeiertage 75
Natur 11
Nike von Samothrake 31, 46
Notruf 222
Nutztiere 17

O

Ostern 78
OVELPA 235

P

Pannenhilfe 235
PASOK 40
Pastída 207
Péfki 166
Pelze 88
Persönlichkeiten, Berühmte 54

Petaloudes 124
Pflanzenwelt 15
Plimmíri 130
Porto 224
Poseidonios 56, 58

Post 222
Postämter 222
Prassonísi 132
Preise 223
Presse 221
Priester 23
Profília 129
Profítis Ilías 149
Psínthos 123
Pythokritos 59

Q

Quinn, Anthony 52, 142

R

Rauchen 219
Reisedokumente 214
Reisevorbereitung 214
Reisezeit 224
Religion 23
Rettungsflugwacht 222
Rhetorenschule 31
Rhodos 171
- Agía Ekateríni 195
- Agía Paraskeví 195
- Agías Triáda 195
- Ágios-Antónios-Tor 181
- Ágios-Athanásios-Tor 180
- Ágios Fanoúrios 195
- Ágios Geórgios 184
- Ágios-Geórgios-Bastion 182
- Ágios Nikólaos 199
- Ágios Spíridon 194
- Akropolis 202
- Altes Hospital 183
- Amboise-Tor 179
- Aphrodite-Tempel 182
- Aquarium 202
- Archäologisches Museum 184
- Argyrokástrous, Platía 182

Rhodos (Fts.)
- Evangelismós-Kirche 199
- Gemäldegalerie 182
- Geschichte 171
- Hafiz-Ahmed-Agha-Bibliothek 192
- Herberge der Ritter der Auvergne 183
- Hospiz St. Katharina 195
- Ibrahim-Pascha-Moschee 194
- Ippókratous, Platía 193
- Johannes-Bastion 181
- Jüdisches Viertel 198
- Kahal-Shalom-Synagoge 196
- Mandráki-Hafen 197
- Marienturm 182
- Martírion Efréon, Platía 196
- Murad-Reis-Moschee 199
- Museum für Dekorative Kunst 183
- Néa Agorá 197
- Neues Hospital 184
- Neustadt 199
- Palast der Admiralität 196
- Panagía tou Bourgou 196
- Ptolemäergrab 202
- Redjeb-Pascha-Moschee 19
- Ritterstraße 187
- Ritterviertel 181
- Rodíni-Park 202
- Símis, Platía 182
- Sokratous, Odós 193
- Stadtmauern 173
- Suleiman-Moschee 192
- Sultan-Mustafa-Moschee 194
- Türkischer Friedhof 199
- Türkisches Bad 194
- Türkisches Viertel 192
- Turm der Italiener 181
- Turm der Spanier 180
- Uhrturm 186

S
Sálakos 149
Schirokko 224
Schmetterlinge 17
Schmuck 88
Schwämme 18
Shopping 87
Siána 128
Sými 207
Sirtáki 52
Skiádi 131
Soroní 150
Speisekarte 230
Sprache 227
Sprachführer 227
Stégna 134
Strände 14, 95
Straßenverkehr 234
Straußenfarm 124
Surfen 100

T
Tanz 52
Taxis 236
Telefonauskunft 223
Telefonieren 223
Telekommunikation 222
Teppiche 88
Thári 166
Thérmes Kallithéa 203
Tierwelt 16
Touren 102
Tourismus 24
Touristenpolizei 222
Triánda 208
Trinken 63
Tsambíka (Kloster) 156
Tsambíka (neues Kloster) 156
Tsambíka-Strand 156

U
Übernachten 91
Umweltprobleme 15
Urlaub aktiv 95

V
Vergünstigungen 223
Verkehr 234
Verkehrsvorschriften 234
Verwaltunsgliederung 18
Vögel 16
Vrouliá 132

W
Wandern 101
Wein 70
Wild 16
Wirtschaft 24

Z
Zeit 237
Zeitungen 221

atmosfair

Reisen verbindet Menschen und Kulturen. Doch wer reist, erzeugt auch CO_2. Der Flugverkehr trägt mit bis zu 10% zur globalen Erwärmung bei. Wer das Klima schützen will, sollte sich nach Möglichkeit für die schonendere Reiseform entscheiden (wie z.B. die Bahn). Gibt es keine Alternative zum Fliegen, kann man mit atmosfair klimafördernde Projekte unterstützen.

atmosfair ist eine gemeinnützige Klimaschutzorganisation unter der Schirmherrschaft von Klaus Töpfer. Flugpassagiere spenden einen kilometerabhängigen Betrag und finanzieren damit Projekte in Entwicklungsländern, die den Ausstoß von Klimagasen verringern helfen. Dazu berechnet man mit dem Emissionsrechner auf **www.atmosfair.de** wieviel CO_2 der Flug produziert und was es kostet, eine vergleichbare Menge Klimagase einzusparen (z.B. Berlin – London – Berlin 13 €).

atmosfair garantiert die sorgfältige Verwendung Ihres Beitrags. Alle Informationen dazu auf www.atmosfair.de. Auch der Karl Baedeker Verlag fliegt mit atmosfair.

Bildnachweis

Amberg S. 235
Amberg/Loos S. 19, 22, 25, 99, 135
Baedeker-Archiv S. 70
Bilderberg/Ellerbrock S. 49
Dumont Bildarchiv S. 155
Galenschovski S. 55
Hackenberg S. 5 Mitte, u., 17, 20, 21 u., 30, 42, 50, 67, 76, 77, 80, 96, 102, 127, 129, 139, 148, 165, 176, 177, 178, 194, 210, 212, 232
Huber S. 119
Huber/Johanna Huber S. 94
Huber/Ripani S. 90, 161
Huber/R. Schmid S. 73, 86, 193, 197
Kuttig S. 46, 167
Laif S. 4 u., 5 o., 8, 10, 142
Laif/Caputo S. 36 164, 179, 187
Laif/Tophoven S. 82, 150
Look/Wothe S. 157
Mauritius Images S. 172
Parschau S. 4 o., 68 u., 93, 125
Picture Alliance/ASA/Werek S. 218
Picture Alliance/dpa S. 41
Picture Alliance /Akg Images S. 54, 201 Mitte, 202
Picture Alliance/Akg Images/Connolly S. 29
Picture Alliance /Akg Images/Lessing S. 200
Picture Alliance/Akg Images/Visioars S. 26
Picture Alliance/Arco Images S. 203
Picture Alliance/Bildagentur Huber S. 84
Picture Alliance/dpa/dpaweb/N. Schmidt S. 98
Picture Alliance/Okapia/Werner Otto S. 189
Stankiewicz S. 74
Stockfood S. 62, 68 o., 69 o. u. Mitte, 79
Strüber S. 15, 45, 133, 154, 185, 201 r.
Wrba S. 53, 60, 64, 70, 144, 160, 182, 186, 191

Titelbild: Master File/Jon Anrnold
Images: Rhodos-Stadt, Mandráki-Hafen

Verzeichnis der Karten und Grafiken

Auf einen Blick (Infografik) 12
Johanniterorden (Infografik) 34
Poseidonios (Infografik) 65
Tourenüberblick 104
Tour 1 107
Tour 2 109
Tour 3 111
Tour 4 113
Tour 5 115
Kamiros 147
Lindos 159
Lindos: Akropolis 162
Griechisch-orthodoxe Kirche (Infografik) 168
Rhodos-Altstadt 174
Rhodos-Neustadt 198
Koloss von Rhodos (3 D) 201
Kolossalstatuen (Infografik) 204
Symi 208
Klimatabelle 225

Impressum

MAIRDUMONT GmbH & Co KG –
VERLAG KARL BAEDEKER

Ausstattung:
87 Abbildungen, 19 Karten und Grafiken, eine große Inselkarte
Text:
Klaus Bötig, Carmen Galenschovski, Barbara Branscheid, Marlis Heinz, Helmut Linde, Reinhard Strüber
Bearbeitung:
Baedeker-Redaktion
(Carmen Galenschovski)
Kartografie:
Christoph Gallus, Hohberg;
Franz Huber, München
MAIRDUMONT, Ostfildern (Inselkarte)
3D-Illustration:
jangled nerves, Stuttgart
Infografiken:
Golden Section, Berlin
Gestalterisches Konzept:
independent Medie-Design, München
Chefredaktion:
Rainer Eisenschmid, Baedeker Ostfildern

9. Auflage 2013, völlig überarbeitet und neu gestaltet

© MAIRDUMONT GmbH & Co KG;
Ostfildern
Der Name Baedeker ist als Warenzeichen geschützt. Alle Rechte im In- und Ausland sind vorbehalten. Jegliche – auch auszugsweise – Verwertung, Wiedergabe, Vervielfältigung, Übersetzung, Adaption, Mikroverfilmung, Einspeicherung oder Verarbeitung in EDV-Systemen ausnahmslos aller Teile des Werkes bedarf der ausdrücklichen Genehmigung durch den Verlag.

Anzeigenvermarktung:
MAIRDUMONT MEDIA
Tel. 0049 711 4502 333
Fax 0049 711 4502 1012
media@mairdumont.com
http://media.mairdumont.com

Printed in China

Trotz aller Sorgfalt von Redaktion und Autoren zeigt die Erfahrung, dass Fehler und Änderungen nach Drucklegung nicht ausgeschlossen werden können. Dafür kann der Verlag leider keine Haftung übernehmen.
Kritik, Berichtigungen und Verbesserungsvorschläge sind jederzeit willkommen.
Schreiben Sie uns, mailen Sie oder rufen Sie an:

Verlag Karl Baedeker / Redaktion
Postfach 3162
D-73751 Ostfildern
Tel. 0711 4502-261
info@baedeker.com
www.baedeker.com

Die Erfindung des Reiseführers

Als **Karl Baedeker** (1801 – 1859) am 1. Juli 1827 in Koblenz seine Verlagsbuchhandlung gründete, hatte er sich kaum träumen lassen, dass sein Name und seine roten Bücher einmal weltweit zum Synonym für Reiseführer werden sollten.

Das erste von ihm verlegte Reisebuch, die 1832 erschienene **Rheinreise,** hatte er noch nicht einmal selbst geschrieben. Aber er entwickelte es von Auflage zu Auflage weiter. Mit der Einteilung in die Kapitel »Allgemein Wissenswertes«, »Praktisches« und »Beschreibung der Merk-(Sehens-)würdigkeiten« fand er die klassische Gliederung des modernen Reiseführers, die bis heute ihre Gültigkeit hat. Der Erfolg war überwältigend: Bis zu seinem Tod erreichten die zwölf von ihm verfassten Titel 74 Auflagen! Seine Söhne und Enkel setzten bis zum Zweiten Weltkrieg sein Werk mit insgesamt 70 Titeln in 500 Auflagen fort.

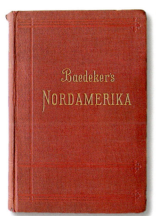

Bis heute versteht der Karl Baedeker Verlag seine große Tradition vor allem als eine Kette von Innovationen: Waren es in der frühen Zeit u. a. die Einführung von Stadtplänen in Lexikonqualität und die Verpflichtung namhafter Wissenschaftler als Autoren, folgte in den 1970ern der erste vierfarbige Reiseführer mit professioneller Extrakarte. Seit 2005 stattet Baedeker seine Bücher mit ausklappbaren 3D-Darstellungen aus. Die neue Generation enthält als erster Reiseführer Infografiken, die (Reise-)Wissen intelligent aufbereiten und Lust auf Entdeckungen machen.

In seiner Zeit, in der es an verlässlichem Wissen für unterwegs fehlte, war Karl Baedeker der Erste, der solche Informationen überhaupt lieferte. In der heutigen Zeit filtern unsere Reiseführer aus dem Überfluss an Informationen heraus, was man für eine Reise wissen muss, auf der man etwas erleben und an die man gerne zurückdenken will. Und damals wie heute gilt für Baedeker: Wissen öffnet Welten.

Baedeker Verlagsprogramm

- Ägypten
- Algarve
- Allgäu
- Amsterdam
- Andalusien
- Argentinien
- Athen
- Australien
- Australien • Osten
- Bali
- Baltikum
- Barcelona
- Bayerischer Wald
- Belgien
- Berlin • Potsdam
- Bodensee
- Brasilien
- Bretagne
- Brüssel
- Budapest
- Bulgarien
- Burgund
- Chicago • Große Seen
- China
- Costa Blanca
- Costa Brava
- Dänemark
- Deutsche Nordseeküste
- Deutschland
- Deutschland • Osten
- Djerba • Südtunesien
- Dominik. Republik
- Dresden
- Dubai • VAE
- Elba
- Elsass • Vogesen
- Finnland
- Florenz
- Florida
- Franken
- Frankfurt am Main
- Frankreich
- Frankreich • Norden
- Fuerteventura
- Gardasee
- Golf von Neapel
- Gomera
- Gran Canaria
- Griechenland
- Griechische Inseln
- Großbritannien
- Hamburg
- Harz
- Hongkong • Macao
- Indien
- Irland
- Island
- Israel
- Istanbul
- Istrien • Kvarner Bucht
- Italien
- Italien • Norden
- Italien • Süden
- Italienische Adria
- Italienische Riviera
- Japan
- Jordanien
- Kalifornien
- Kanada • Osten
- Kanada • Westen
- Kanalinseln
- Kapstadt • Garden Route
- Kenia
- Köln
- Kopenhagen
- Korfu • Ionische Inseln
- Korsika
- Kos
- Kreta
- Kroatische Adriaküste • Dalmatien
- Kuba
- La Palma
- Lanzarote
- Leipzig • Halle
- Lissabon
- Loire
- London
- Madeira
- Madrid
- Malediven
- Mallorca
- Malta • Gozo • Comino

- Marokko
- Mecklenburg-Vorpommern

Verlagsprogramm • ANHANG

- Menorca
- Mexiko
- Moskau
- München

- Namibia
- Neuseeland
- New York
- Niederlande
- Norwegen
- Oberbayern
- Oberital. Seen • Lombardei • Mailand
- Österreich
- Paris
- Peking
- Piemont
- Polen
- Polnische Ostseeküste • Danzig • Masuren
- Portugal
- Prag
- Provence • Côte d'Azur
- Rhodos
- Rom
- Rügen • Hiddensee
- Ruhrgebiet
- Rumänien
- Russland (Europäischer Teil)
- Sachsen

- Salzburger Land
- St. Petersburg
- Sardinien
- Schottland
- Schwäbische Alb
- Schwarzwald
- Schweden
- Schweiz
- Sizilien
- Skandinavien
- Slowenien
- Spanien
- Spanien • Norden • Jakobsweg
- Sri Lanka
- Stuttgart
- Südafrika
- Südengland
- Südschweden • Stockholm
- Südtirol
- Sylt
- Teneriffa
- Tessin
- Thailand
- Thüringen
- Toskana
- Tschechien
- Tunesien
- Türkei
- Türkische Mittelmeerküste
- Umbrien
- Ungarn
- USA

- USA • Nordosten
- USA • Nordwesten
- USA • Südwesten
- Usedom
- Venedig
- Vietnam
- Weimar
- Wien
- Zürich
- Zypern

BAEDEKER ENGLISH

- Berlin
- Vienna

Kurioses Rhodos

Dörfer mit himmlischen Namen, Feinheiten der Aussprache und der Glaube an die Kraft Mariens in allen Lebenslagen – Rhodos hat durchaus seine Merkwürdigkeiten.

▶ Gerechte Strafe
Die Italiener beschlagnahmten im Zweiten Weltkrieg alle Kochtöpfe für ihre Waffenproduktion. Doch das Frachtschiff, das an einem Festtag Mariens nach Italien ablegte, sank kurz nach Verlassen des Hafens. Für die Rhodier war es die Strafe ihrer geliebten Gottesmutter Panagía.

▶ Alle wollen Taxis
»Endáxi« hört man auf Rhodos alle paar Minuten. Man fragt sich, warum die Leutie dauernd über Taxis sprechen – sie meinen einfach »okay«.

▶ Servietten statt Porzellan
Bei Tanzveranstaltungen war es lange üblich, einen Stapel Teller auf dem Boden zu zerschmettern. Heute ist das verboten – stattdessen streut man Papierservietten über die Köpfe der Tanzenden.

▶ Freitag und Sonntag
Manche Rhodierinnen heißen mit Vornamen Paraskevi (Freitag) und Kyriaki (Sonntag). Das bezieht sich aber nicht auf den Tag ihrer Geburt: Sie sind nach den gleichnamigen Heiligen benannt, beide Märtyrerinnen..

▶ Ein Dorf namens Erzengel
Auf Rhodos trägt ein Dorf schlicht den Namen Archángelos, was »Erzengel« bedeutet. Warum Parádisi, das verkehrsreiche Dorf direkt am Flughafen, ausgerechnet »Paradies« heißt, weiß niemand.

▶ Hackfleisch oder Brandung
Die Betonung ist im Griechischen von größter Bedeutung. Wer Spaghetti mit Hackfleisch wünscht, sagt »Makarónia me kimá«. Wer »kíma« sagt, bestellt »Nudeln mit Brandung«.

▶ Land des Sonnenaufgangs
Im Norden von Rhodos versteht man frühmorgens, woher Anatolien seinen Namen hat. »Anatolí« ist griechisch für »Osten« und bedeutet zugleich auch »Sonnenaufgang«.